JN226097

訂正とお詫び

『最新 保育士養成講座』第1巻「保育原理」に下記のような誤りがありました。ここに訂正し、ご迷惑をおかけいたしましたことを、お詫び申し上げます。

全国社会福祉協議会出版部

正誤表

該当頁：61頁
第3章第1節1（4）保育者の役割や機能

誤	正
それは、**用語**と教育が一体となった保育として	それは、**養護**と教育が一体となった保育として

該当頁：185頁
第5章第1節3（3）保育制度

誤	正
一方、地域型**施設**給付を受ける地域型保育事業として、	一方、地域型**保育**給付を受ける地域型保育事業として、

該当頁：196頁

誤	正
このため、国は、幼児教育の無償化やその対象範囲について検討を重ね、**平成30**（2019）年5月に「子ども・子育て支援法」の一部を改正した「幼児教育・保育の無償化」が実現の運びとなった。	このため、国は、幼児教育の無償化やその対象範囲について検討を重ね、**令和元年**（2019）年5月に「子ども・子育て支援法」の一部を改正した「幼児教育・保育の無償化」が実現の運びとなった。

該当頁：230頁
（5）早期教育プログラムの展開 ❶アメリカの早期能力開発

誤	正
保育の方法・内容についてみても、アメリカのゲゼル（Gesell,A.L. 1880～**1861**）が唱えた「レディネス理論」の影響が強く、読み書きをはじめとするあらゆる学習指導は、子どもの成熟を持って行うべきこととされていた。	保育の方法・内容についてみても、アメリカのゲゼル（Gesell,A.L. 1880～**1961**）が唱えた「レディネス理論」の影響が強く、読み書きをはじめとするあらゆる学習指導は、子どもの成熟を持って行うべきこととされていた。

該当頁：270頁
（2）養護・教育・子育て支援の機能を総合的に担う保育士

誤	正
園における遊びや生活のなかでの、豊かな経験により育まれた子どもの姿を小学校にわかりやすく伝える視点として、保育指針において「幼児期の終わりまでに育ってほしい姿」が10項目明示された（**122頁**、第4章の図4-**11**）。	園における遊びや生活のなかでの、豊かな経験により育まれた子どもの姿を小学校にわかりやすく伝える視点として、保育指針において「幼児期の終わりまでに育ってほしい姿」が10項目明示された（**123頁**、第4章の図4-**10**）。

該当頁：305頁 項目索引

誤	正
ち 地域型施設給付 185	削除
ち 地域型保育給付 194，201	ち 地域型保育給付 **185**，194，201

該当頁：264 頁

(2) 少子社会の対策

誤	正
内閣府の調査（平成 22〔2010〕年）によると、少子社会の対策として、子育て中の保護者が期待している政策としては、「仕事と家庭の両立支援と働き方の見直しの促進」「子育てにおける経済負担の軽減」「妊娠・出産の支援」「子育てのための安心・安全な環境整備」などが 5 割を超える（複数回答）（表 7-6）。 <u>表 7－6 の掲載なし。</u>	内閣府の調査（平成 22〔2010〕年）によると、少子社会の対策として、子育て中の保護者が期待している政策としては、「仕事と家庭の両立支援と働き方の見直しの促進」「子育てにおける経済負担の軽減」「妊娠・出産の支援」「子育てのための安心・安全な環境整備」などが 5 割を超える（複数回答）（表 7-6）。 **表7-6 子ども・子育て施策（少子化対策）への期待**　（複数回答）(%) <table><tr><td>期待する政策</td><td>平成16年9月調査</td><td>平成21年1月調査</td></tr><tr><td>仕事と家庭の両立支援と働き方の見直しの促進</td><td>51.1</td><td>58.5</td></tr><tr><td>子育てにおける経済的負担の軽減</td><td>50.5</td><td>54.6</td></tr><tr><td>妊娠・出産の支援</td><td>27</td><td>54.6</td></tr><tr><td>子育てのための安心、安全な環境整備</td><td>41.7</td><td>51.9</td></tr><tr><td>地域における子育て支援</td><td>30.7</td><td>46</td></tr><tr><td>生命の大切さ、家庭の役割についての理解促進</td><td>33.3</td><td>39.2</td></tr><tr><td>若者の自立とたくましい子どもの育ちの推進</td><td>24.8</td><td>32.1</td></tr><tr><td>子どもの健康の支援</td><td>17</td><td>31.9</td></tr><tr><td>特にない</td><td>3.5</td><td>1.8</td></tr><tr><td>わからない</td><td>3.8</td><td>1.5</td></tr><tr><td>その他</td><td>1</td><td>0.8</td></tr></table> 出典：内閣府「平成22年版 子ども・子育て白書」2010年

該当頁：274 頁

(2) 保育職の専門職化の鍵：保育士の力量向上

❷保育者の専門性

誤	正
このような人間性という資質に加えて、保育士には専門的な知識と技術、さらにはそれらを活用する能力が必要である。保育士に望まれる専門的な知識と技術をまとめたものが、図 7-1 である。 <u>図 7－1 の掲載なし</u>	このような人間性という資質に加えて、保育士には専門的な知識と技術、さらにはそれらを活用する能力が必要である。保育士に望まれる専門的な知識と技術をまとめたものが、図 7-1 である。 **図7-1 保育士に望まれる専門性** 成長力（反省・内省・評価） 洞察力・判断力 実践構成力 子ども理解力 専門基礎力 一般基礎力 出典：北野幸子・角尾和子・愛木讓乃編著『遊び・生活・学びを培う教育保育の方法と技術』北大路書房、2009年、3頁

最新 保育士養成講座

第 **1** 巻

保育原理

—保育原理／乳児保育

『最新　保育士養成講座』総括編纂委員会／編

全国社会福祉協議会

刊行にあたって

保育士とは、「第18条の18第1項の登録を受け、保育士の名称を用いて、専門的知識及び技術をもって、児童の保育及び児童の保護者に対する保育に関する指導を行うことを業とする者」（児童福祉法第18条の4第1項）をいいます。この場合の「児童」とは、18歳未満の者をさしています。また、「保育」については、「養護及び教育（学校教育を除く）を行うことをいう」（児童福祉法第6条の3第7項を一部変更）と規定されています。つまり、保育士は、以下の3つの業務を行う専門職ということになります。

① 「就学前児童の保育」early childhood care & education（いわゆるエデュケア）

② 「18歳未満の児童の保育」childcare work（いわゆるケアワーク）

③ 「児童の保護者に対する保育に関する指導」（保育指導業務、技術体系としては「保育相談支援」の専門性）

平成31(2019)年度保育士養成校入学生から、新しい保育士養成課程が導入されることととなりました。上記の業務を遂行する専門職を養成する新保育士養成課程において、最も中核となる科目（原理と内容）を選定すると以下の科目となります。この6〜7科目が、保育士養成課程における最も大切な科目といえ、これらの科目は保育士養成に固有の科目で、他の専門職が学ばない中核的な科目となります。

① 就学前の児童の養護と教育が一体となった保育：保育原理、保育内容総論

② 18歳未満の児童の保育・養育・養護・育成支援・発達支援など：社会的養護Ⅰ、社会的養護Ⅱ・障害児保育

③ 保育指導：子ども家庭支援論、子育て支援（保育相談支援）

新しい保育士養成課程の導入は、前回の養成課程導入後10年を経て、その間の保育・保育士をめぐる動向をふまえたものとなります。この間、18歳未満の保育のあり方には、大きな変革がありました。制度的には、

平成27(2015)年度から子ども・子育て支援新制度が創設され、平成28 (2016)年の改正児童福祉法では、「児童の権利に関する条約」の精神が盛り込まれるなど、子ども家庭福祉の理念が現代社会のありようを反映し、明確化されました。

　また、各種支援のための政府の指針も多く発出されています。保育士業務に深く関わるものとしては、平成24(2012)年3月の児童養護施設運営指針等の社会的養護関係施設運営指針の発出、平成27(2015)年3月の放課後児童クラブ運営指針、同年4月の放課後等デイサービスガイドラインの発出、平成29(2017)年7月の児童発達支援ガイドラインの発出などがあります。さらに、同年3月31日には、新しい保育所保育指針、幼保連携型認定こども園教育・保育要領、幼稚園教育要領の改定版が告示され、平成30(2018)年度から施行されています。

　なかでも、保育所保育指針改正では、年齢層ごとの保育のねらいおよび内容の明確化、幼児期の教育の積極的な位置づけ、養護に関する基本的事項の明記などが盛り込まれています。これらを受けた養成課程改正では、今後の保育士に必要とされる専門的知識および技術、さらには専門職としての倫理を念頭に置きつつ、保育士養成課程を構成する教科目の名称や授業形態、単位数に加え、目標や教授内容について改訂が進められました。それにともない、保育士試験科目の改定も行われています。

　『最新　保育士養成講座』シリーズの始まりは、昭和38(1963)年にさかのぼります。それから半世紀以上が経ちました。この間、全国社会福祉協議会では、保育士試験受験者、保育士養成校の学生に向けたテキストを発刊し続けてきました。そして、今回、これまでの『新　保育士養成講座（全12巻）』の全面改訂版として、『最新　保育士養成講座（全10巻）』を発刊することといたしました。

　保育所保育指針では、保育士の力量を倫理、知識、技術、判断の4点に整理しています。このなかでは専門職としての価値や倫理が根底となります。それらを基盤として、専門的知識、専門的技術が獲得されていきます。そして、それらのすべてが統合された専門性が「判断」として生きて

くることとなります。保育士はこうした専門性を生かし、以下の4つの立ち位置を縦横に駆使しつつ、子どもと親とのよりよい関係の構築や子どもの発達の保障に取り組む専門職といえるのです。

- 親と子の間に介在し、よりよい親子関係の形成に寄与する
- 子どもとの応答的な関係を取り結び、子どもの安全基地となる
- 子ども同士の間に介在し、仲立ちをし、子ども同士の民主的な人間関係の取り結びを支援する
- 子ども同士がきまりを守りつつ自主的に活動する場を見守り、必要に応じて介入する

　このような期待に応えることのできる保育士養成のため、この『最新保育士養成講座』は、編著者一同、心を傾けて執筆しています。本テキストが、保育士をめざす方々やその関係者に広く活用されることを心から願っています。

平成31(2019)年1月

『最新　保育士養成講座』総括編纂委員会

委員長　　柏女霊峰

目　次

刊行にあたって

序　章　これからの時代の保育 …………………………………… 1

第 1 節　保育士養成のこれから ……………………………………… 2
　　1　量と質の一体的な拡大の必要性 ……………………………… 2
　　2　保育実践の鍵を握る保育士の重要性 ………………………… 3
　　3　0 歳児（乳児）と 3 歳未満児保育のニーズの拡大 ………… 3
　　4　子ども・子育て支援の必要性の高まり ……………………… 4
第 2 節　第 1 巻「保育原理─保育原理／乳児保育」の位置づけ ……… 5
　　1　保育士養成課程の科目と保育士試験と本巻の関係 ………… 5
　　2　本巻の構成とねらい、内容 …………………………………… 6
　　3　保育の原理を学ぶこととは …………………………………… 8

第 1 章　子どもの心の理解と育ちを育む乳幼児期の保育の基本 ……………………………………………………… 9

第 1 節　「発達可能態」としての乳幼児と保育理念 ……………… 10
　　1　ヒト（乳幼児）という存在─他者と共にある ……………… 10
　　2　主体的な存在─関係のなかでの主体性 ……………………… 11
　　3　発達する存在─生物学的存在から社会文化的存在へ ……… 12
第 2 節　発達の視点に基づく子ども理解─発達の背景も含めて …… 13
　　1　一人ひとりの発達過程を理解する …………………………… 13
　　2　乳幼児期の発達特性─子ども理解の参照枠 ………………… 14
　　3　乳幼児期の発達の方向─幼児期の終わりまでに育ってほしい姿
　　　　…………………………………………………………………… 15
第 3 節　乳幼児期の保育の基本 …………………………………… 19
　　1　発達の姿をふまえた保育 ……………………………………… 19
　　2　環境による保育 ………………………………………………… 20
　　3　養護と教育が一体となった保育 ……………………………… 21
第 4 節　乳幼児保育の構造と内容の基本構造 ……………………… 24
　　1　保育の構造（子どもの姿─計画─実践─〈記録〉振り返り・評価
　　　　─計画の修正・改善の輪）…………………………………… 24
　　2　保育の計画（指導計画）の構造 ……………………………… 24
　　3　保育指針、教育要領、教育・保育要領における内容の基本構造
　　　　…………………………………………………………………… 28

| | | 4 | 実践の構造 ……………………………………………… | 31 |
| | | 5 | 振り返り・評価の構造 ………………………………… | 33 |

第2章　保育の重要性と独自性 ……………………………… 37

第1節	権利主体としての乳幼児 ………………………………………	38
	1　乳幼児と人権 ………………………………………………	38
	2　乳幼児の人権を保障するための制度 …………………	41
第2節	子ども家庭福祉と乳幼児保育 ………………………………	43
	1　乳幼児のウエルビーイング ………………………………	43
	2　家庭教育への支援 …………………………………………	44
第3節	乳幼児保育の独自性と保育者の専門性 ………………	44
	1　乳幼児期にふさわしい保育 ………………………………	44
	2　保育者の専門性 ……………………………………………	46
	3　保育専門職の重要性と独自性 …………………………	49

第3章　保育の意義と目的 ……………………………………… 53

第1節	乳幼児保育の役割と機能 ……………………………………	54
	1　乳幼児保育の役割と機能の基本 ………………………	54
	2　0歳児（乳児）保育の役割と機能 ……………………	62
	3　1歳以上3歳未満児の保育の役割と機能 …………	66
	4　3歳以上児の保育の役割と機能 ………………………	68
第2節	乳幼児保育の現状と課題 ……………………………………	74
	1　乳幼児保育の現状 …………………………………………	74
	2　乳幼児保育の課題 …………………………………………	77

第4章　保育の内容と方法 ……………………………………… 81

第1節	保育所保育指針に基づく保育 ………………………………	82
	1　保育所保育指針の改定とその趣旨 ……………………	82
	2　保育指針の構成と保育所保育に関する基本原則 …	84
	3　保育指針に基づく保育を行うために …………………	88
第2節	乳幼児の発育・発達をふまえた保育 ……………………	90
	1　乳幼児の理解と保育 ………………………………………	90
	2　0歳児（乳児）の発育・発達をふまえた保育 ……	96
	3　1歳以上3歳未満児の発育・発達をふまえた保育 …	104
	4　3歳以上児の発育・発達をふまえた保育 …………	110
第3節	保育の展開 ………………………………………………………	115
	1　乳幼児の姿を見取りねらいを設定するとは ………	115
	2　遊びと生活 ……………………………………………………	123

　　　3　保育の環境 ·· 127

　　　4　保育の計画と評価 ·· 131

　　　5　保育の記録と評価—PDCA サイクルによる保育の創造 ······· 142

　第4節　個と集団の育ちと保育士の関わり ····························· 147

　　　1　子どもを1人の人間として尊重する ······················· 147

　　　2　個と集団の育ちの過程と保育実践 ······················· 150

　　　3　0歳児（乳児）の個と集団の育ち ······················· 156

　　　4　1歳以上3歳未満児の個と集団の育ち ····················· 163

　　　5　3歳以上児の個と集団の育ち ····························· 166

　　　6　幼児期の終わりまでに育ってほしい姿（10の姿）と子どもの育ち

　　　　　··· 174

第5章　保育の法制度 ··· 177

　第1節　子ども家庭福祉の法体系と保育の位置づけ ··················· 178

　　　1　子ども家庭福祉について ································· 178

　　　2　子ども家庭福祉の法体系 ································· 179

　　　3　子ども家庭福祉の実施体制 ······························· 183

　　　4　「児童の権利に関する条約」と保育 ····················· 187

　第2節　子ども・子育て支援制度 ····································· 191

　　　1　「少子化対策」から「子ども・子育て支援施策」へ ······· 191

　　　2　「子ども・子育て関連3法」の成立 ····················· 193

　　　3　「子ども・子育て支援法」の制定 ······················· 194

　　　4　子ども・子育て支援新制度の概要 ······················· 195

　　　5　子ども・子育て支援新制度と保育 ······················· 195

　第3節　保育の実施体系 ··· 197

　　　1　保育所、幼稚園、認定こども園 ························· 197

　　　2　保育所の制度 ··· 200

　　　3　保育士と保育士養成 ··································· 203

　　　4　さまざまな保育の場とその課題 ························· 206

第6章　保育の歴史 ··· 213

　第1節　諸外国の保育の思想と歴史 ··································· 214

　　　1　近代社会と保育 ······································· 214

　　　2　家庭教育補完の保育思想と実践

　　　　　ルソー、フレーベル、幼稚園運動 ····················· 217

　　　3　幼児保護の保育思想と実践

　　　　　オーベルラン、オーウェン、マクミラン ··············· 222

　　　4　子ども研究の進歩と保育内容の刷新

　　　　　新教育運動、デューイ、アイザックス、モンテッソーリ、早期教

	育 ……………………………………………………………	226
第2節	日本における保育の歴史 ……………………………………	232
	1 伝統社会の子育て習俗 …………………………………	232
	2 幼稚園の導入と発展 ……………………………………	233
	3 保育所の歴史 ……………………………………………	237
	4 激動の時代の保育（大正―終戦まで）………………	240
	5 戦後改革と保育制度 ……………………………………	242

第7章　保育の現状と課題 ……………………………………… 245

第1節	諸外国の保育の現状と課題 …………………………………	246
	1 世界の保育の現状 ………………………………………	246
	2 各国の保育の現状と課題 ………………………………	247
第2節	日本の保育の現状と課題 ……………………………………	262
	1 子どもの貧困問題 ………………………………………	262
	2 少子社会における次世代育成 …………………………	263
	3 保育機能のパラダイム転換 ……………………………	268
	4 保育領域の専門性の確立 ………………………………	272

資料 ……………………………………………………………… 279

	保育所保育指針 ………………………………………………	280

項目索引 ……………………………………………………… 302

デザイン：サザンカンパニー

これからの
時代の保育

保育士養成のこれから

　2017年12月4日に、保育士養成課程等検討委員会より、「保育士養成課程等の見直しについて〜より実践力のある保育士の養成に向けて〜」があらわされた。

　保育を取り巻く社会の情勢が変化してきたなかで、より実践力のある保育士の養成が必要とされ、保育関係者が一体となり、養成が改められた。序章では、新しい養成課程における第1巻の位置づけや、そのねらいや内容について、概説する。

1　量と質の一体的な拡大の必要性

　2015年4月に「子ども・子育て支援新制度」が施行された。少子化にともない子どもの数は少なくなるが、個々の子どもの尊さを再度確認し、大切な子どもの育ちと子育てを社会全体で支えようとすることが、「子ども・子育て支援制度」の大前提にある。その支援には、安心して乳幼児期の子どもの育ちや学びが保障される場として、保育の量的な充実が図られることがめざされている。また、量だけではなく、今まさに生きる子どもたちがその発達に適した環境が保障され、安心して自己を十分に発揮できる場が確保され、その福祉（幸せ）が具現化されるように、保育の質的な充実も図られることがめざされている。

　これからの保育において、量と質の充実は、不可欠な課題と位置づけられており、保育施設の数を増やすだけではなく、質の維持・向上を図ることが大切であると認識されている。

　保育の質の維持・向上には、保育の環境、つまり、園舎など建物や園庭についての設置基準や、遊具など教材の充実に加えて、重要な鍵となるのは、何よりも、保育者である。その実践力こそが、保育実践の鍵をにぎる。

　2018年に改定された保育所保育指針（以下、保育指針）では、0歳児（乳児）、1歳以上3歳未満児、3歳以上児というように、年齢層ごとの保育のねらいおよび内容が明確化され、保育所における教育の積極的な位置づけがなされた。また、養護の重要

性が再確認され総則に位置づけられるとともに、基本的事項が明記された。保育者の重要性も大きく位置づけられ、保育施設における職員の専門性を維持・向上させる必要性がしっかりと示された。

2 保育実践の鍵を握る保育士の重要性

保育実践の鍵は保育者こそが握るという前提のもと、その実践力の重要性に鑑み、保育者の専門性の維持・向上を図るためには、研修が不可欠なものとして位置づけられている。保育指針の改定と関わり、2017年度からは、保育者のキャリアアップの仕組みの構築がめざされ、「保育士等キャリアアップ研修ガイドライン」（厚生労働省）が整備された。

保育者は子どもの命を守り、その育ちを支える、次世代育成の重要な仕事を担う。それゆえに、多くの保育者はやりがいや生きがいを感じながら献身的に子どもたちのために仕事に従事してきたが、処遇についての話題が表立ってなされない傾向があった。その点の課題が明らかにされ、保育者の職場への定着を図るために、一定の技能や経験を有する保育者に対し、2017年以降、都道府県において保育士などを対象としたキャリアアップ研修の蓄積と関連付けた処遇改善の制度がスタートしている。

保育実践は、単なる子守りではない。子どもの育ちや学びを育む専門職として、保育者には、高度な専門知識と技術、判断力や応用力をともなう専門的な実践力が不可欠である。また、その実践は個々の子どもの姿を起点とし、子ども理解に基づき計画され、子どもとの相互作用のなかで、臨機応変に対応しながら、環境の再構成や援助の工夫がなされるものである。

3 0歳児（乳児）と3歳未満児保育のニーズの拡大

社会の変化に関連して、もう一つ特徴として抑えておきたいことは、3歳未満児の保育所などの利用数の増加である。「保育所等関連状況とりまとめ」（厚生労働省）によると、2011年には31.0％であった1、2歳児の保育所等利用率は、2017年

には 45.7％と 14.7 ポイントも上昇している。世界に目を向けると北欧では 1、2 歳児の保育施設利用率は 8 割を超えており、就労人口が低下していくこれからの日本の情勢を考えても、今後ますます 0 歳児(乳児)と 1、2 歳児の保育施設の利用が増加することが見込まれる。

さらに、子ども家庭の福祉の観点から考えれば、0 歳児(乳児)の愛着の形成や、3 歳未満児の保育による支援は、困難な状況にある子どもや家庭にとってはその高い支援の効果が期待されている。つまり、愛着が形成されにくい状況にあるなど、社会経済的に困難な状況にある家庭的背景の子どもにとっては、幼い時期からの就園による支援が、愛着の不足などによるとされる将来の社会性に関わる課題を軽減すること等が明らかになっている。

4　子ども・子育て支援の必要性の高まり

社会の変化の特徴には、子育て世帯の激減による子育て世帯の孤立感の高まりや、子育てする姿を見たり、子育てに関わる機会の減少による、子育てが困難であると感じたり、子育てを負担に感じる保護者の増加がある。平成 29(2017)年度の「福祉行政報告例」によると、児童相談所における児童虐待相談件数は、2011 年は 5 万 9919 件であったが、2017 年には、13 万 3778 件であり、過去最多となっている。児童虐待相談件数は、統計を取り始めた 1990 年から 27 年連続で増加している。同様に、2017 年の児童虐待の内容別に注目すると、「心理的虐待」が 7 万 2197 件と最も多く、次いで、身体的虐待が 3 万 3223 件、ネグレクト(養育の放棄・怠慢)が 2 万 6818 件、性的虐待が 1540 件であり、心理的虐待の多さが目立つ。子どもと家庭を支える地域に根差した保育専門職の支援により、虐待から子どもを守ることが子どもの人権を確保するための緊急かつ重要な課題となっていることが分かる。子どもの命と心を守り支える保育者には、子どもと家庭を一体的にとらえ総合的に支援する必要性が今後ますます必要となってくる。

第2節 第1巻「保育原理─保育原理／乳児保育」の位置づけ

1 保育士養成課程の科目と保育士試験と本巻の関係

　今日の社会情勢の変化をふまえて、本シリーズ『最新　保育士養成講座』の第1巻「保育原理─保育原理／乳児保育」では、保育士養成課程の「保育の本質・目的に関する科目」にあたる「保育原理」と、「保育の内容・方法に関する科目」にあたる「乳児保育Ⅰ、Ⅱ」を網羅する内容となっている。また、保育士試験に関わる科目「保育原理」には、保育士養成の科目の「保育原理」「乳児保育Ⅰ、Ⅱ」「障害児保育」「子育て支援」が含まれるが、そのうちの「保育原理」「乳児保育Ⅰ、Ⅱ」の内容を本書では取り扱っている。

　なお、このように本巻で養成課程の「保育原理」と「乳児保育Ⅰ、Ⅱ」の異なる科目の内容を1冊にまとめた理由の一つは、保育においては、誕生から育ちのプロセスが積み重ねられていくことを大切にするべきであるとの考えからである。保育を考える場合、一人ひとりの子どものそれぞれの個性に応じた保育が大切である。また、保育は小学校の準備教育ではなく、小学校の前倒し教育でもなく、今まさに、現在を生きている子どもの姿こそを大切にし、その育ちを支えるものであることが前提となる。

　また、改定された保育指針「第2章　保育の内容」において、「1　乳児保育に関わるねらい及び内容」「2　1歳以上3歳未満児の保育に関わるねらい及び内容」「3　3歳以上児の保育に関するねらい及び内容」といった構成になっていることを、本巻はふまえたものとなっている。いわゆる英語では、インファント（infant）とは誕生からおおむね1歳までの乳児をさし、また、おおむね1歳から3歳未満児をトドラー（toddler）という。

　加えて、保育指針に準じて、5領域のねらいおよび内容が3歳未満児についてもしっかりと位置づけられており、乳児保育に関連する養成科目において、養護と教育の一体性が確保され

ながら、保育のねらい及び内容がしっかりと取り扱われること
を期待し、誕生から小学校入学までの子どもの育ちの姿の連続
性をふまえた教科書として位置づけた。

2　本巻の構成とねらい、内容

　第1巻「保育原理─保育原理／乳児保育」の内容は、以下の
とおりである。

第1巻の構成
第1章　子どもの心の理解と育ちを育む乳幼児期の保育の
　　　　基本
第2章　保育の重要性と独自性
第3章　保育の意義と目的
第4章　保育の内容と方法
第5章　保育の法制度
第6章　保育の歴史
第7章　保育の現状と課題

　「第1章　子どもの心の理解と育ちを育む乳幼児期の保育の
基本」では、誕生から小学校入学までの乳幼児の理解にあたり、
発達に基づく視点を学ぶことが意図とされている。乳児(infant)
とは、一般的に0歳児をさす。現行の保育指針では、「0歳児(乳
児)」、「1歳以上3歳未満児」、「3歳以上児」というように乳
幼児の発達に応じた保育のねらいや内容が明示されることと
なった。これらをふまえて、発達理解と、それに基づく、乳幼
児保育の構造、さらには内容について、保育の原則を学ぶこと
を意図としている。
　「第2章　保育の重要性と独自性」では、保育の大原則であ
る権利主体としての乳幼児の尊重と、その福祉を具現化するた
めに、子どもと家庭を一体的に支援することへの理解を深める
ことがめざされている。特に、子どもと家庭を一体的に支援す
るには、保育者こそがその専門性を発揮することが重要であり、
その独自性を学ぶことが意図とされている。

　「第3章　保育の意義と目的」では乳幼児保育の役割と機能について、基本を概説し、現行の保育指針にならって年齢層ごとの保育のねらいを解説している。また本章では、保育の意義や目的と関連づけて、乳幼児保育の現状と課題を提示し、その理解を図ることが意図されている。

　「第4章　保育の内容と方法」は、保育実践の基礎となる内容である。保育指針に基づき、よりどころとして実践することが保育者の最低限の務めでもある。保育指針への理解を確固たるものとし、年齢層ごとの発育・発達の特徴の傾向をふまえた保育の内容と方法を学ぶ。また、実際に保育を展開していくには、子どもの姿を見取りねらいを設定することが大切であり、保育者は、ゆるやかでしなやかに臨機応変な対応の姿勢をもちつつ、保育の計画を立てる。つまり、ねらいの達成を図ることを意図として、保育の計画にあたり、子どもの遊びと生活を支える援助を考え、環境を構成(再構成)する。本章では、こういった保育の計画や、実践についての評価、そして、質の維持・向上に不可欠な方法としての実践の省察と改善を含めた、PDCAサイクルについて学ぶ。加えて、本章では、集団保育の醍醐味でもある、個と集団の育ちについても学ぶ。

　「第5章　保育の法制度」では、子ども家庭福祉の法体系と保育の位置づけや、子ども子育て支援制度、保育の実施体系を取り上げている。保育現場に出ると、日々の実践に追われることも多く、自分の仕事が法的にどう体系付けられているかを意識することはなかなか難しい場合もある。しかし、自らの仕事が法的にどのように位置づけられ、より広い視野で社会的な位置づけを知ることで、保育者の仕事への自負をもち、保育者として働くうえでの支えにもなると考える。

　「第6章　保育の歴史」では、諸外国と日本の保育の歴史的変遷について学ぶ。「現在」は点として存在するのではなく、過去の連続性のなかにある。諸外国と日本の保育がどのように生成され発展してきたのか、保育者がどのように子どもの幸せを具現化しようと創意工夫し、保育の仕事により自己を発揮してきたのか、それらを知ることは、保育の歴史的な機能から重要性を再確認し、保育者の仕事の尊さを確認することにもつながると考える。

　「第7章　保育の現状と課題」では、諸外国と日本の保育の

実際を学ぶ。グローバル社会といわれる今日、各地域や各国の保育の理解は、より広い視野やより多層な視点をもつことによって深まることが期待できる。世界には保育を語りあえる保育界の仲間がたくさんいる。地域や国境を越えて、保育界の関係者がつながり、連携し、共に子どもたちの人権を大切にし、持続可能な社会の発展を図ることが、今後保育者にはますます期待されると考える。本書はその基本的な資料として活用されることを期待する。

3 保育の原理を学ぶこととは

保育士をめざす人にとって、保育士の仕事の根本的な原理を学ぶことは基礎であり、かつ、その学びが保育士としての長いキャリアの礎となる。本書は、誕生からの子どもの育ちを育むうえでの基本的な人権意識や、子どもの発達理解、家庭や社会的背景をふまえつつ、子どもを支援する方法についてわかりやすく理解できるように構成している。保育の根本的な原理を振り返り、確認しなおすうえでも活用していただきたいと考えている。

保育の原理の根底にあるゆるぎないものは、人権意識である。それをふまえて、一人ひとりの子どもが等しく尊いように、一人ひとりの保育士が自らの好きなこと、得意なことを発揮して、自分らしく自己実現を図っていくことを願っている。

第 1 章

子どもの心の理解と育ちを育む乳幼児期の保育の基本

学習のポイント

　保育は、共に生活や遊びをつくり出す相手を理解することからはじまる。共に生活する相手は誕生から小学校入学前の乳幼児である。人生のスタート地点の乳幼児は、その発達が最も著しい時期を生きている。

　本章では、変化の著しい乳幼児期の子どもをどのように理解するのか、また、その理解に基づいた保育をどのように考え、どのような内容を実践するのかなど、保育の原則について考えることをねらいとする。

①子どもを理解するとはどういうことか。また、なぜ乳幼児期の保育は「子どもの理解」を重視するのか。

②乳幼児期の保育にはどのような特性があるか。小学校以上の子どもの教育とどこが異なるのか。

③保育所保育指針、幼稚園教育要領、幼保連携型認定こども園教育・保育要領において、保育の内容がどのように記述されているか。

ということを理解する。各章との関連のなかで保育の内容をとらえることで、乳幼児期の保育の原則を考える。

第1節

「発達可能態」としての乳幼児と保育理念

　人は、生まれながらに生きようとする力をもち合わせているが、どのように生きるかといった目的などはもち合わせていない。どのように生きるかは、生まれた後の周囲との関わりをどのように経験するのかというその質を通して多様に方向づけられる。さらに、生きる方向や価値観は、固定的にあるのではなく流動性をもっている。具体的な日々の営みを通して生きている人は、発達過程の時々に、意識的・無意識的にその方向や目的が修正されていく「発達可能態」として存在していると考えられる。

　ヒト（乳児）は、時間の履歴をもつ具体的な場所に生きる人々の網の目のなかで、その生活をスタートさせる。人生のその最初の場において、その周囲の人々がどのような人間観や子ども観をもっているかにより、その生活や発達が大きく方向づけられることになる。

1　ヒト（乳幼児）という存在－他者と共にある

　生物としてのヒト（乳児）は、例えば、誰に教えてもらうのでもなくミルクを飲むなど、生物として生きるうえでの最低限必要な力（吸啜反射、自動歩行など）をもって生まれてくる。また、共鳴動作（新生児模倣）や微笑反射といった人との間で生きることを前提にした反射や動作なども生まれながらにしてもち合わせている。そして、生まれたその時からもち合わせる力を用いて外界にはたらきかける積極的な存在である。

　その最初の段階で、ヒト（乳児）は、生きるうえでの営み（例えばミルクを飲む、排泄する、眠る）において他者の手を必要とする。自らの生を支える欲求を他者の手を借りて満たすやりとりのなかで、その社会や文化の行動様式や価値観などを身に付けて、その社会の一員となる一歩を踏み出す。

　乳幼児期においては、特定の場における文化・社会のなかでの周囲との具体的なやり取りを通して、その社会を生きていく

うえで必要な力を獲得しつつ、その生の主人公(主体)としての「私」という意識(他者との関係が前提にある)を獲得することになる。さらに、その生活(や遊び)を通して「私」の内実、つまり、どのような力を身に付け、その力を使いながら、何を価値として、どのように生きていくのかなどその生き方さえも、具体的な生活のなかでの経験(学び)を通して身に付けていくことになる。

2　主体的な存在－関係のなかでの主体性

　人は、生まれたその時から、誰も妨げることのできない権利を有する主体的存在(権利主体)として受け止められることが約束されている(**日本国憲法第 11 条**)。さらに、乳幼児は、その発達の過程において、その生の主人公として、他から区別される独自の思いや願いをもつ個別的(主体的な)存在として、健やかに発達していくことが支援される(**児童福祉法第 1 条**)。

　一方で、繰り返しになるが、子どもは生まれたその時から人との関係の網の目のなかで生きている。このことから、主体性は他者と区別され孤立した存在としてではなく、他者との関係のなかで個別的であるというように、関係のなかで初めて主体的であることが意味をもつ。

　次の事例で具体的に考えてみる。

　ＡとＢが同じ玩具に同時に手を伸ばしたとき、そこに主体Ａと主体Ｂのその玩具に対する欲求の対立が起きる。お互いが主体として尊重されるやりとりにおいては、それを手に入れるための交渉が必要になる。主体としての欲求は、お互いの関係のなかで、お互いがある程度満足するような解決の方法を見つけ出すことになる(いつもうまくいくとは限らない)。相手の玩具に対する欲求の強さを感じて、自らの欲求を調整して譲ったり、この間は譲ってもらったから今回は譲るとか、変わりのものを探してくるとか、どうしても譲れないまま、昼ごはんの時間になってしまうので今使いたいとか、さまざまに心揺さぶられながらその時々を経験するその先に、ルールを見つけ出すことへと発達していく。

　以上のような経験の積み重ねのなかで、相手に、また保育者などの仲立ちで、時々に生起する気持ちを受け止められるやり

日本国憲法第 11 条
　国民は、すべての基本的人権の享有を妨げられない。この憲法が国民に保障する基本的人権は、侵すことのできない永久の権利として、現在及び将来の国民に与へられる。

児童福祉法第 1 条
　全て児童は、児童の権利に関する条約の精神にのつとり、適切に養育されること、その生活を保障されること、愛され、保護されること、その心身の健やかな成長及び発達並びにその自立が図られることその他の福祉を等しく保障される権利を有する。

とりをし、主体としての内実を発達させていくことになる。この主体性の発達は、大きく3つの側面から考えることができる。

　1つは、今、ここで生きるのは「この子ども」自身である。この身体でリアリティをもって生きるのは、ほかならぬ「私」であり、「私の人生」は「私」のものである（主体の固有性・個別性）という側面である。

　次に、主体は成長・発達するという側面である。人生の過程にある「私」は、成長・発達し、その内実は変容し続けるので、どのように変容するのかの質が問われる。例えば、今もち合わせている知識や技能を、どのように使うかによってその内実は多様になる。

　最後に、主体は他から区別されたものとして閉じる方向（「私」として生きる側面）と周囲に開く方向（他者と共に生きるという側面）の両義性をもつ。つまり、「私」の生きる場は、他者の「私（個別性）」を生きる場でもある。社会は、無数の「私（個別性）」の集合と考えることもでき、「私（個別性）」は無数の「私」に通底する共同性（気持ちの通じ合い、行動様式、文化など）も同時に生きることになる。

3　発達する存在－生物学的存在から　社会文化的存在へ

　生物としてのヒト（乳幼児）の特性は、アドルフ・ポルトマン（Adolf Portmann, 1961）に依拠すると次のようになる。

　ヒトは高等哺乳類に属していながら、他の高等哺乳類と異なり、出生時において、その種として生きていくうえでの能力をもち合わせていない状態で生まれてくる二次的就巣性という特性を持っている。少なくとも、人としての特徴である直立歩行や言葉などを獲得するまでに生後おおよそ1年間を要する。それからも生物学的存在を基底にして、社会・文化的存在として生涯を通して変容（発達）し続けることになる。

　その変容（発達）の過程は、一般的に、それぞれの時期の変容の特性をとらえて、乳児期、幼児期、児童期、青年期、壮年期、養育期、中年期、高年期というように、区切って考えられる。本書が取り扱う年齢、つまり、保育の対象となるのは、主に、乳児期（3歳未満児）と幼児期（就学前）である。

本書が対象とする乳幼児は「望ましい未来を作り出す力の基礎を培う」時期である（保育所保育指針〔以下、保育指針〕第1章総則1(2)保育の目標[注1]）。そこにおける保育は、次節に述べるその時期の発達特性を理解することはもちろんのこと、これまでに述べてきた、他の高等哺乳類とは異なる人という種の特性、また、生きる目的を主体性の獲得（一人の人として、心身ともに健康な人格の完成を目指すこと、及び、平和で民主的な国家及び社会の形成者になろうとすること：教育基本法第1条）、そして、その主体性のありようは生涯にわたって発達し続けることをも視野に入れて子どもの傍らにスタンド・バイすることが重要になる。

第2節　発達の視点に基づく子ども理解 ―発達の背景も含めて

1　一人ひとりの発達過程を理解する

　自ら生きようとする力をもち、主体的で、人との間で発達し続ける存在としての乳幼児にとって、他者（保育者）の存在は特に重要である。それは、日々を共にする他者（保育者）が、乳幼児の姿をどのようにとらえ、生活をつくり上げていこうとしているのかの具体的な場面のなかに乳幼児の発達が現れ、その発達経験の積み重ねを通して発達が方向づけられるからである。

　時々の具体的な場面で、子どもの行動として現れることはもちろん、その行動の背後の内面の揺れ動きも含めて、一人ひとりの子どもを共感的に理解することから保育が展開されることになる。保育の場がそこにいるすべての「子どもの福祉を積極的に増進することに最もふさわしい生活の場（保育指針　第1章　総則1(1)保育所の役割）[注2]」となるためには、一人ひとりの子どもの内面の動きを含めた、あたたかで共感的な理解が基本となる。

　保育における子ども理解で重要なことは、目の前にいるその子どもの発達過程の理解である。例えば、Aを歴年齢の4歳児

注1・・・・・・・・・・・・・・
　幼稚園教育要領の総則・幼稚園教育の基本にも「幼稚園教育は生涯に渡る人格形成の基礎を培う…」とある。
　幼保連携型認定こども園教育・保育要領の総則・幼保連携型認定こども園における教育及び保育の基本には「乳幼児期の教育及び保育は子どもの健全な心身の発達を図りつつ生涯に渡り人格形成の基礎を培う…」とある。

注2・・・・・・・・・・・・・・
　教育要領解説序章幼児期の特性と幼稚園教育の役割において、「幼稚園は生活の場である」としている。また、教育・保育要領解説序章乳幼児期の特性と幼保連携型認定こども園における教育及び保育の役割において「幼保連携型認定こども園は生活の場である」としている。

として理解するのではなく、Aがこれまでの発達過程のなかで4歳になったことの理解、つまり、個別の顔をもつ一人の人としてのAの発達過程を理解することである。また、4歳児クラスの子どもはみな同じ発達過程にいて、同じ姿を現すのではないということである。子どもの発達を視点に置く子ども理解は、それぞれの独自の発達の背景を持つ一人ひとりの子どもを理解することである。

今、まさに目の前にいる子どもの発達過程をふまえた理解は、一回性を持つ。それは、一人の子どもが同じ行動を繰り返しているように見えるとしても、一週間前と今日の行動の内面においては、同じ経験をしているとは限らないからである。日々刻々と変化する環境のなかでの行動であることから、時間の流れのなかで今の子どもの行動を理解し、発達の過程をとらえなければならないこともある。また、時間の流れにとらわれずに今の子どもを理解しなければならないときもある。その時々の、そして、子どもの発達過程のなかでその時の行動をとらえるという多層的な理解が必要になる。

2　乳幼児期の発達特性－子ども理解の参照枠

子ども理解を深めるうえでの参照枠として、標準的な子どもの発達の理解は重要である。しかし、先にも述べたように、すべての子どもが、一様に標準的な発達過程を表すとは限らない。

標準的な子どもの発達の姿にとらわれすぎても、その場を共にする保育者の主観にとらわれすぎても、自分自身を生きたいと望んでいる子どもの理解には至らない。ここの今のこの姿を受け止めてと希求する子どもの発達過程を視点にした子ども理解において、今ここで繰り広げられている姿が、その子どもにとってどのような意味をもつか考えることを前提にするのが重要である。

生涯にわたる人の発達の基礎を培う時期である乳幼児期の発達の特性を、保育指針、幼稚園教育要領(以下、教育要領)、幼保連携型認定こども園教育・保育要領(以下、教育・保育要領)の解説の該当箇所から概観する(表1-1)。

これらは、子ども理解が、主観的になりすぎないようにするための参照枠としたい。

表 1-1 乳幼児期の発達特性

○乳幼児期は、身体が著しく発育するとともに、運動機能が急速に発達し、子どもの活動性が高まる。運動機能が発達するに伴い、全身で物事に取り組むことで、他の心身の諸側面の発達も促される。

○乳幼児期は、生まれながらにして持ち合わせている力でその周囲に積極的に働きかけている。その働きかけ(子どもの欲求)が受け止められる経験を重ねることで、基本的な信頼感(他者に対する、自分に対する、世界に対する信頼感)を獲得する。その信頼感をよりどころとして身近な周囲の人や物に、興味や関心を持ち、自発的・積極的に働き掛け、共感的に応答される中で、情動、言葉、運動機能、人との関係などさまざまな側面を発達させる。これらの発達過程と並行して、それらを統合する存在としての自我が芽生える時期である。

○乳幼児期は、次第に自分でやりたいという意識が強くなる一方で、信頼できる大人に依存していたいという気持ちも強く残っている時期である。乳幼児は自分の存在が認められ、受け入れられているという安心感を持つことで、初めて自分の力でさまざまな活動に取り組むことができるのである。乳幼児期において依存と自立の関係を十分に体験することは、それ以降の人との関わりや充実した生活を営む上で重要である。

○乳幼児期は、自分の生活のなかで親しんだ具体的なものを手掛かりにして、自分なりのイメージを形成し、それに基づいて物事を受け止めていく時期である。子どもは、自分なりのイメージをもって友達と遊ぶ中で、他の子どもとの受け止め方の違いに気づくようになる。他の子のイメージと対立させたり、取り入れたり調整したりしながら、次第に一緒に活動ができるようになっていく。

○乳幼児期は、周囲に信頼や憧れを持ち言動や態度などを模倣したりすることが多い時期である。この対象は、初めは、身近な大人であることが多い。やがて、子どもの生活が広がるにつれて、友達や物語の登場人物などにも広がっていく。このような他者への同一化は、子どもの人格的な発達、生活習慣や態度の形成などに大きな影響を持つ。

○乳幼児期は、環境と能動的に関わることを通して、周りの物事に対処し、人々と交渉する際の基本的な枠組み(概念)を形成する時期である。例えば、命あるものとそうでないものの区別、生きているものとその生命の終わり、人と他の動物の区別、心の内面と表情など外側に表れたものの区別などを理解するようになる。

○乳幼児期は、他者との関わり合いの中で、さまざまな葛藤やつまずきなどの体験を通して、将来の善悪の判断につながる、やってよいことや悪いことの基本的な区別が次第にできるようになる時期である。また、子ども同士が互いに自分の思いを主張し合い、折り合いを付ける体験を重ねることを通して、きまりの必要性などに気付き、自己抑制ができるようになっていきつつある時期でもある。特に、子どもは、大人の諾否により、受け入れられる行動と望ましくない行動を理解し、より適切な振る舞いを学ぶようになる。

出典:保育所保育指針、幼稚園教育要領、幼保連携型認定こども園教育・保育要領をもとに阿部作成。

3 乳幼児期の発達の方向
　　幼児期の終わりまでに育ってほしい姿

　乳幼児期の保育(教育)は、生涯にわたる人格(人間)形成の基礎を培う時期である。乳幼児期の教育(保育)は、養護の側面を

基底にして、保育の目標をふまえ、3つの視点（乳児保育）と5つの領域（1歳以上）における具体的なねらいのもとで実践される。ねらいは、それぞれの時期に育みたい資質・能力を子どもの具体的な姿から示したものである。

保育所保育指針　第1章　総則
4　幼児教育を行う施設として共有すべき事項
(1)　育みたい資質・能力
ア　保育所においては、生涯にわたる生きる力の基礎を培うため、1の(2)に示す保育の目標を踏まえ、次に掲げる資質・能力を一体的に育むよう努めるものとする。
(ア)豊かな体験を通じて、感じたり、気付いたり、分かったり、できるようになったりする「知識及び技能の基礎」
(イ)気付いたことや、できるようになったことなどを使い、考えたり、試したり、工夫したり、表現したりする「思考力、判断力、表現力等の基礎」
(ウ)心情、意欲、態度が育つ中で、よりよい生活を営もうとする「学びに向かう力、人間性等」
イ　アに示す資質・能力は、第2章に示すねらい及び内容に基づく保育活動全体によって育むものである。

　それぞれの時期（乳児、1歳以上3歳未満、3歳以上）において、その時期の子どもなりに感じたり、気づいたりわかったりできるようになる経験（主体的な経験）を重ねることで、知識や技能の基礎が培われていくことになる。さらに、気づいたりできるようになったことを、日々の生活や遊びのなかで試したり、どうしたら遊びがもっと楽しくなるのかなどを考えたり、工夫したり、お互いに意見を表現したりする経験（子どもの必要感から展開される主体的な経験）を十分に展開することが、思考力、判断力、表現力などの基礎となる。以上のような生活や遊びは、よりよい生活や遊びを追求する意欲や、新しいことにチャレンジしようとする心情を育て、ものごとに取り組むその子なりの態度（主体性の内実）を形成するなど、子どもの人格や人間性の育ちの基礎をつくることになる。

以上のような保育の実践の積み重ねの先に、つまり、幼児期の終わりごろの生活や遊びのなかに、具体的な子どもの姿として「幼児期の終わりまでに育ってほしい姿[注3]」が現れることをめざして保育することになる。

　例えば、幼児期の終わりまでに育ってほしい「10の姿[注4]」の一つに「道徳性・規範意識の芽生え（友達と様々な体験を重ねる中で、してよいことや悪いことが分かり、自分の行動を振り返ったり、友達の気持ちに共感したりし、相手の立場に立って行動するようになる。また、きまりを守る必要性が分かり、自分の気持ちを調整し、友達と折り合いを付けながら、きまりをつくったり、守ったりするようになる）」がある。この姿は、幼児期の終わりごろに突然に姿を現すのではなく、3つの視点（乳児保育）、5つの領域（1歳以上）のねらいのもとに展開される子どもの生活や遊びのなかでの経験を積み重ねた先に、現れることになる（表1-2）。

　表1-2は、0歳児から3歳以上児の3つの視点（乳児保育）と5つの領域（1歳以上）のねらいを達成するために保育指針の保育の内容から、「道徳性・規範意識の芽生え」に関連すると思われる内容を抜き出したものである。そして、領域横断的に道徳性・規範意識がどのように芽生え、幼児期の終わりまでにどのような姿になってほしいと願っているのかを示したものである。

　「道徳性・規範意識の芽生え」は、人間関係の領域での経験（特に3歳児以上の）を中心にしながらも他の領域と関連しながら発達していくことがわかる。

　保育者との間に信頼関係を築き深めていくこと（安心感をもって、生活や遊びに夢中になるための安全基地）を中軸にして、自らの興味・関心を身近な周囲のものや人に向け、それらに対する感性を豊かにし、表情や仕草、言葉などで表現するようになる。このような生活を通して、自分自身を獲得し、その内面を豊かにすることと並行して、友達との遊びを通してその楽しさを存分に経験すること、また、お互いの主張が対立する経験を通して、さまざまな葛藤やつまずきなどを体験（自分の気持ちを伝えたり、相手の気持ちを聞いたりしながら、悔しがったり、慰められたりしながら、相手の言い分を受け入れるなど）することで、その内面を豊かにしていく。内面の豊かさと結び

注3‥‥‥‥‥‥‥‥
　教育要領では「幼稚園教育において育みたい資質・能力及び幼児期の終わりまでに育ってほしい姿」（第1章　総則の2）、教育・保育要領では「幼保連携型認定こども園の教育及び保育において育みたい資質・能力」「幼児期の終わりまでに育ってほしい姿」（第1章　総則の第1）とある。保育指針では「第1章　総則」の「4　幼児教育を行う施設として共有すべき事項に「育みたい資質・能力」「幼児期の終わりまでに育ってほしい姿」と記載されている。

注4‥‥‥‥‥‥‥‥
　幼児期の終わりまでに育ってほしい10の姿
○健康な心と体
○自立心
○協同性
○道徳性・規範意識の芽生え
○社会生活との関わり
○思考力の芽生え
○自然との関わり・生命尊重
○数量や図形、標識や文字などへの関心・感覚
○言葉による伝え合い
○豊かな感性と表現
➡詳細は第5章の4参照

表1-2　道徳性・規範意識の芽生えに関連する主な内容（5領域横断）

		乳児保育の保育内容	1歳以上3歳未満児の保育内容	3歳以上児の保育内容
経験内容	健康	①身近な生活用具、玩具や絵本などが用意された中で、身の回りのものに対する興味や好奇心をもつ。	①保育士等の愛情豊かな受容の下で、安定感をもって生活をする。②食事や午睡、遊びと休息など、保育所における生活のリズムが形成される。	①保育士等や友達と触れ合い、安定感をもって行動する。②様々な活動に親しみ、楽しんで取り組む。⑧保育所における生活の仕方を知り、自分たちで生活の場を整えながら見通しをもって行動する。
	人間関係	①子どもからの働きかけを踏まえた、応答的な触れ合いや言葉がけによって、欲求が満たされ、安定感をもって過ごす。③生活や遊びの中で、自分の身近な人の存在に気付き、親しみの気持ちを表す。⑤温かく、受容的な関わりを通じて、自分を肯定する気持ちが芽生える。	③身の回りに様々な人がいることに気付き、徐々に他の子どもと関わりをもって遊ぶ。④保育士等の仲立ちにより、他の子どもとの関わり方を少しずつ身につける。⑤保育所の生活の仕方に慣れ、きまりがあることや、その大切さに気付く。	①保育士等や友達と共に過ごすことの喜びを味わう。②友達と積極的に関わりながら喜びや悲しみを共感し合う。⑤自分の思ったことを相手に伝え、相手の思っていることに気付く。⑦友達のよさに気付き、一緒に活動する楽しさを味わう。⑧友達と楽しく活動する中で、共通の目的を見いだし、工夫したり、協力したりなどする。⑨よいことや悪いことがあることに気付き、考えながら行動する。⑩友達との関わりを深め、思いやりをもつ。⑪友達と楽しく生活する中できまりの大切さに気付き、守ろうとする。⑫共同の遊具や用具を大切にし、皆で使う。
	言葉		①保育士等の応答的な関わりや話しかけにより、自ら言葉を使おうとする。⑤保育士等とごっこ遊びをする中で、言葉のやり取りを楽しむ。⑥保育士等を仲立ちとして、生活や遊びの中で友達との言葉のやり取りを楽しむ。⑦保育士等や友達の言葉や話に興味や関心をもって、聞いたり、話したりする。	①保育士等や友達の言葉や話に興味や関心をもち、親しみをもって聞いたり、話したりする。③したいこと、してほしいことを言葉で表現したり、分からないことを尋ねたりする。④人の話を注意して聞き、相手に分かるように話す。⑧いろいろな体験を通じてイメージや言葉を豊かにする。
	環境	①身近な生活用具、玩具や絵本などが用意された中で、身の回りのものに対する興味や好奇心をもつ。	①安全で活動しやすい環境での探索活動等を通して、見る、聞く、触れる、嗅ぐ、味わうなどの感覚の働きを豊かにする。②玩具、絵本、遊具などに興味をもち、それらを使った遊びを楽しむ。④自分の物と人の物の区別や、場所的感覚など、環境を捉える感覚が育つ。	⑤身近な動植物に親しみをもって接し、生命の尊さに気付き、いたわったり、大切にしたりする。⑦身近な物を大切にする。⑧身近な物や遊具に興味をもって関わり、自分なりに比べたり、関連付けたりしながら考えたり、試したりして工夫して遊ぶ。
	表現		⑤保育士等からの話や、生活や遊びの中での出来事を通して、イメージを豊かにする。⑥生活や遊びの中で、興味のあることや経験したことなどを自分なりに表現する。	②生活の中で美しいものや心を動かす出来事に触れ、イメージを豊かにする。③様々な出来事の中で、感動したことを伝え合う楽しさを味わう。
道徳性・規範意識の芽生え		・温かく受容的な関わり（安定感）・身近な人に親しみの気持をもつ。・身近なものに興味や好奇心をもつ	愛情豊かな受容のもとで（安定感）、生活リズムが形成、・保育士とごっこ遊び、保育士の仲立ちで友達とやり取りし、決まりがあることや大切さに気付く。・保育士や友達の話に興味関心をもち、聞いたり話したりする。・探索活動を通して感覚の働きやイメージを豊かにする。・自分のものと人のものの区別がつく。・生活や遊びの中で・興味のあることや経験したことを自分なりに表現する。	人間関係の①、⑤、⑥、⑦、⑧、⑨、⑩、⑪、⑫に加えて・保育士や友達と触れ合い安定感をもって行動する。・様々な活動に楽しんで取り組む。その中でイメージや言葉を豊かにする。したいことやしてほしいことを表現する。・人の話を注意して聞き、相手にわかるように話す。・身近なものに興味をもって関わり自分なりに考えたり、工夫して遊び、感動したことを伝え合う楽しさを味わう。

※数字は保育所保育指針に対応させたものである。

出典：保育所保育指針をもとに阿部作成。

ついた道徳性や規範意識の芽生えは、幼児期の終わりまでに育ってほしい姿である。それは、他の自立心や協同性、思考力の芽生え、言葉による伝え合い、豊かな感性と表現などの育ちも待たなければならない。

　また、言うまでもないことだが、これらの姿は、育ってほしい姿(方向目標)であり、育てなければならない姿(到達目標)ではない。すべての子どもが、「道徳性・規範意識の芽生え」として述べられている具体的な姿を表すわけではない。一人ひとりの子どもが「道徳性・規範意識の芽生え」の育ちのどの過程にいるのかを理解することに意味がある。他児と比べて、できる・できないとか、早い・遅いと単純に比較するものでもないことを理解しておきたい。

第3節 乳幼児期の保育の基本

1 発達の姿をふまえた保育

　子どもは一人で生きていくことはできない。自らの生命を支える営みさえ、他者の手を必要とするところから人生をスタートさせるが、やがては、自らでその生活を支えるといういわゆる自立をめざすことになる。

　子どもは、生まれながらにしてもっている力を使って、最初から積極的に環境にはたらきかけている。しかし、そのはたらきかけの意味を理解しているというより、自らのはたらきかけの意味を保育者などに読み解いてもらいながら、あるいは意味を付与してもらいながら、さまざまな経験をすることで、内外の世界を理解していく。子どもは、外に向かって積極的にはたらきかけるという意欲(学びに向かう力ともいえる)を、最初からもち合わせている。その意欲が意味をもつためには、子どもからのはたらきかけに応答する他者(保育者)がいて、初めて積極的な存在、意欲的な存在となることができる。意欲や学びに向かう力は、子どもからのはたらきかけに応答する他者(保育

者)がいて、その応答の連鎖のなかで経験されることで学びが起きる。子どもからのはたらきかけ、あるいは子どもの内面を理解して対応することで、望ましい発達のための経験が得られる(詳細は本章の第2節)。

　以上から、子どもの主体性を育てる乳幼児期の保育における基本の第一は、その相手である子どもの発達の理解に基づくことである。保育所保育指針解説(以下、保育指針解説)においては、保育は子どもの育つ道筋やその特徴をふまえ、発達の個人差に留意するとともに、一人ひとりの心身の状態や家庭生活の状況などをふまえて、個別にていねいに対応していくことが重要であると述べている(「第1条　総則」「1　保育所の役割」)。

2　環境による保育

　乳幼児期の保育の基本の第1番目に、子どもの主体性を尊重した保育が子どもの発達の姿をふまえることをあげた。その保育のあり方は、環境による保育にも通じる。乳幼児は、それぞれの時期に繰り広げられる生活や遊びのなかで興味・関心や欲求に基づいて、自ら周囲の環境に関わるという直接的な体験を通して、心身が大きく育っていく時期だからである。

　子どもの興味・関心を離れて、保育者がよかれと思ってはたらきかける保育においては、子どもが積極的に、喜んでそのはたらきかけに応じることは極めて少ない。そして、実感のともなう発達のための経験(ワクワク、ドキドキするような期待に満ちた心揺さぶられる経験)とはなりにくい。さらに、それをすることに喜びを感じていない、やってみたいという気持ちがともなわない経験の連続は、自己を肯定的にとらえる感覚(有能感)さえも否定してしまう可能性がある。

　子どもの主体性を大切にする保育者は、子どもに対する願いを環境に託すことになる。子どもの発達の姿を理解し、その興味・関心のありかを探り、一人ひとりの子どもの発達に見通しをもち、環境を構成する。あるいは、もち合わせの環境(園庭の樹木や遊具などの配置などによる空間や飼育小動物、園外の公園など)を考慮して保育することになる。

　子どもは、身近な人やものなどあらゆる環境からの刺激を受け、それを肯定的に感じたり、受けとめたりする経験のなかで、

さまざまな感覚や感情の揺れ動きをともないながら、新たな気づきを得たりする。そして、充実感や満足感を味わうことで、好奇心や自分から関わろうとする意欲(学びに向かう力)をもって、より主体的に環境と関わるようになる。

保育指針から保育の環境について抜き出すと以下のようになる。子どもが自ら環境に関わることを重視(自発性や主体性の重視)していることが理解できる。

保育所保育指針　第1章　総則

1　保育所保育に関する基本原則

⑷　保育の環境

　保育の環境には、保育士等や子どもなどの人的環境、施設や遊具などの物的環境、更には自然や社会の事象などがある。保育所は、こうした人、物、場などの環境が相互に関連し合い、子どもの生活が豊かなものとなるよう、次の事項に留意しつつ、計画的に環境を構成し、工夫して保育しなければならない。

ア　子ども自らが環境に関わり、自発的に活動し、様々な経験を積んでいくことができるよう配慮すること。

イ　子どもの活動が豊かに展開されるよう、保育所の設備や環境を整え、保育所の保健的環境や安全の確保などに努めること。

ウ　保育室は、温かな親しみとくつろぎの場となるとともに、生き生きと活動できる場となるように配慮すること。

エ　子どもが人と関わる力を育てていくため、子ども自らが周囲の子どもや大人と関わっていくことができる環境を整えること。

3　養護と教育が一体となった保育

　養護と教育が一体的となって行われる保育は、最初の保育指針(昭和40[1965]年)から踏襲されている保育のあり方である。子どもの主体性を尊重した保育が、環境による保育に通じるこ

とと同じく、養護および教育が一体的に行われるという保育を導き出すことになる。

　養護および教育が一体的に行われる保育を、次に保育指針解説から引用する。

保育所保育指針解説　第1章　総則
1　保育所保育に関する基本原則
【養護と教育の一体性】
　養護と教育を一体的に展開するということは、保育士等が子どもを一人の人間として尊重し、その命を守り、情緒の安定を図りつつ、乳幼児期にふさわしい経験が積み重ねられていくよう丁寧に援助することを指す。子どもが、自分の存在を受け止めてもらえる保育士等や友達との安定した関係の中で、自ら環境に関わり、興味や関心を広げ、様々な活動や遊びにおいて心を動かされる豊かな体験を重ねることを通して、資質・能力は育まれていく。

　これを図示したものが、図1-1である。

　養護と教育が一体的に行われる保育において、子どもを「一人の人として尊重する」ことが大前提となる。一人の人として尊重するということは、子どもの命を守り、情緒の安定（存在の基盤の保障）を図りながら乳幼児期にふさわしい経験が得られるように援助することである。存在の基盤は、乳幼児期においては他者への依存を当たり前とするが、やがては、自らで自らの存在の基盤を支えられるように導くことを含んでいる。さらに養護と教育が一体となった保育は、乳幼児期にふさわしい経験（自らの興味・関心や必要感から、その周囲の環境と関わり経験を重ねること）が得られるように、援助することでもある。そのやり取りのなかで、生きていくうえで必要な力や自らの望む生き方を模索する基礎となる経験を重ねることが、育みたい資質・能力の基礎を培うことになる。

　存在の基盤が安定していなければ、一人ひとりの子どもの自ら望む未来をつくり出す力の基礎を培うことは難しい。また、子どもの存在の安定を支えるだけ、そこにとどまっていること

図 1-1　保育所保育の基盤としての養護と教育

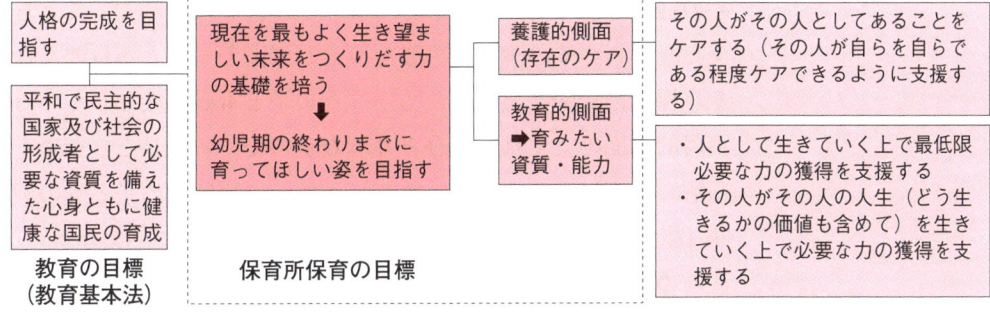

出典：保育所保育指針をもとに阿部作成。

に応答するだけでは、子どもが望む未来も到来しないことになる。子どもが、この今を超えていこうとするときには多少の困難や試練をともなうこともあるが、子どもがその試練に立ち向かおうとするときに、その気持ちをしっかりと受けとめ、支える者(乳幼児期は子どもに信頼されている人)の存在が重要になる。

　子どもの傍らにある保育者のありようについて、再び指針の解説を引用する。

保育所保育指針解説　第1章　総則
1　保育所保育に関する基本原則
【養護と教育の一体性】
　子どもの傍らに在る保育士等が子どもの心を受け止め、応答的なやり取りを重ねながら、子どもの育ちを見通し援助していくことが大切である。このような保育士等の援助や関わりにより、子どもはありのままの自分を受け止めてもらえることの心地よさを味わい、保育士等への信頼を拠りどころとして、心の土台となる個性豊かな自我を形成していく。

　保育士は現象としての子どもの行動にのみ目を奪われるのではなく、その背後の心を理解して受けとめ、その心のありように沿って、応答的なやりとりを重ねるとともに、その子どもの発達を見通して関わることになる。つまり、その子どもが発達

のどの過程にいるのかをふまえ、その子どもが発達していくための経験を歴年齢にとらわれることなく確かに経験することを支えながら、その少し先の姿を見通して関わることが重要になる。保育は集団で実践されるが、その子どもが必要としている養護的側面の支えは一人ひとり異なるので、一人ひとりをよく理解して受けとめることになる。さらに、集団内の子どもの興味・関心も一様ではないので、一人ひとりの欲求に応えながら、個々の子どもの欲求をどのようなタイミングで集団の欲求へと組織化していくのかは、一人ひとりの子どもの内面も含めた発達理解（一人ひとりの主体のありよう）が重要である。

第4節 乳幼児保育の構造と内容の基本構造

1 保育の構造（子どもの姿－計画－実践－〈記録〉振り返り・評価－計画の修正・改善の輪）

保育は、少なくとも3つの層構造をなしている。まず、子どもの姿から保育の計画が立てられる「（計画前の）評価と（次の）計画の層」。その計画をもとに、子どもと保護者に直接関わる「実践（子どもとの日々の生活）の層」がある。実践を振り返り、子どもの姿（発達経験）をもとに、保育のあり方（ねらいや内容、方法の妥当性）を検討する「評価の層」は、この実践の評価をもとに、計画の改善・修正が図られ、それが次の計画となり、実践へと往還される（図1-2）。

2 保育の計画（指導計画）の構造

保育所、幼稚園、幼保連携型認定こども園においては、教育・保育の目標の達成に向けて、子どもの発達を見通しながら、教育・保育の方法や環境に関する基本的な考え方に基づき、計画性のある保育を実践することが必要である。

そのために、保育所、幼稚園、幼保連携型認定こども園にお

図 1-2　保育の計画の展開（PDCA サイクル）と子どもの育ち

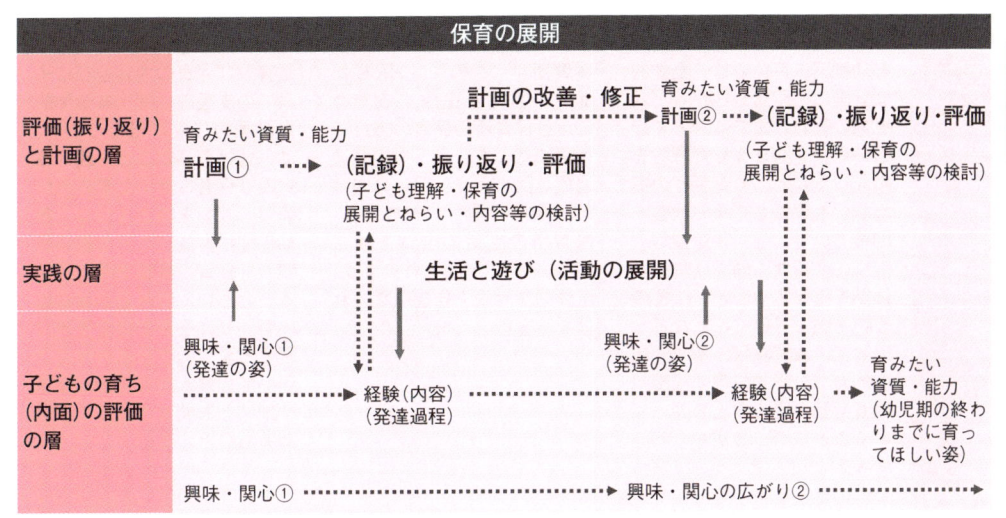

※子どもの興味・関心からの行動が子どもの内面を育てる
※子どもの興味・関心から展開される活動が、ねらいの達成に向けての内容を経験（発達経験）する
※経験内容が豊かになることは、興味・関心の向かう先が豊かになると同時に豊かな発達をうながす
○保育は計画に基づいて展開（準備ーかかわりー後片付けなど）され、その環境・保育者のはたらきかけに子どもは興味・関
　心をもって関わる・関わらないなどそこでの経験内容が、子どもの興味・関心を育て、内面をも育てる。

出典：阿部和子編著『改訂　乳児保育の基本』萌文書林、2019 年、229 頁を一部改変。

いては、その位置づけに多少の違いはあるが、教育・保育に関わるすべての計画を包括する「全体的な計画」を作成することになる（表 1-3 参照）。

　集団で子どもを教育・保育する場において、子どもの発達を保障するためには、保育者間で、ある程度の意思の疎通や子どもの発達の見通しをもつことが必要である。おおよその子どもの生活や発達の見通しをもって組織的・計画的に実践することが通常である。子どもの発達を保障する園（所）生活は、複雑多義にわたるため、それを支えるうえでの計画も多様である。これらの計画を包含する計画が「全体的な計画」である。

　ここでは、保育所における保育の全体計画の構造を図 1-3（図中右側の点線囲み部分）に示す。全体計画は、教育・保育目標に基づいて、子どもの発達過程をふまえて保育の内容が組み立てられ教育・保育の質の向上を図るものとして位置づけられる。

　保育の計画は、各園（所）の独自性も重要であるが、まったく社会から切り離されてあるわけではない。子どもが生活する公の場でもある。

　各園（所）での保育は、図 1-3 中の左側の児童福祉法の体系のなかに位置づけられている[注5]。それぞれにその教育・保育内

注5・・・・・・・・・・・・・・・・
　幼稚園は、学校教育法に、幼保連携型認定こども園は、就学前の子どもに関する教育、保育等の総合的な提供の推進に関する法律に位置づけられる。

表 1-3　保育指針、教育要領、教育・保育要領の全体的な計画の記載内容（解説含む）

	幼稚園	保育所	幼保連携型認定こども園
全体的な計画	各幼稚園においては、全体的な計画にも留意しながら、「幼児期の終わりまでに育ってほしい姿」を踏まえ教育課程を編成すること、教育課程の実施状況を評価してその改善を図っていくこと、教育課程の実施に必要な人的又は物的な体制を確保するとともにその改善を図っていくことなどを通して、教育課程に基づき組織的かつ計画的に各幼稚園の教育活動の質の向上を図っていくこと（以下「カリキュラム・マネジメント」という。）に努めるものとする。	保育所は、1の(2)に示した保育の目標を達成するために、各保育所の保育の方針や目標に基づき、子どもの発達過程を踏まえて、保育の内容が組織的・計画的に構成され、保育所の生活の全体を通して、総合的に展開されるよう、全体的な計画を作成しなければならない。	教育及び保育の内容並びに子育ての支援等に関する全体的な計画の作成に当たっては、幼保連携型認定こども園の教育及び保育において育みたい資質・能力を踏まえつつ、各幼保連携型認定こども園の教育及び保育の目標を明確にするとともに、教育及び保育の内容並びに子育ての支援等に関する全体的な計画の作成についての基本的な方針が家庭や地域とも共有されるよう努めるものとする。
下位の計画	各幼稚園においては、教育課程を中心に、第3章に示す教育課程に係る教育時間の終了後等に行う教育活動の計画、学校保健計画、学校安全計画などとを関連させ、一体的に教育活動が展開されるよう全体的な計画を作成するものとする。	全体的な計画は、保育所保育の全体像を包括的に示すものとし、これに基づく指導計画、保健計画、食育計画等を通じて、各保育所が創意工夫して保育できるよう、作成されなければならない。	幼保連携型認定こども園において実際に指導を行うためには、それぞれの幼保連携型認定こども園における「全体的な計画」*に基づいて園児の発達の実情に照らし合わせながら、園児一人一人が生活を通して必要な経験が得られるような具体的な指導計画を作成する必要がある。

*「全体的な計画」は、幼保連携型認定こども園における教育および保育の期間の全体を見通したものであり、幼保連携型認定こども園の教育および保育等の目標に向かい入園から修了までの期間において、どのような筋道をたどっていくかを明らかにした計画である。

出典：保育所保育指針、幼稚園教育要領、幼保連携型認定こども園教育・保育要領、およびそれぞれの解説をもとに阿部作成。

容に関しての告示（保育指針、教育要領、教育・保育要領）があり、それに従うことが要求されている。それぞれの施設の設置目的は異なり、そこで展開される実践は教育と表記されたり、保育と表記されたり、教育・保育と表記されたりしている。しかし、いずれの場においても実践される内容は同じであり、その内容を実践するための方法も同じである。

　したがって、子どもはどの施設に通ったとしても、発達を保障するうえでの内容と方法は同じである。違いがあるとすれば、各園の独自性によるものである。

　保育の全体計画には、保育を支えるさまざまな計画がある。保育所を例にとると、指導計画、保健計画、食育計画などがある。この計画群の要になるのが、直接的に子どもの発達を支える指導計画である。ここでは指導計画の構造を概観する。

　図 1-4 に指導計画を整理した。指導計画には、長期の計画（年

図 1-3　各保育所における 6 年間の保育の全体計画

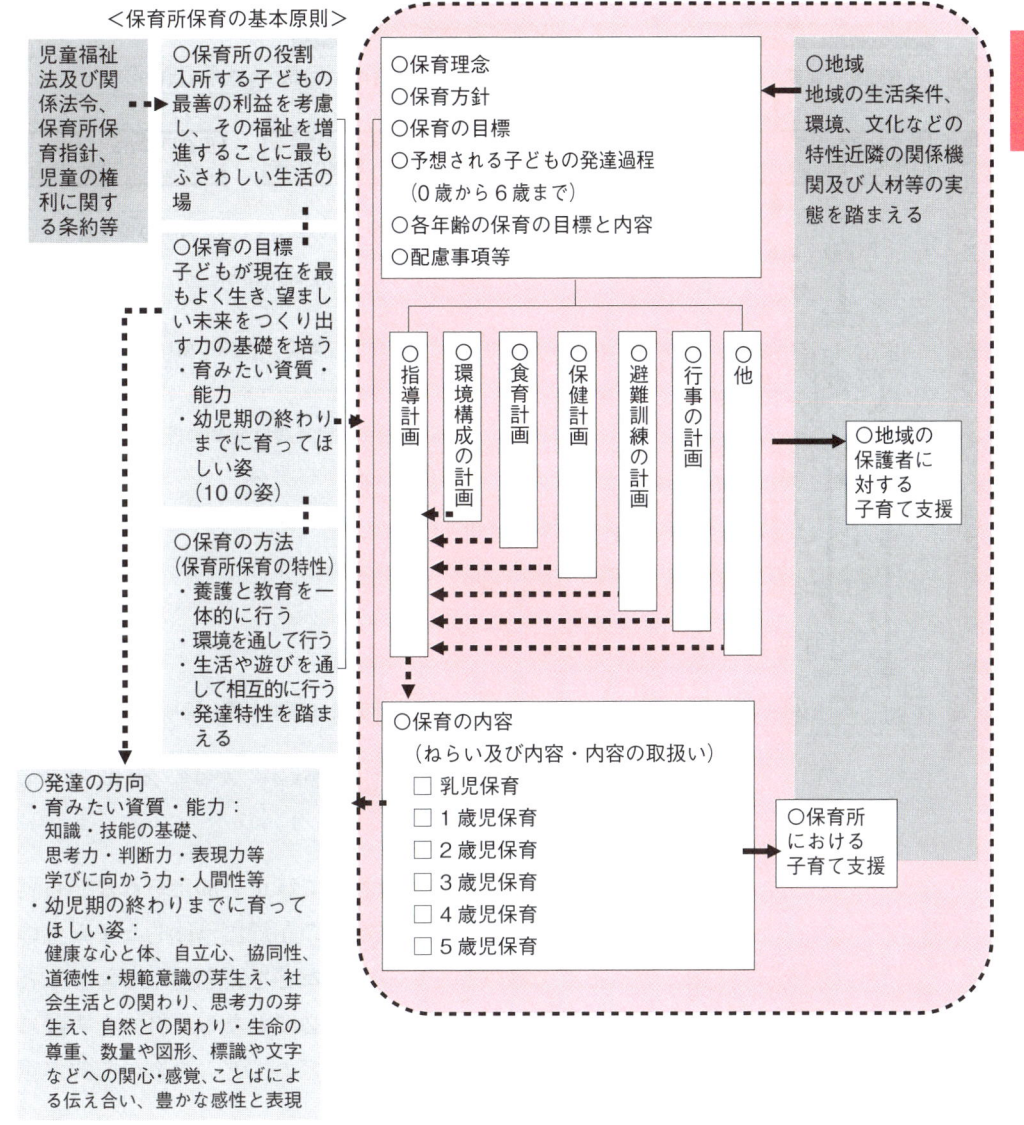

＜保育所保育の基本原則＞

児童福祉法及び関係法令、保育所保育指針、児童の権利に関する条約等

○保育所の役割
入所する子どもの最善の利益を考慮し、その福祉を増進することに最もふさわしい生活の場

○保育の目標
子どもが現在を最もよく生き、望ましい未来をつくり出す力の基礎を培う
・育みたい資質・能力
・幼児期の終わりまでに育ってほしい姿
（10 の姿）

○保育の方法
（保育所保育の特性）
・養護と教育を一体的に行う
・環境を通して行う
・生活や遊びを通して相互的に行う
・発達特性を踏まえる

○発達の方向
・育みたい資質・能力：
知識・技能の基礎、思考力・判断力・表現力等学びに向かう力・人間性等
・幼児期の終わりまでに育ってほしい姿：
健康な心と体、自立心、協同性、道徳性・規範意識の芽生え、社会生活との関わり、思考力の芽生え、自然との関わり・生命の尊重、数量や図形、標識や文字などへの関心・感覚、ことばによる伝え合い、豊かな感性と表現

○保育理念
○保育方針
○保育の目標
○予想される子どもの発達過程
　（0 歳から 6 歳まで）
○各年齢の保育の目標と内容
○配慮事項等

○指導計画
○環境構成の計画
○食育計画
○保健計画
○避難訓練の計画
○行事の計画
○他

○保育の内容
　（ねらい及び内容・内容の取扱い）
□ 乳児保育
□ 1 歳児保育
□ 2 歳児保育
□ 3 歳児保育
□ 4 歳児保育
□ 5 歳児保育

○地域
地域の生活条件、環境、文化などの特性近隣の関係機関及び人材等の実態を踏まえる

○地域の保護者に対する子育て支援

○保育所における子育て支援

出典：阿部和子編著『改訂　乳児保育の基本』萌文書林、2019 年、227 頁。

間指導計画、期間指導計画、月の指導計画）と短期の計画（週の指導計画、日の指導計画）がある。期間が短い計画ほど、より具体的に立案されることになる。実際の保育は短期の指導計画（主には週案、週日案）に沿って行われることになる。したがって、短期の計画になればなるほど、さらに具体的なものになる。この計画はあくまで計画であり、実際の子どもの姿や興味・関心などから修正・改善されていくものでもある。

　より子どもの発達や興味・関心に沿った主体性を大切にする

図 1-4 保育の構造（全体計画から週案までと日々の実践から計画の修正へ）

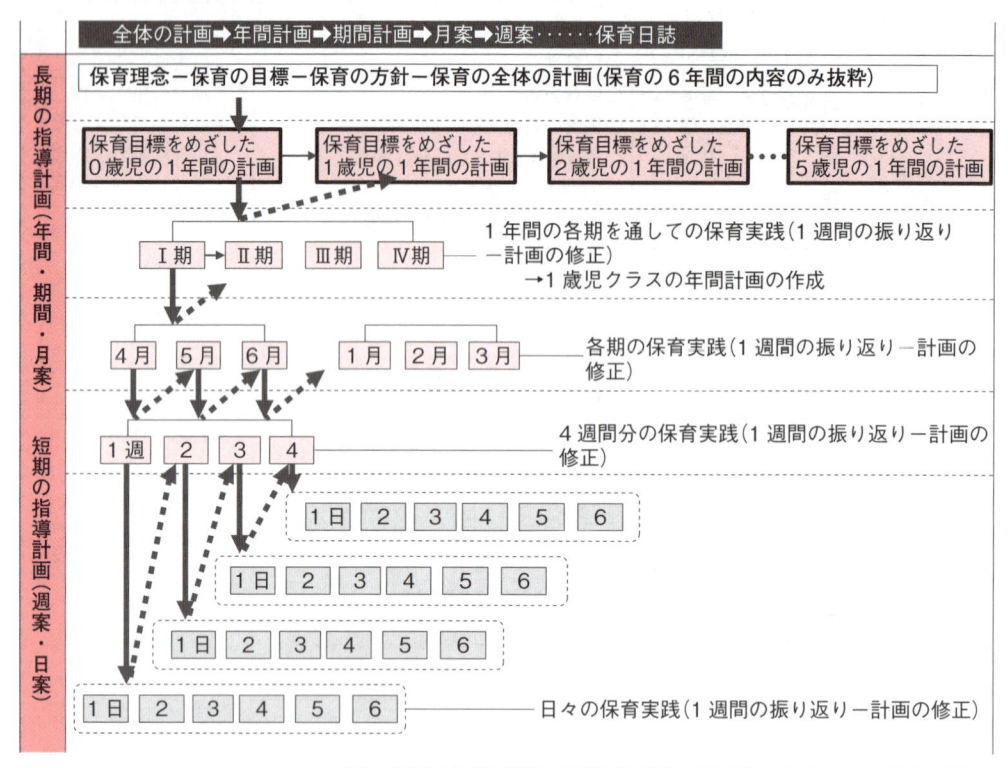

出典：阿部和子編著『改訂　乳児保育の基本』萌文書林、2019 年、228 頁を一部改変。

保育は、日々の子どもの姿に合わせて修正を加えられながら実践されるので、日々の保育日誌などの記録に具体的な子どもの活動の姿やそこで経験している内容などを書き込んでおくことが、子どもの実態に即した計画には必要となる。計画を実践につなげるためには日々の保育日誌などの子どもの姿の記録が重要な役割を果たす。

3　保育指針、教育要領、教育・保育要領における内容の基本構造

　図 1-5 は、保育指針の章構造と保育内容の関係を示したものである。保育所、幼稚園、認定こども園それぞれの施設の目的により章構成やその書きぶりに若干の違いはある（図 1-6、図 1-7 参照）が、それぞれの総則においては、その施設の教育・保育の基本（保育指針では保育所保育の基本原則と表記されている）が示されている。

そして、教育・保育の目標として「育みたい資質・能力」「幼児期の終わりまでに育ってほしい姿」と、同じ文言で述べられている。

2章においては、その目標の達成に向けた内容が展開されている。2章における内容は、乳児保育、1歳以上3歳未満児の保育、3歳以上児の保育（教育要領は3歳以上児のみ）と3つの時期に分けて示されている。乳児保育において3つの視点（健やかに伸び伸び育つ、身近な人と気持ちが通じ合う、身近なものと関わり感性が育つ）からねらいと内容、内容の取り扱いが

図1-5　保育所保育指針における保育内容の位置づけ

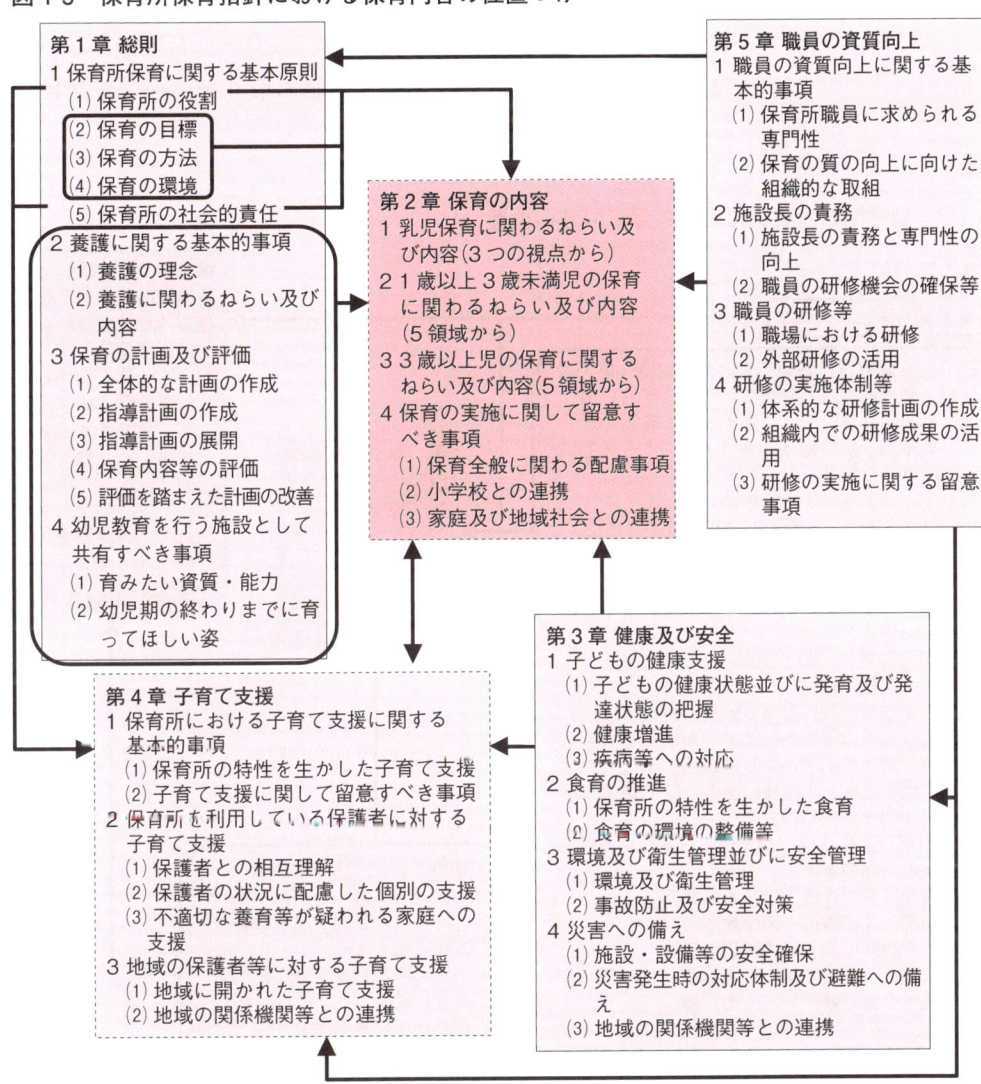

出典：保育所保育指針、幼稚園教育要領、幼保連携型認定こども園教育・保育要領をもとに阿部作成。

構成されている。1歳以上3歳未満児の保育と、3歳以上児の保育は5領域からねらいと内容、内容の取り扱いが示されている（図1-8参照）。

　図1-8の保育の内容の構造において、保育指針は「年齢区分—ねらいと内容・内容の取り扱い—各年齢区分の保育の実施に関わる配慮事項—全年齢に関わる保育の実施に関して留意すべき事項」から構成されている。教育要領に関しては、満3歳以上を対象とする施設であるので、年齢区分がなく、ねらいと内容・内容の取り扱いのみとなっている。3歳以上に関する「ねらい—内容—内容の取り扱い」に関しては、保育所、幼保連携型認定こども園、幼稚園でほとんど同じ表現となる。保育所と幼保連携型認定こども園の3歳未満児に関しての「ねらい—内容—内容の取り扱い」も同様である。教育・保育要領においては、「年齢区分—ねらいと内容・内容の取り扱い—全年齢に関

図1-6　幼稚園教育要領における保育内容の位置づけ

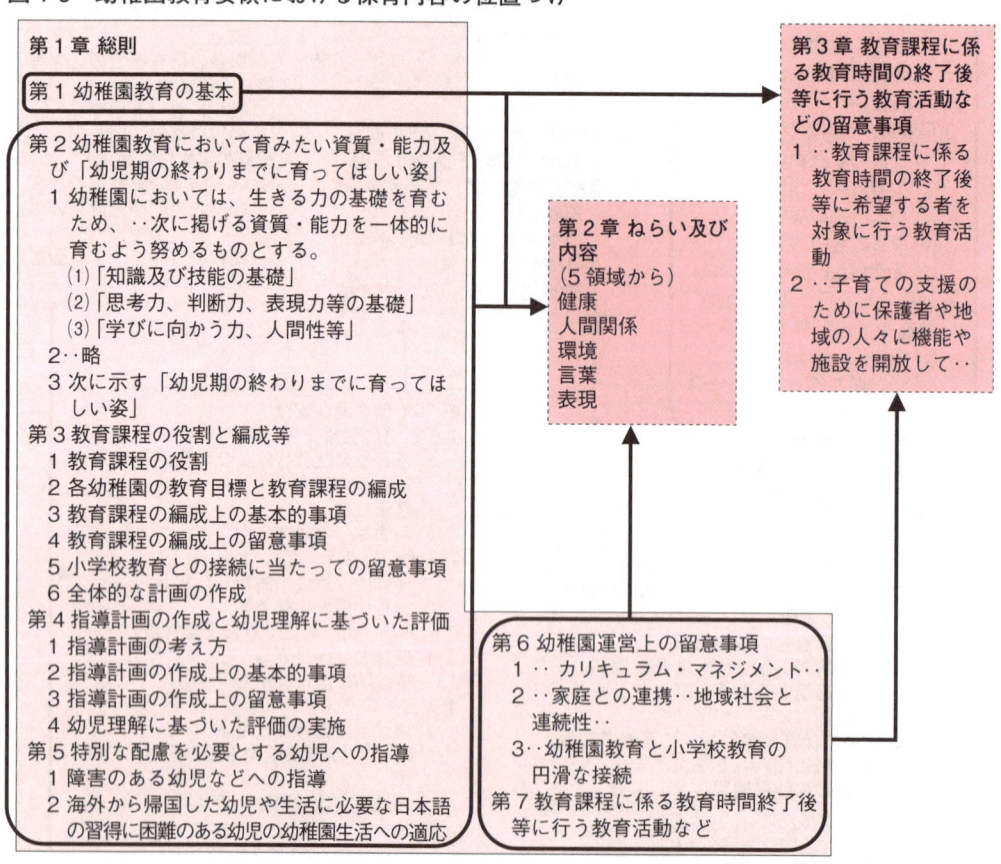

出典：保育所保育指針、幼稚園教育要領、幼保連携型認定こども園教育・保育要領をもとに阿部作成。

わる教育および保育に関する配慮事項というように、各年齢の保育に関する配慮事項」が抜けた形になっている。

4 実践の構造

　保育における実践の層は、25頁の図1-2の実践の層—生活と遊び(活動の展開)の部分に該当する。子どもの生活の場である日々の具体的な保育者とのやり取りや子ども同士の関わりなど、それぞれが直接に心身をともなって活動する層である。この実践を支えている事柄の関係を図1-9に示した。

　子どもたちの生活が成立するための背景は少なくとも7つの事柄群に分けることができる。保育者はいかに多くのことを同時に、そして時間や空間を予想して、目の前にいる子どもや子

図1-7　幼保連携型認定子ども園教育・保育要領における保育内容の位置づけ

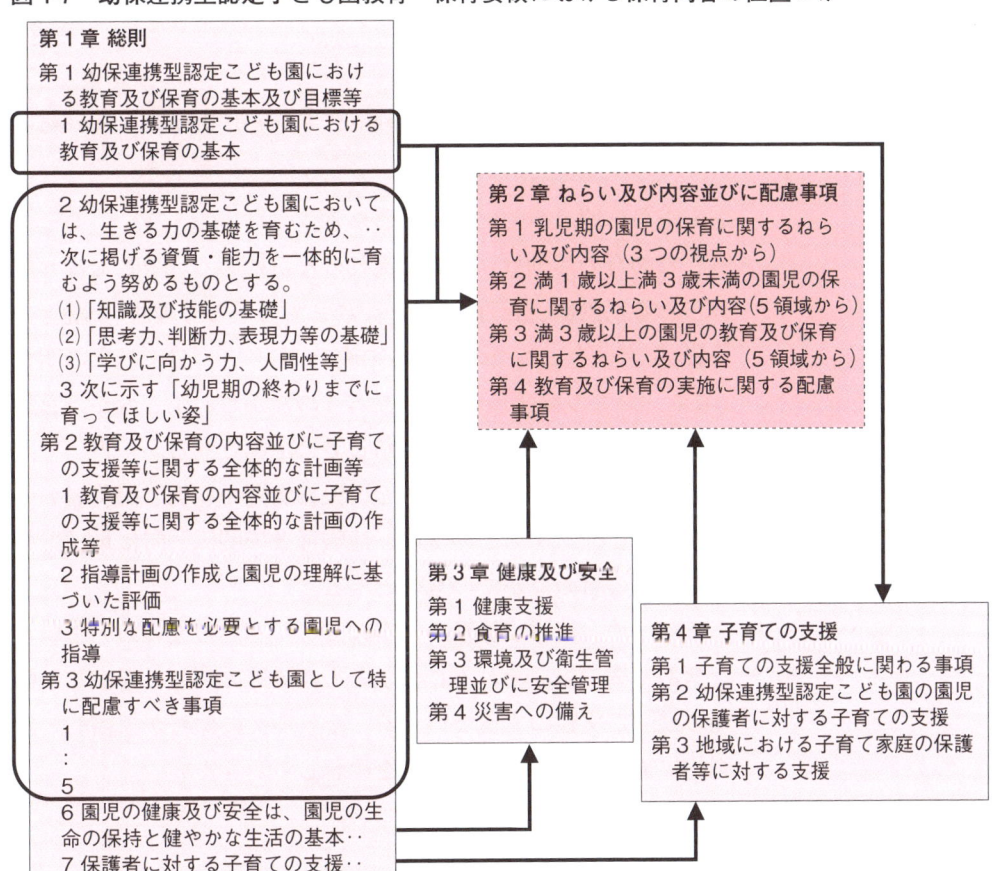

出典：保育所保育指針、幼稚園教育要領、幼保連携型認定こども園教育・保育要領をもとに阿部作成。

図 1-8 保育指針、教育要領、教育・保育要領の「第2章(保育)内容」の構成

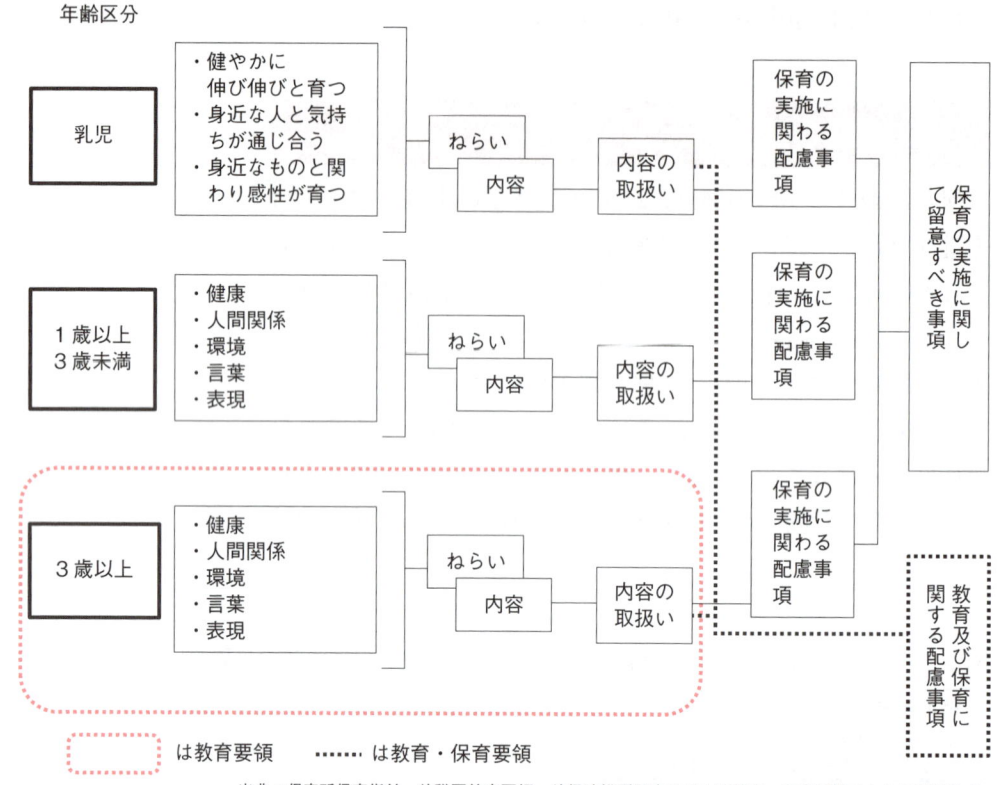

年齢区分

出典：保育所保育指針、幼稚園教育要領、幼保連携型認定こども園教育・保育要領をもとに阿部作成。

どもたちと関わっているかがわかる。

　ここの今の活動は、時間の流れのなかにある。そこで繰り広げられる活動は、昨日(過去—これまでの子ども理解)の続きの今日(現在—今ここでの子どもの姿)であり、今日の続きの明日(未来—育ちの見通し)とのつながりのなかで、子どもが今を最もよく生きることを瞬時に判断しての活動となる。一方、空間の広がりから、実践を考えると、保育者間の連携、保護者とのつながり、他クラスとの関係、他職種との関係、時に地域との関係の網の目のなかでのものとなる。

　それらの、複雑で雑多で何が起こるかわからないあいまいさを含んだ場での、それぞれの子どもの最善の利益を考慮した活動の展開が実践の本質といえる。それゆえに保育が組織的・計画的に実践されることの意味を確認しておきたい。

図 1-9　保育実践の構造

①子どもとの直接的なやりとり（保育の内容・方法がここで実践される）
②やりとりのための日々の準備（打ち合わせや教材の準備など）
③環境の構成
　（保育室の環境、保育者間の連携、他職種との連携・安全・衛生など）
④日々の保育を全体と連続させる記録や家庭との連携のための記録など
　（保育日誌、連絡帳、出欠簿、身長体重の記入。プリント配布、ホワ
　イトボードの記入など）
⑤保護者との直接的なやりとり（朝夕の送迎時、必要に応じて相談など）
⑥保護者理解・支援、プライバシーの保護のための行動（ケース会議など）
⑦地域の子育て家庭への支援（園庭開放、電話相談や対面の相談など）

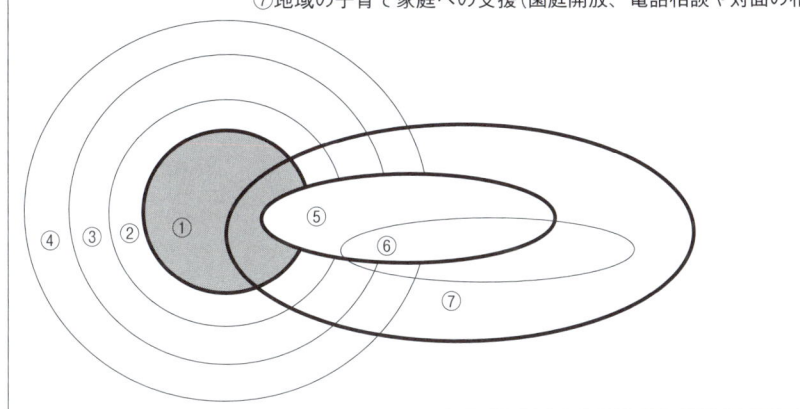

願いの具体化の層（実践）
ねらいに沿って内容を展開する方法形態など

子どもの育ちへの願い（保育のねらい－内容－内容の取り扱い）
保育に対する考え方

出典：阿部和子・前原寛・久富陽子・梅田優子『改訂　保育内容総論―保育の構造と実践の探求』萌文書林、2019 年、23 頁。

5　振り返り・評価の構造

　子どもの発達を支える保育実践において、実践の記録（振り返り）・評価は必須である。今日の保育が子どもの発達を保障するものであったか検証をするのが、自らの保育の評価である。それは、その実践を通して、一人ひとりが望ましい発達の経験をしていたのか、自らの関わり方はどうであったのかなど、指導計画を軸に振り返ることになる。そして、自らの保育の課題を明らかにすることである（図 1-10 の縦の軸に沿って）。

　加えて、保育は一人で行っているわけではないので、日々の実践を支える保育者集団との連携や課題について評価しておく必要がある。また、子どもは、家庭と施設、地域とのつながりの網の目のなかで生活している。施設以外の生活の場との連携として欠かせないのが、保護者との連携である。保護者と子どもの関係の安定のために、保護者にどのように対応したかなども、子どもの発達を方向付けることになるため、折に触れて評価しておくことになる。この場合の評価は保護者のありようの

図 1-10　評価の構造

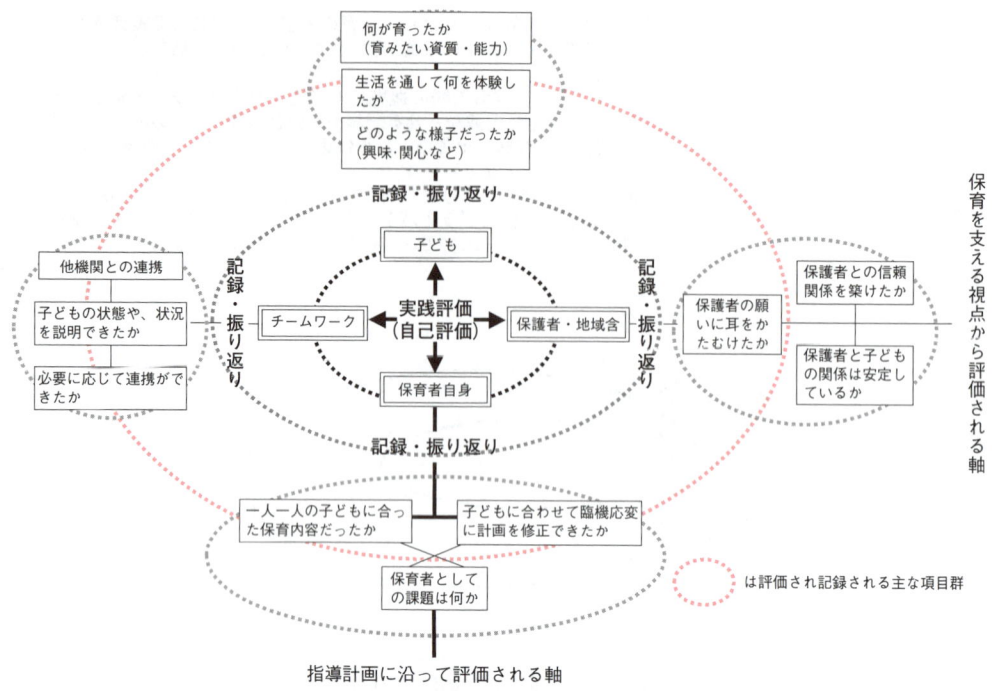

出典：阿部和子・前原寛・久富陽子・梅田優子『改訂　保育内容総論─保育の構造と実践の探求』萌文書林、2019 年、23 頁。

評価というより、自らの関わり方の評価である。地域の子育て支援も必要に応じて行うが、日々の保育実践とのつながりや支援担当者との関係のなかで行うことになる。

 **学習のふりかえり**

1 「主体性を大切にする保育」とは、どのような保育をいうのか。具体的な内容を基に考える。

2 乳幼児期の子どもの発達特性の理解と、一人ひとりの子どもを理解することの関連を整理する。そして、乳幼児期の子どもの理解をふまえて、この時期の保育の特性を考える。

3 保育所保育指針、幼稚園教育要領、幼保連携型認定こども園教育・保育要領の内容を構造的にとらえ、さまざまな視点から保育を考えられるようにする。

参考文献：

1. 『保育士等キャリアアップ研修テキスト1 乳児保育』阿部和子編、秋田喜代美・馬場耕一郎監、中央法規出版、2018 年。
2. 神長美津子・阿部和子・大方美香・山下文一『子どもの育ちが見える「要録」作成のポイント』中央法規出版、2018 年。
3. 全国社会福祉協議会・全国保育士会・保育の言語化等検討特別委員会『養護と教育が一体となった保育の言語化─保育に対する理解の促進と、さらなる保育の質向上に向けて─』全国保育士会、2016 年。
4. 『改訂1版 新 保育士養成講座 第11巻 保育内容総論』新 保育士養成講座編纂委員会編、全国社会福祉協議会、2015 年。
5. 阿部和子編著『第3版 乳児保育の基本』萌文書林、2016 年。
6. 小林敏明『〈主体〉のゆくえ─日本近代思想史への一視角』講談社、2010 年。
7. 鯨岡峻『保育・主体として育てる営み』ミネルヴァ書房、2010 年。
8. 阿部和子・久富陽子・前原寛『新保育内容総論』萌文書林、2010 年。
9. 阿部和子・前原寛・井上裕美子・宇佐美純代・内村真奈美・久留須泉子著『保育課程の研究─子ども主体の保育の実践を求めて』萌文書林、2009 年。
10. 『改訂2版 保育原理─その構造と内容の理解』民秋言編、萌文書林、2006 年。
11. 新 保育士養成講座編纂委員会『改訂4版・保育士養成講座 第7巻 保育原理』全国社会福祉協議会、2009 年。
12. 改訂・保育士養成講座編纂委員会『改訂4版・保育士養成講座 第3巻 発達心理学』全国社会福祉協議会、2009 年。
13. 浜田寿美男『子ども学序説─変わる子ども、変わらぬ子ども』岩波書店、2009 年。
14. 全米乳幼児協会・S. ブレデキャンプ・C. コップル編、DAP 研究会訳、白川蓉子・小田豊日本語版監『乳幼児の発達にふさわしい教育実践─21世紀の乳幼児教育プログラムへの挑戦』東洋館出版、2000 年。
15. 今村仁司『近代性の構造』講談社、1994 年。
16. アドルフ・ポルトマン著、高木正孝訳『人間はどこまで動物か─新しい人間像のために』岩波新書、1961 年。

第2章 保育の重要性と独自性

学習のポイント

　人としての尊さは、年齢の上下に関係ない。かけがえのない権利主体である私たち一人ひとりと同じく、乳幼児期の人権を大切にしたいものである。特に、乳幼児は、自分の権利を言葉で主張したり、訴えたりすることが困難な場合が多々ある。保育者は乳幼児期の子どもの重要性に敏感な社会づくりに寄与したいものである。

　乳幼児期の重要性は、各種研究から明らかにされている。この時期の愛着の形成や、情緒の安定、自尊心の育ち、基本的生活習慣の形成が一生涯にわたる子どもの育ちに影響を与える。栄養学の分野などでは、鉄分など特定の時期に取っていなければ、のちに大量に取っても効果がないものもあることなどが明らかになっている。乳幼児期の特徴をふまえた保育の方法が、独自であることも明らかになっている。

　本章では、保育の重要性と独自性について学び、子どもの最善の利益の確保について、再度確認してほしい。

権利主体としての乳幼児

1　乳幼児と人権

　人権とは、私たち一人ひとりが幸せに生きる権利である。私にもあなたにも、それぞれに幸せに生きる権利がある。その権利を相互に認め合いながら、時に両立することが難しい場合があったとしても、自分の立場、他者の立場から人権を考え、互いに尊重することによって、平和で、豊かで、暮らしやすい社会に近づけていくことができると考えられている。

　国連は、1948 年 12 月 10 日に「**世界人権宣言**」を採択し、1966 年には「**国際人権規約**」を採択した。

　大きな戦争の後に、一人ひとりが、豊かに、幸せに生きる人権が保障された社会の実現に夢を馳せ、日本では、1951 年に「児童憲章」があらわされた。内閣総理大臣により招集された、さまざまな分野の代表者が「児童憲章策定会議」を構成し、児童憲章が 5 月 5 日に制定され、以後、日本では 5 月 5 日が子どもの日と位置づけられた。以下「児童憲章」は、子どもの福祉を実現し、人権が相互に認められ、保障される社会づくりの礎として、日本の福祉関係者が大切にしている宣言である。

> **世界人権宣言**
> 　1948 年 12 月 10 日、国連総会において採択された宣言のこと。人権および自由の尊重と確保のために「すべての人民とすべての国とが達成すべき共通の基準」を宣言したものである。

> **国際人権規約**
> 　世界人権宣言の内容を実現するために条約化した規約のこと。1966 年の第 21 回国連総会において採択され、1976 年に発効した。日本は 1979 年に批准した。

児童憲章

　われらは、日本国憲法の精神にしたがい、児童に対する正しい観念を確立し、すべての児童の幸福をはかるために、この憲章を定める。

児童は、人として尊ばれる。

児童は、社会の一員として重んぜられる。

児童は、よい環境の中で育てられる。

一　すべての児童は、心身ともに健やかにうまれ、育てられ、その生活を保障される。

二　すべての児童は、家庭で、正しい愛情と知識と技術を

もつて育てられ、家庭に恵まれない児童には、これにかわる環境が与えられる。

三　すべての児童は、適当な栄養と住居と被服が与えられ、また、疾病と災害からまもられる。

四　すべての児童は、個性と能力に応じて教育され、社会の一員としての責任を自主的に果たすように、みちびかれる。

五　すべての児童は、自然を愛し、科学と芸術を尊ぶように、みちびかれ、また、道徳的心情がつちかわれる。

六　すべての児童は、就学のみちを確保され、また、十分に整つた教育の施設を用意される。

七　すべての児童は、職業指導を受ける機会が与えられる。

八　すべての児童は、その労働において、心身の発育が阻害されず、教育を受ける機会が失われず、また、児童としての生活がさまたげられないように、十分に保護される。

九　すべての児童は、よい遊び場と文化財を用意され、悪い環境からまもられる。

十　すべての児童は、虐待・酷使・放任その他不当な取扱からまもられる。あやまちをおかした児童は、適切に保護指導される。

十一　すべての児童は、身体が不自由な場合、または精神の機能が不充分な場合に、適切な治療と教育と保護が与えられる。

十二　すべての児童は、愛とまことによつて結ばれ、よい国民として人類の平和と文化に貢献するように、みちびかれる。

　「日本国憲法」では、第25条によって、すべての国民が健康で文化的な最低限度の生活を営む権利を保障することが国に求められており、これに基づき、「児童福祉法」が制定されている。

　現在「児童福祉法」ではその理念として、すべての児童が、児童の権利に関する条約の精神にのっとり、適切に養育されること、その生活を保障されること、愛され、保護されること、

などの権利があることが規定されている。

　児童福祉法では「すべての子ども」がその対象であること、その実現に「すべての国民」が寄与することが規定されていることを確認したい。

　「児童の権利に関する条約」とは、1989年に国連が採択した条約である。3部構成で、全54条からなり、児童（18歳未満）への差別の禁止と、保障すべき各種権利や自由、保護や援助の内容、措置のあり方などが示されている。加えて、広報や児童の権利委員会の設置や任務など、条約に関わる手続きがあらわされている。

　条約とはそれを守ることが約束され、実際に実行されていることが確認されるものである。日本は、1990年にこの条約に署名し、1994年に批准し、以降条約の効力が発生している。なお、この経緯をまとめたものが表2-1である。

　子どもの人権が保障され、一人ひとりの子どもが幸せに生きる福祉の具現化のためには、児童の権利に関する条約にもあるように、生きる権利（生命に対する固有の権利や、生存および発達を可能な限りにおいて最大限確保すること、考えや思いを表現する自由など）が保障され、困難な状況にある子どもを守り保護・支援することなどが記されている。

　児童の権利に関する条約では第27条で発達に必要な生活を確保することが示されており、例えば、「栄養、衣類及び住居」いわゆる「衣食住」などが、子どもの福祉の実現に必要な要素としてあげられている。続いて、第28条では「教育の機会」が与えられることがあげられている。

　「子どもの福祉」とは、子どもの幸せを保障しようとする理念であり、子どもの幸せを実際に実現するための要素として、

表2-1　「児童の権利に関する条約」採択の経緯

1924年	「ジュネーブ宣言」が国際連盟で採択
1959年	「児童の権利に関する宣言」が国連総会で採択
1979年	国際児童年
1989年	「児童の権利に関する条約」が国連総会で採択
1990年	「児童の権利に関する条約」に61カ国が署名(1月) 「児童の権利に関する条約」に日本が109番目に署名(9月21日)
1994年	「児童の権利に関する条約」を批准(4月22日／158番目の締約国)

北野作成

「衣食住」や「教育の機会」が与えられるのである。「福祉」とは理念概念で、「教育」は行為概念である。

2 乳幼児の人権を保障するための制度

　乳幼児の人権を保障するために、子どもとその家庭の幸せを図るために（子ども家庭福祉の実現のために）、「児童福祉法」が定められている。なお、昨今では、子どもの幸せを実現するためには、個としての子どものみならず、その子どもを取り巻く家庭や社会の状況を考える必要があることが広く認識されている。より包括的に、かつ関係性を考慮して子どもや家庭の問題をとらえることが重要であるという観点から、「児童福祉」ではなく「子ども家庭福祉」といった用語が浸透しつつある。なお以下、法律に関わる内容としては「児童福祉」という用語を使って説明するが、子どもの幸せは、包括的で関係性を考慮した権利保障や、援助と支援が不可欠であり「子ども家庭福祉」の観点からとらえる必要性を確認しておきたい。

　日本の児童やその保護者の福祉に関わる事業を行う施設が児童福祉施設である。「児童福祉法」では、日本の児童福祉施設が位置づけられている（表2-2）。

　先にみたように、保育所と幼保連携型認定こども園は、子どもとその子育てを担う児童福祉施設の一つとして位置づけられている。なお、幼保連携型認定こども園は、学校でもある。保育士は「児童福祉法」の第18条の4において、「保育士とは、第18条の18第1項の登録を受け、保育士の名称を用いて、専門的知識及び技術をもつて、児童の保育及び児童の保護者に対する保育に関する指導を行うことを業とする者をいう」と定義されている。なお、ここでは対象が児童だけではなく、保護者も含まれている点に留意したい。

　なお、保育士をおかねばならない施設としては、保育所、幼保連携型認定こども園、児童養護施設、福祉型・医療型障害児入所施設、福祉型・医療型児童発達支援センター、児童心理治療施設がある。

　乳児院では、看護師に変えて保育士をおくことができるとされている。また、必須ではないが、おかなければならない職員の資格の1つとして、保育士資格が位置づけられている施設に

表 2-2　児童福祉施設

第 36 条	助産施設	保健上必要があるにもかかわらず、経済的理由により、入院助産を受けることができない妊産婦を入所させて、助産を受けさせることを目的とする施設
第 37 条	乳児院	乳児（保健上、安定した生活環境の確保その他の理由により特に必要のある場合には、幼児を含む。）を入院させて、これを養育し、あわせて退院した者について相談その他の援助を行うことを目的とする施設
第 38 条	母子生活支援施設	配偶者のない女子又はこれに準ずる事情にある女子及びその者の監護すべき児童を入所させて、これらの者を保護するとともに、これらの者の自立の促進のためにその生活を支援し、あわせて退所した者について相談その他の援助を行うことを目的とする施設
第 39 条	保育所	保育を必要とする乳児・幼児を日々保護者の下から通わせて保育を行うことを目的とする施設（利用定員が 20 人以上であるものに限り、幼保連携型認定こども園を除く。）
第 39 条の 2	幼保連携型認定こども園	義務教育及びその後の教育の基礎を培うものとしての満 3 歳以上の幼児に対する教育（教育基本法（平成 18 年法律第 120 号）第 6 条第一項に規定する法律に定める学校において行われる教育をいう。）及び保育を必要とする乳児・幼児に対する保育を一体的に行い、これらの乳児又は幼児の健やかな成長が図られるよう適当な環境を与えて、その心身の発達を助長することを目的とする施設
第 40 条	児童厚生施設	児童遊園、児童館等児童に健全な遊びを与えて、その健康を増進し、又は情操をゆたかにすることを目的とする施設
第 41 条	児童養護施設	保護者のない児童（乳児を除く。ただし、安定した生活環境の確保その他の理由により特に必要のある場合には、乳児を含む。以下この条において同じ。）、虐待されている児童その他環境上養護を要する児童を入所させて、これを養護し、あわせて退所した者に対する相談その他の自立のための援助を行うことを目的とする施設
第 42 条	障害児入所施設	障害児を入所させて、当該各号に定める支援を行うことを目的とする施設 福祉型障害児入所施設：保護、日常生活の指導及び独立自活に必要な知識技能の付与 医療型障害児入所施設：保護、日常生活の指導、独立自活に必要な知識技能の付与及び治療
第 43 条	児童発達支援センター	障害児を日々保護者の下から通わせて、当該各号に定める支援を提供することを目的とする施設 福祉型児童発達支援センター：日常生活における基本的動作の指導、独立自活に必要な知識技能の付与又は集団生活への適応のための訓練 医療型児童発達支援センター：日常生活における基本的動作の指導、独立自活に必要な知識技能の付与又は集団生活への適応のための訓練及び治療
第 43 条の 2	児童心理治療施設	家庭環境、学校における交友関係その他の環境上の理由により社会生活への適応が困難となった児童を、短期間、入所させ、又は保護者の下から通わせて、社会生活に適応するために必要な心理に関する治療及び生活指導を主として行い、あわせて退所した者について相談その他の援助を行うことを目的とする施設
第 44 条	児童自立支援施設	不良行為をなし、又はなすおそれのある児童及び家庭環境その他の環境上の理由により生活指導等を要する児童を入所させ、又は保護者の下から通わせて、個々の児童の状況に応じて必要な指導を行い、その自立を支援し、あわせて退所した者について相談その他の援助を行うことを目的とする施設
第 44 条の 2	児童家庭支援センター	地域の児童の福祉に関する各般の問題につき、児童に関する家庭その他からの相談のうち、専門的な知識及び技術を必要とするものに応じ、必要な助言を行うとともに、市町村の求めに応じ、技術的助言その他必要な援助を行うほか、第二十六条第一項第二号及び第二十七条第一項第二号の規定による指導を行い、あわせて児童相談所、児童福祉施設等との連絡調整その他厚生労働省令の定める援助を総合的に行うことを目的とする施設

出典：児童福祉法をもとに北野作成。

は、母子生活支援施設、児童厚生施設、児童自立支援施設がある。

第2節　子ども家庭福祉と乳幼児保育

1　乳幼児のウエルビーイング

　先にみたように、子どものウエルビーイング(子ども家庭福祉)を図るには、児童の権利に関する条約が規定しているように、子どもが平和に、安心して、安全に暮らす居場所があること、そこで衣食住が提供され、教育の機会が保障されていることが不可欠とされている。乳幼児については、その特徴に応じた、安心と安全、居心地のよい場や関係性(家庭や地域、園での関係性も含める)、そして乳幼児期の発達に適した教育の機会が保障されねばならない。

　子どもの人権保障には、環境との関係性で育つ子どものウエルビーイングの確保が必要である。保育所と幼保連携型認定こども園は、乳幼児の人権を尊重し、その幸せ、つまり、乳幼児のウエルビーイングをはかる施設であり、保育士は専門的知識と技術をもって、子どもとその保護者を支援する専門職である。ここでは、個々の子どもの個別援助のみならず、保護者を含めた家庭の包括的な支援がなされる。つまり、子どもの育つ環境としての家庭や地域における子育ての支援は、保育所が担う大切な役割となっている。保育所の役割について、児童福祉法では以下のように記されている。

児童福祉法　第48条の4
（前略）

　保育所は、当該保育所が主として利用される地域の住民に対してその行う保育に関し情報の提供を行い、並びにその行う保育に支障がない限りにおいて、乳児、幼児等の保

育に関する相談に応じ、及び助言を行うよう努めなければ
ならない。

2　保育所に勤務する保育士は、乳児、幼児等の保育に関
する相談に応じ、及び助言を行うために必要な知識及び
技能の修得、維持及び向上に努めなければならない。

2　家庭教育への支援

　教育基本法第 10 条では、保護者が、子育ての第一義的責任
を有するものであることが定められている。そこでは、基本的
生活習慣の形成、自立心の育成、心身の調和のとれた発達を図
るように努めることが、保護者の責任とされている。そして、
それは、保護者のみにゆだねるのではなく、国や地方公共団体
などが、保護者の学習の機会や保護者への情報提供などによっ
て、家庭教育を支援することとなっている。

　こういった家庭教育にあたる保護者の支援は、保育所や幼保
連携型認定こども園、そして幼稚園においておおいに実施され
ている。特に乳幼児期は、保健、栄養、医療、教育それぞれの
機能に関わり、個としての子どもの支援というよりも、家庭や
地域との関連性のなかで包括的な支援が必要であり、園はその
重要な機能を果たしているといえる。

第3節　乳幼児保育の独自性と保育者の専門性

1　乳幼児期にふさわしい保育

　保育とは、子どものウエルビーイングを図るための、子ども
の保護やケア、教育を含む概念であると考える。「保護する」「ケ
アする」「教育する」とは、行為を表す言葉であり、乳幼児の
保育とは、子どもが安心できる場、家庭教育環境、園環境にあ
り、その生活や表現の自由が保障され、また環境を通じて人と

出会って関わりあったり、ものに気づいて興味をもって学んだりする教育の機会が保障されることを意味すると考える。なお、例えば、網野は「保育が意味する内容」として「保護」「養護」「教育」の３つを並列してあげている。

保育所や幼保連携型認定こども園、幼稚園など（以下、総称して園）では、乳幼児期にふさわしい、子ども同士の育ち合い、学び合いを支える集団援助がなされている。乳幼児期にふさわしいとは、その時期の独自性を知り、それに応じていることを意味する。

乳幼児期、特に、乳児期は愛着の形成が不可欠であり、基本的信頼感の形成が大切であることが明らかになっている。また、乳幼児期の育ちは、誕生してからの期間が短く、個人差が大きい。乳幼児期は自己中心性が強く、視野が狭いという特徴がある。感覚が敏感で、抽象的にバーチャルで学ぶのではなく、具体的にリアリティーをもって経験的に学ぶという特徴がある。

これらをふまえて、保育の根底には、子どもの情緒の安定を図り、安心できる場と、全面的に受け入れる愛情に満ちた関係性のなかで築かれる基本的信頼感の形成が不可欠であるとされている。

保育にあたっては、一人ひとりの発達や個性に応じること、個々の子どもの主体性を尊重すること（他者の指示命令や、与えられた手順通りに学ぶのではなく）、環境を通じた教育であること、五感を多いに活用して、リアルな感覚を経験的に学ぶことなどが考慮される。

これらは、保育指針や教育要領、教育・保育要領（以下、３つを総称する場合は、「指針や要領」と記す）に明示されている。例えば、保育指針では、養護について「保育における養護とは、子どもの生命の保持及び情緒の安定を図るために保育士等が行う援助や関わりであり、保育所における保育は、養護及び教育を一体的に行うことをその特性とするものである。保育所における保育全体を通じて、養護に関するねらい及び内容を踏まえた保育が展開されなければならない」（保育指針「第１章　総則」「２養護に関する基本的事項」「(1)養護の理念」）と明示されており、また、教育要領では、「幼児は安定した情緒の下で自己を十分に発揮することにより発達に必要な体験を得ていくものであることを考慮して、幼児の主体的な活動を促し、幼児期に

ふさわしい生活が展開されるようにすること」（教育要領「第1章　総則」「第1　幼稚園教育の基本　1」）と明示されている。

　乳幼児期の独自性をふまえた保育の方法として、個別性の配慮については、指針や要領において何度も、「一人ひとり」といった記載がなされている。家庭や地域社会での生活の実態、発達の状況、保護者の状況について、個別性を配慮すること、情緒の安定や生命の保持にあたっても、また個々の子どものよさ、可能性を理解し、生活や遊びを通した援助を行ううえでも、一人ひとりに配慮することが明示されている。

　保育にあたっては、子どもの自発的な活動としての遊びが重視され、また、子どもが自発的・意欲的に関われるような環境の構成や主体的な活動の大切さ、子どもが自己を十分に発揮することを保障する大切さなども明示されている。

2　保育者の専門性

　保育者は、特定の①知識、②技能、③実践力（知識や経験に基づいて判断したり、臨機応変に対応したり、知識や技能を活用したり、応用したりといった力）が必要とされている専門職である。

　「保育士養成課程」については、保育士養成に必須の「教養科目」「保育の本質・目的に関する科目」「保育の対象の理解に関する科目」「保育の内容・方法に関する科目」「保育実習」「総合演習」「選択科目」の系列ごとに、養成科目のねらい、内容、必要単位数が明示されている。幼稚園教諭については、「教育職員免許法」「教育職員免許法施行規則」により、課程認定がなされている。

　保育者の専門性である①知識、②技能、③実践力を構造的にあらわしたものが図2-1である。一般基礎力とは、子どもの発達の特徴、子どもの生活環境や社会、人間関係とその特徴といった保育において基盤となる一般的な知識のことである。専門基礎力とは、指針や要領に示されている、全体的な計画、保育5領域、集団保育にあたって基礎となる専門的知識である。実践力（判断力、活用力、応用力）と関連し、基礎力を活用して子どもを理解する力（子ども理解力）、洞察し理解した子どもの姿をふまえ、専門基礎力を生かして、実践をつくる力（実践構

図 2-1　保育者の専門性

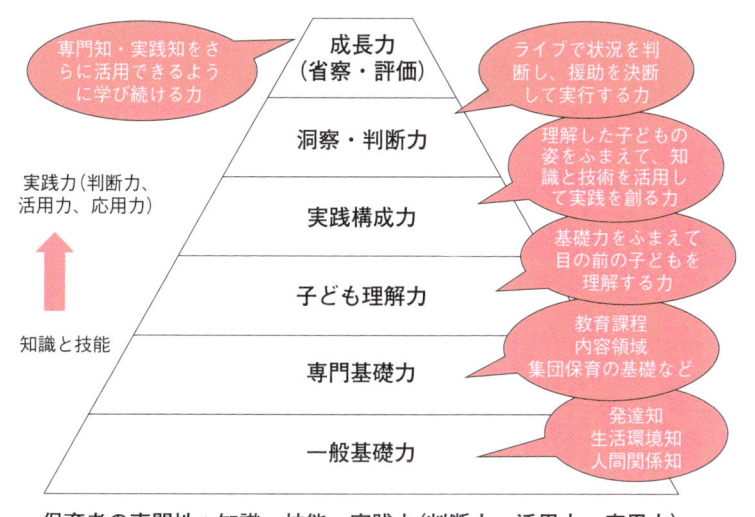

- 専門知・実践知をさらに活用できるように学び続ける力
- 成長力（省察・評価）
- ライブで状況を判断し、援助を決断して実行する力
- 洞察・判断力
- 理解した子どもの姿をふまえて、知識と技術を活用して実践を創る力
- 実践構成力
- 基礎力をふまえて目の前の子どもを理解する力
- 子ども理解力
- 教育課程　内容領域　集団保育の基礎など
- 専門基礎力
- 発達知　生活環境知　人間関係知
- 一般基礎力

実践力（判断力、活用力、応用力）

知識と技能

保育者の専門性：知識・技能・実践力（判断力、活用力、応用力）

北野作成

成力）、保育実践をしながらライブで状況を判断し、決断して実践する力（洞察・判断力）、そして、省察し、PDCA サイクルなどを行うことよって、手ごたえがあった実践の特徴を確認し、自分の力として蓄えていったり、自らの課題を抽出して宿題を課し、改善をはかったりする力（成長力）が保育者の専門性として整理できると考える。

　教科や教科書が存在しない保育実践では、特に、子ども理解力、実践構成力、洞察・判断力が重要な専門要件になると考える。子どもは一人ひとり独特で、また、実践はライブで展開するので、その時その時が独特である。それゆえに、実践の省察つまり振り返ることにより、実践力が維持され、向上できるのである。かつて、例えば、ドナルド・ショーン（Schön, Donald Alan）は、①実践しながら省察することを推奨し、ジョン・デューイ（Dewey, Jon）は、②実践した後に振り返り考えることが必要であると指摘してきた。これに加えて筆者は、③シミュレーションすること（もし○○したら、○○になっていたかもしれない）も不可欠であると考えている。保育実践における判断力や応用力、活用力は、①～③によって、選択肢を増やしていきながら維持・向上させていくものであると考える。

　表 2-3 は、全国保育士会による保育士・保育教諭の研修体系である。保育専門職がキャリアステージによって、その専門

表2-3 保育士・保育教諭の研修体系：「求められる保育士・保育教諭の姿と業務」

※目安	初任者 入職3年目までの職員※	中堅職員 4年目から5年目の職員※	リーダー的職員 6年目から10年目の職員※	主任保育士・主幹保育教諭等管理的職員 11年目以上の職員※
求められる保育士・保育教諭の姿	① 「子どもの最善の利益の尊重」の理念を解し、基礎的な保育実践ができる。 ② チームによる保育のなかで自分の役割を理解し、助言を受けながら日常的業務を実施できる。 ③ 安心・安全な保育を意識できる。 ④ 家庭から子どもに関する日々の情報を収集するとともに、日々の保育内容等を保護者に的確に伝えられる。 ⑤ 保護者の話を聴き、適切な対応を行うことができる。 ⑥ 保育者自身が自己の能力を発揮し、自己実現できる。	① 「子どもの最善の利益の尊重」にもとづき、応用的な保育実践ができる。 ② 的確な判断・対人理解に基づく保育を実践できる。 ③ 安心・安全な保育を実践できる。 ④ 自らの保育を客観視・言語化し、保育のあり方、内容を向上させるために、同僚や上司と確認や議論ができる。 ⑤ 保健・医療を初めとする関連領域について一定の知識をもち、他職種と適切に連携できる。 ⑥ 業務改善、組織の活性化に貢献できる。 ⑦ 自己の能力を理解し、資質の向上を図ることができる。 ⑧ 初任者の手本となる行動を示し、日常的業務について助言できる。 ⑨ 家庭から子どもに関する日々の情報を収集するとともに、日々の保育内容等を保護者に的確に伝えられる。 ⑩ 保護者の話を聴き、適切な対応を行うことができる。 ⑪ 保育実践研究を行うことができる。	① 各クラスや小チームのリーダー（とりまとめ役）として、チーム員を率先できる。 ② チーム員同士の「気づき」や「情報」を共有し、保育研究をリードしたり、学んできた専門知識と経験に基づき、保育の実践を深め（または探求し）展開し、伝えたりすることができる。 ③ 他職種と共通の認識に立ち、保育の目標設定、実施、評価などを行うことができる。 ④ チーム員に対し、「子どもの最善の利益」が実施できるよう指導・助言を行ったり、日々の業務における適宜・適切な指導・助言を行うことができる。 ⑤ 主任保育士・主幹保育教諭をサポートし、クラス等のチームの業務改善や、目標が達せられるよう促すことができる。 ⑥ 制度や社会について十分理解できる。 ⑦ チーム、組織に対して、業務の改善、システム化など、常に問いかけと働きかけを行うことができる。 ⑧ 保育所・認定こども園等を利用していない地域の子育て家庭に対して、適切な助言・支援などを行うなど、地域全体に向けた子育て支援に取り組むことができる。 ⑨ 関係機関と関わり、必要な調整を行うことができる。 ⑩ 自己の能力を理解し、資質の向上を図ることができる。 ⑪ 養成課程の現状を把握し、実習指導の方法を習得し、実習指導ができる。 ⑫ 保育実践研究を企画・立案・指導ができる。	① 保育士・保育教諭を統括し、サービス水準の向上、業務推進の管理、環境整備等の責任を負うことができる。 ② 組織として「子どもの最善の利益の尊重」が実施できているかどうか、保護者とのパートナーシップによる保育が実践できているか、子育てにおける地域の中核機関としての機能を果たしているか、などを把握し、必要な指導・教育を実施し、人材を育成することができる。 ③ 園全体の保育士・保育教諭の責任者として、運営管理、人事管理、組織目標（保育目標や経営目標）の策定や評価に関わり、達成する。法令遵守と倫理の実現を堅持し、リスク管理（予防・早期対処）を適切に行うことができる。 ④ 関係機関との連携責任者として機能することができる。 ⑤ 地域に働きかける（保護者会や子育て関係のNPO等の支援や組織。地域資源の強化・開発と活用、新しいサービスの創造・開発）ことができる。 ⑥ 施設長と連携・協働し、施設全体の保育の質の維持・向上に努め、適正な施設運営の一翼を担うことができる。 ⑦ 領域別の高い専門性を有する。
業務	□ 日常の保育業務、チームによる保育業務の経験を積む。 □ 保育指導計画を策定する。 □ 保護者との連携に基づく保育を行う。 □ 保護者支援（言葉がけなど）を中堅職員の横で同席する。	□ 初任者の指導をする。 □ 保護者との連絡・調整を行う。 □ 保護者に対する相談援助を行う。 □ 初任者と日々の業務を共有する。 □ リーダーや副主任との連携をすすめる。	□ 主任保育士・主幹保育教諭を補佐し、一定の業務単位における職員の管理、指導、評価など、組織運営を補佐する。 □ 地域の子育て支援の取り組みを担当する。 □ チームによる保育業務を支援・指導する。 □ 自身の保育の特徴を認識、それを活用する。 □ リーダーは、職員の話を大事に聞く。	□ 施設長を補佐し、保育所・認定こども園等全体の職員管理、指導、評価など組織運営に携わる。 □ 保育指導計画を評価する。 □ 全体像を見つつ、職員に適切にアドバイスする。 □ 施設長の補佐、指導計画の評価指導、自己評価の二次評価を行う。

出典：全国保育士会『改訂2版 保育士・保育教諭の研修体系─保育士の階層別に求められる専門性（平成30年3月）』全国保育士会、2018年。

性を維持・向上させ、その専門性に応じて任すことができる役割をあらわしている。

3　保育専門職の重要性と独自性

　保育者は前項であげた高度な専門性を有すること、また学び続けることによりその専門性を維持・向上していくことが不可欠とされている。加えて、人の命を預かり、その心の支えとなる仕事であり、極めて高い倫理観が必要とされている。**全国保育士会倫理綱領**を読むと、その重要性を再度確認することができる。

> **全国保育士会 倫理綱領**
> 　全国保育士会は、昭和31（1956）年、保育士（保母）が集まって初めて結成された団体。現在は完全に独立した団体ではなく、全国社会福祉協議会の内部組織となっている。その組織が、保育士の倫理観の基本的事項についてまとめたものが、同倫理綱領である。

全国保育士会倫理綱領

　すべての子どもは、豊かな愛情のなかで心身ともに健やかに育てられ、自ら伸びていく無限の可能性を持っています。

　私たちは、子どもが現在（いま）を幸せに生活し、未来（あす）を生きる力を育てる保育の仕事に誇りと責任をもって、自らの人間性と専門性の向上に努め、一人ひとりの子どもを心から尊重し、次のことを行います。

　私たちは、子どもの育ちを支えます。
　私たちは、保護者の子育てを支えます。
　私たちは、子どもと子育てにやさしい社会をつくります。

（子どもの最善の利益の尊重）
1.　私たらは、一人ひとりの子どもの最善の利益を第一に考え、保育を通してその福祉を積極的に増進するよう努めます。
（子どもの発達保障）
2.　私たちは、養護と教育が一体となった保育を通して、一人ひとりの子どもが心身ともに健康、安全で情緒の安定した生活ができる環境を用意し、生きる喜びと力を育むことを基本として、その健やかな育ちを支えます。
（保護者との協力）

---

3. 私たちは、子どもと保護者のおかれた状況や意向を受けとめ、保護者とより良い協力関係を築きながら、子どもの育ちや子育てを支えます。

（プライバシーの保護）

4. 私たちは、一人ひとりのプライバシーを保護するため、保育を通して知り得た個人の情報や秘密を守ります。

（チームワークと自己評価）

5. 私たちは、職場におけるチームワークや、関係する他の専門機関との連携を大切にします。
　　また、自らの行う保育について、常に子どもの視点に立って自己評価を行い、保育の質の向上を図ります。

（利用者の代弁）

6. 私たちは、日々の保育や子育て支援の活動を通して子どものニーズを受けとめ、子どもの立場に立ってそれを代弁します。
　　また、子育てをしているすべての保護者のニーズを受けとめ、それを代弁していくことも重要な役割と考え、行動します。

（地域の子育て支援）

7. 私たちは、地域の人々や関係機関とともに子育てを支援し、そのネットワークにより、地域で子どもを育てる環境づくりに努めます。

（専門職としての責務）

8. 私たちは、研修や自己研鑽を通して、常に自らの人間性と専門性の向上に努め、専門職としての責務を果たします。

　　次は、アメリカの保育専門組織である全米乳幼児教育協会(NAEYC)があらわしている「本質的価値(Core Values)」という倫理規定で、通称「子どもとの約束」といわれる。両者を比較してみるとアメリカの倫理規定では、子どものみならずおとなの人権への意識、つまり、一人ひとりの保育者がやりがいを感じ、自らの可能性を生かして自己発揮し、幸せに生きることが考慮されていることが分かる。
　　特に乳幼児は、自分の権利を守ったり、駆使したりすること

全米乳幼児教育協会の本質的価値規定

・幼児期を生涯における独自で価値の高い時期として評価する。

・われわれの仕事を子どもの発達と学びに関する知識を基盤としておこなう。

・子どもと家庭の絆を大切にし、その支援をおこなう。

・家庭、文化、地域、社会的な文脈においてこそ子どもをよりよく理解できるということを認識する。

・一人ひとりの尊厳、価値、独自性を尊重する(子ども、家族の成員、そして同僚一人ひとりの)。

・子ども、家庭、同僚それぞれが違い多様であることを尊重する。

・信頼と尊厳を前提とした人間関係において、子どもたちも大人たちもそれぞれが、その可能性を最大限発揮されることを認識する。

出典：Copple, C., & Bredekamp, S.,(eds.),(2009), Developmentally Appropriate Practice in Early Childhood Programs Serving Children from Birth through Age 8.Third Ed., Washington, DC：NAEYC. より北野訳。

が困難な状況にある場合が多い。その意味で、保育者は大切なアドボケーターとしての役割を果たしている。

　保育者は素晴らしい仕事である。子どもたちの幸せを、自らも共に幸せであろうとしながら支援する、尊い仕事なのである。

学習のふりかえり

1 すべての児童が適切に養育され、生活を保障され、愛され保護される等の権利があることが、児童の権利に関する条約や児童福祉法で規定されている。

2 保育にあたっては、一人ひとりの発達や個性に応じること、個々の主体性を尊重すること、環境を通じた教育を保障することが前提となっている。

3 保育者には独自の専門性があり、知識、技能、実践力（知識や経験に基づき判断し、臨機応変に対応し、知識や技能を活用・応用する力量）が必要である。

参考文献：

1. 網野武博・増田まゆみ・無藤隆・柏女霊峰『これからの保育者にもとめられること』ひかりのくに、2006 年。
2. Dewey, John.（1933）*How We Think : A restatement of the relation of reflective thinking to the educative process*, Boston, DC. Heath and Company.
3. Donald A. Schön.（1983）*The Reflective Practitioner: How professionals think in action*, London, Temple Smith.
4. ドナルド・A・ショーン、柳沢昌一・三輪健二訳『省察的実践とは何か—プロフェッショナルの行為と思考』鳳書房、2007 年。
5. 全国保育士会「保育士・保育教諭が誇りとやりがいをもって働き続けられる、新たなキャリアアップの道筋について　保育士等のキャリアアップ特別委員会報告書」全国保育士会、2017 年。

第3章 保育の意義と目的

学習のポイント

　人権を大切にして個々の幸せをめざすこと、つまり、ウエルビーイングをはかるために保育の果たす役割は大きい。保育所保育指針では、今まさに目の前にいる個々の子どもが幸せに、最もよく生きることを保育の大切な目標としている。同時に、乳幼児期の子どもに、これから幸せな未来をつくりだす力の基礎を培うことも保育の目標とされている。

　誕生してから大人になるまでの次世代育成の重要性は、対象となる子どもの年齢によらず等しく重要である。もちろん、その重要性が等しくとも、子どもの発達の特徴をふまえて、例えば乳児（0歳児）、1歳以上3歳未満児、3歳以上児等に応じた保育の内容と方法を考えること、社会経済的環境や特別な支援などのニーズに応じて援助の工夫を行うことが大切である。本章では、保育の目標や意義の基本を学び、実践の基盤をつくってほしい。

乳幼児保育の役割と機能

1　乳幼児保育の役割と機能の基本

(1)　保育の必要性と子どもの最善の利益

　乳幼児保育の役割を明記しているのが、「保育所保育指針（以下、保育指針）」である。第1章に、保育所の役割として4つの項目があげられている。その一つ目が次である。

保育所保育指針　第1章　総則
1　保育所保育に関する基本原則
⑴　保育所の役割
ア　保育所は、児童福祉法（昭和22年法律第164号）第39条の規定に基づき、保育を必要とする子どもの保育を行い、その健全な心身の発達を図ることを目的とする児童福祉施設であり、入所する子どもの最善の利益を考慮し、その福祉を積極的に増進することに最もふさわしい生活の場でなければならない。

　ここで保育所は、保育を必要とする子どもの最善の利益を守り、健やかに育てるために最もふさわしい生活の場であることが明記されている。ここでは、「保育を必要とする子ども」「子どもの最善の利益」「最もふさわしい生活の場」という3つについて考えていく。
　まず「保育を必要とする子ども」であるが、それは、**子ども・子育て支援法**の第19条に示されている。

子ども・子育て支援法
　保護者が子育ての第一義的責任を有するという基本認識のもとに、乳幼児期の保育、地域の子育てを支援するための法律。平成24(2012)年に社会保障と税の一体改革の関連法案の一つとして公布され、平成27(2015)年に施行された。なお、この法律に基づく制度を「子ども・子育て支援新制度」と呼ぶ。

子ども・子育て支援法
第19条　第1項第1号
　1号認定子ども―満3歳以上の小学校就学前の子ども（次号に掲げる小学校就学前子どもに該当するものを除く）
二　2号認定子ども―満3歳以上の小学校就学前の子どもであって、保護者の労働又は疾病その他の内閣府令で定める事由により家庭において必要な保育を受けることが困難であるもの
三　3号認定子ども―満3歳未満の小学校就学前の子どもであって、保護者の労働又は疾病その他の内閣府令で定める事由により家庭において必要な保育を受けることが困難であるもの

　子ども・子育て支援法の第19条によると、子どもは上のように3つの認定区分に分けられるが、このうち2号認定子どもと3号認定子どもに「保護者の労働又は疾病その他の内閣府令で定める事由により家庭において必要な保育を受けることが困難であるもの」と示されている。これが「保育を必要とする子ども」である。

　そして、「保護者の労働又は疾病その他の内閣府令で定める事由」が、「保育の必要性」の事由である。それについては、表3-1のように定められている。

　表3-1のような基準をもとに、保育の必要性が認定される。そして、必要性の度合いに基づいて保育の必要量が設定される。それが1日11時間の保育標準時間と、1日8時間の保育短時間である。例えば、一般的な就労であれば保育標準時間が設定されるが、勤務時間の短いパートなどでも保育短時間が設定されることになる。

　したがって、「保育を必要とする子どもの保育」とは、保育の必要性の認定を受け、保育標準時間もしくは保育短時間が設定された子どもを日々保育所で保育することである。なお、このことは、幼保連携型認定こども園においても、2号・3号認定子どもには同様に当てはまる。

　次に、「子どもの最善の利益」についてであるが、これは国

表3-1　保育の必要性の事由

○以下のいずれかの事由に該当すること
※同居の親族その他の者が当該児童を保育することができる場合、その優先度を調整することが可能
①就労 　フルタイムのほか、パートタイム、夜間など基本的にすべての就労に対応(一時預かりで対応可能な短時間の就労は除く)
②妊娠、出産
③保護者の疾病、障害
④同居又は長期入院等している親族の介護・看護 　兄弟姉妹の小児慢性疾患に伴う看護など、同居又は長期入院・入所している親族の常時の介護、看護
⑤災害復旧
⑥求職活動・起業準備を含む
⑦就学・職業訓練校等における職業訓練を含む
⑧虐待やDVのおそれがあること
⑨育児休業取得時に、すでに保育を利用している子どもがいて継続利用が必要であること
⑩その他、上記に類する状態として市町村が認める場合

「子ども・子育て支援法施行規則」をもとに前原作成。

児童の権利に関する条約

18歳未満の子どもの権利について定めた国際条約。「子どもの権利条約」などとも呼ばれる。1989年の国連総会で採択、1990年発効。生きる権利、育つ権利、守られる権利、参加する権利と大きく4つの柱で構成されている。日本は1990年9月21日に109番目で署名、1994年4月22日に158番目で批准。締約国・地域の数は196(2019年2月現在)。

際条約である「**児童の権利に関する条約**」の第３条の１に定められている概念である。

> 児童の権利に関する条約　第３条の１
> 　児童に関するすべての措置をとるに当たっては、公的若しくは私的な社会福祉施設、裁判所、行政当局又は立法機関のいずれによって行われるものであっても、児童の最善の利益が主として考慮されるものとする。

　この条文にあるように、子どもに関わる施設機関は、子どもの最善の利益を第一義的に考慮することとなっている。それは、どの子どももその子らしく子ども時代を生きていく権利を保障することであり、おとなの都合を優先することへの牽制や子どもの人権の尊重などを示している。この概念は、児童の権利に関する条約の基本原則であり、乳幼児の保育においても当然最

優先の原則とされるものである。

　３つ目の「最もふさわしい生活の場」についてであるが、ここでいう「ふさわしさ」とは、保育において子どもの最善の利益を実現していくことを意味している。それを、「最も」と最上級をつけて強調している。

　つまり、子ども主体の生活であることが、ここに示されている。子どもに何かをさせたり、身に付けさせようとしたりと、おとなが主になって子どもを受け身にすることがあってはならないのである。

　言い換えれば、子どもの生活に無理があっては、健やかな育ちの実現は困難になる。それゆえ、子どもが信頼できる保育者とともに過ごしつつ、友達を含むさまざまな他者と関わり、心を通じ合わせながら生活する、そのような豊かな日常を実現することの重要性が、ここでは示されている。

(2)　養護と教育の一体性

　前項に続いて、保育指針には次のように記されている。

保育所保育指針　第１章　総則

　１　保育所保育に関する基本原則

⑴　保育所の役割

イ　保育所は、その目的を達成するために、保育に関する
　専門性を有する職員が、家庭との緊密な連携の下に、子
　どもの状況や発達過程を踏まえ、保育所における環境を
　通して、養護及び教育を一体的に行うことを特性として
　いる。

　第１章第３節でみたように、保育の目的を達成するための項目がいくつか示されている。それを列挙すれば、専門性を有する職員、家庭との緊密な連携、子どもの発達過程、環境を通して行う保育、養護と教育の一体性である。それぞれについて簡単に触れていく。

　まず、「専門性を有する職員」について、保育現場には多様

な専門職が必要である。その中核は、保育所では保育士、幼保連携型認定こども園では保育教諭である。それ以外に、栄養士、調理員、看護師などの職員が、すべての現場ではないが、関わりをもっている。それらが有機的に連携することによって、子どもの保育は営まれていく。

「家庭との緊密な連携」について、子どもの育ちは、保育現場だけで完結するものではない。子どもは家庭と園とを日常的に移行しつつ生活を送っている。家庭との連携が不十分であると、子どもは2つの生活の場の間で不安定な日常を送ることになり、それでは健やかな育ちが実現されない。保育においては、子どもの24時間を視野に入れて家庭との連携を取ることが必要である。

「子どもの発達過程」については、0歳から就学までの数年間は、発達の変化が人生で最も大きい時期である。0歳児の姿と5歳児の姿を考えれば、同じような保育実践になるはずがないことは容易に理解される。当然、子どもの発達過程に応じた保育がなされる必要がある。

また、発達のプロセスは、子どもによって非常に多様である。まったく同じ発達をする子どもは存在しない。そのような発達の多様性を含め、画一的なとらえ方をすることのないように「発達過程」という概念が、ここで示されている。

「環境を通して行う保育」について、乳幼児期の子どもは、自らの興味関心の発現にともなって環境に関わり、多様な体験を積み重ねることによって育っていく。したがって、保育者は直接に子どもに何かを教授するのではなく、子どもが自発的、意欲的に関われるような環境の構成によって保育を行うことが重要になる。

「養護と教育の一体性」については、1965年に制定された最初の保育指針以来、変わることのない基本原則として示されており、重要な概念であるので、少し詳しく取り上げていく。

保育指針において、養護と教育はそれぞれ次のように定義されている。

・養護：子どもの生命の保持及び情緒の安定を図るために保育士等が行う援助や関わり（保育指針　第1章2(1)）
・教育：子どもが健やかに成長し、その活動がより豊かに展開

されるための発達の援助（保育指針　第2章前文）

　この定義でわかるように、養護は子どもの存在そのものへの関わりであり、教育は子どもの発達そのものへの関わりである。ここで留意すべきは、この2つは、切り離して行われるものではない、ということである。

　このことを、カフェオレを比喩として考えてみたい。

　一般的なカフェオレは、コーヒーに温めたミルクを加えたものである。これを養護と教育の比喩とすると、コーヒーが養護、ミルクが教育、そしてカフェオレとして飲める状態になったものが保育である。

　カフェオレは、コーヒーとミルクからできているが、混ぜ合わせてからコーヒーとミルクに分離することはできない。つまり、保育は、養護と教育に分離できないものである。

　また、コーヒーとミルクを別々に飲んだら、カフェオレを飲んだことになるかというと、そうはならない。同様に、養護だけを行い、それとは別に教育を行えば保育になるかというと、そうはならない。順番を逆にしても同じである。つまり、保育において、養護と教育を別々にして順番に与えるという行為は、意味をもたないのである。カフェオレと呼ばれるためには、コーヒーとミルクの適切な混合が必要なように、保育も、養護と教育を2つながら1つになった適切なあり方で、行わなければならない。

　養護と教育が一体となった保育というのは、この比喩のような意味で理解されなければならない。カフェオレのようにどこまでも一体でコーヒーとミルクに分離できないように、保育自体を養護と教育に分離できるわけではない。

　分離はできないが、保育を、養護の視点からとらえる、教育の視点からとらえるということは可能である。

　そのことを、子どものおむつ交換の場面で考えてみよう。

　おむつ交換において、汚れたおむつを清潔なおむつに交換する行為が養護であり、子どもをあやして話しかけたりする行為が教育であるという説明がなされることがある。しかしこれは、養護と教育を分離してしまう考え方なので間違いである。確かに、おむつを交換するという行為とあやすという行為とを別にすることは可能である。しかし、それは養護と教育に分けたこ

とにはならない。このことは次のように理解しなければならない。

　おむつ交換という行為は、子どもの身体を清潔にするという養護の部分と、交換するときの行為を通して子どもが自分の身体の感覚を培うという教育の部分とが同時になされている。

　また、赤ちゃんをあやすという行為は、気持ちの交流を通して情緒の安定を保つという養護の部分と、信頼できる保育士との関わり合いを通して人とやりとりする力が育つという教育の部分とを、同時に行っている。

　このように養護の視点と教育の視点からとらえることが可能なのであって、おむつ交換という保育行為をいくつかの部分に分けても、それ自体は養護と教育が一体となっている。養護と教育は、保育において常に分離されることなく絡み合っているのである。

　ここではおむつ交換を例にあげたが、それは保育全般に共通することである。どのような保育行為であれ、常に養護と教育が一体となっていることがここには示されている。

(3)　子育て支援

　保育の役割と機能は、子どもの保育だけではなく、保護者に対する子育て支援も含んでいる。このことは、保育指針には次のように記されている。

保育所保育指針　第1章　総則
1　保育所保育に関する基本原則
(1)　保育所の役割
ウ　保育所は、入所する子どもを保育するとともに、家庭や地域の様々な社会資源との連携を図りながら、入所する子どもの保護者に対する支援及び地域の子育て家庭に対する支援等を行う役割を担うものである。

　ここには、保護者への子育て支援が記述されているが、それが2つのカテゴリーに及んでいることに留意が必要である。

1つは、「入所する子どもの保護者に対する支援」である。もう1つが、「地域の子育て家庭に対する支援」である。

　1つ目はわかりやすい。日々登園してくる子どもの保育、およびその保護者への支援を行うことである。

　それに対して2つ目の地域の子育て家庭の支援とは、1つ目の入所児の保護者支援と対比してとらえると、入所していない子どもの子育てへの支援である。保育所や幼保連携型認定こども園に在籍していない、子育てに専念している保護者、家庭への支援である。

　一見すると、保護者は子育てに専念しているから、支援は必要ないように思われる。しかし、現実には、子育てと仕事の両方を行っている母親より、子育てに専念している母親のほうが、子育ての不安や負担感を強く感じる傾向がある。それは、子育て家庭の閉塞的な状況や、母子密室化と呼ばれる孤立した環境によって生じるものである。

　また少子化傾向の続いている現状では、保育施設に在籍していない子どもにとって、他の子どもを含む多様な他者と関わる経験が不足しがちである。そのような場を提供することも、社会的に必要なことである。

　このような子育て支援は、乳幼児保育の重要な役割であり機能であることが、ここには示されている。

(4)　保育者の役割や機能

　保育所の保育士、幼保連携型認定こども園の保育教諭は、保育の専門職として、これまで述べてきた社会的な役割や機能を果たしていくことが求められている。それは、用語と教育が一体となった保育として一人ひとりの子どもの最善の利益を尊重した実践を営むこと、そして保護者に対する子育て支援を展開するために地域社会との交流や連携を通して開かれた保育所のあり方を推進することなどである。そのための専門性について、保育指針には次のように記されている。

保育所保育指針　第1章　総則
　1　保育所保育に関する基本原則

(1) 保育所の役割

エ　保育所における保育士は、児童福祉法第18条の4の規定を踏まえ、保育所の役割及び機能が適切に発揮されるように、倫理観に裏付けられた専門的知識、技術及び判断をもって、子どもを保育するとともに、子どもの保護者に対する保育に関する指導を行うものであり、その職責を遂行するための専門性の向上に絶えず努めなければならない。

　保育者は、自らの専門性を常に向上させる責務がある。そのためには、専門的知識、技術および判断を高めることが必要である。また、「倫理観に裏付けられた」とあるように、専門性の向上は、倫理観の裏付けをともなわなければならない。

　なぜなら、専門性は、使用する方向性を間違えると好ましくない行為になりかねないからである。保育の専門性の中核は、子どもとの関わりである。言い換えれば、保育者は、子どもを思い通りに操るだけの専門性をもっていることになる。その危険性は、専門性が向上すればするほど、大きくなる。したがって、高められた専門性に対しては、高い倫理観が求められるのである。倫理観については、第2章第3節でみた全国保育士会倫理綱領が参考になる。このような倫理性をもって保育の役割や機能を果たすことが、保育士には求められる。

2　0歳児(乳児)保育の役割と機能

(1)　0歳児(乳児)独自の設備の役割と機能

　保育所に関する基準を示したものが、「**児童福祉施設の設備及び運営に関する基準**」である。その中に、次のような項目がある。

児童福祉施設の設備及び運営に関する基準
第32条　保育所の設備の基準は、次のとおりとする。

児童福祉施設の設備及び運営に関する基準
児童福祉法第45条に基づいて制定された厚生労働省令。児童福祉施設の設備及び運営に関する最低基準を定めている。旧称、児童福祉施設最低基準。同基準第35条において、保育所保育指針は厚生労働大臣告示として規定されている。

> 1　乳児又は満2歳に満たない幼児を入所させる保育所には、乳児室又はほふく室、医務室、調理室及び便所を設けること。
>
> （…中略…）
>
> 5　満2歳以上の幼児を入所させる保育所には、保育室又は遊戯室、屋外遊戯場（保育所の付近にある屋外遊戯場に代わるべき場所を含む。次号において同じ。）、調理室及び便所を設けること。

この項目をみるとわかるように、乳児（以下、0歳児）[注1] または満2歳に満たない子どもと、満2歳以上の子どもとでは、保育所の設備に若干の違いがある。このことは、現場においては、通常、0歳児の保育室には、ほふく（ハイハイ）スペースの確保と調乳設備、沐浴（いわゆるシャワー）設備を整えることを意味している。

先の基準には「乳児又は満2歳に満たない幼児」という表記があるが、保育所に入所する子どもは、その年度内は入所時点での年齢が適応される。つまり、0歳児は、年度の途中で満1歳の誕生日を迎え、年度終わりが近づくと、満2歳に近づいていく。したがって、「0歳又は満2歳に満たない幼児」というのは、現場における0歳児と同等である。

なお、この基準は、幼保連携型認定こども園においても同様のものが示されている。

このように0歳児と他の年齢とで設備の異同があるのは、0歳児の保育に必要なものが異なるからである。その具体例が、ほふくスペース、調乳設備、沐浴設備である。

0歳児だからといって、ベビーベッドで1日中過ごすわけではない。特に0歳の後半にはほふくが始まる。赤ちゃんのほふくは、狭いところにとどまるものではない。周囲のヒトやモノに関わるために、所狭しと動き回る。そのためには、十分なほふくスペースが必要になる。1歳の前半には歩行が始まるので、ほふくする時期はさほど長くはないが、0歳児にとっては重要な身体運動である。

0歳児は、母乳か人工乳を必要とする。母乳の場合は冷凍したものを解凍して使用する。人工乳は、粉ミルクから作製する

注1・・・・・・・・・・・・・・・・・
　保育所保育指針の「第2章　保育の内容」では、乳児保育、1歳以上3歳未満児、3歳以上児と表記されているが、ここでは乳児を0歳児と表記する。

手順が必要になる。上の年齢の食事と違い、0歳児はそれぞれの生活リズムでミルクを飲む。それに応じるために、調乳設備が必要になる。

　また、0歳児は基礎代謝が激しく、汗などをかきやすい。その一方で、自分の身の回りのことにまだ十分手が行き届かない。そのような0歳児の衛生を保つために、必要に応じてシャワーをすることになる。

　このように、0歳児の保育には、上の年齢とは異なる配慮が必要とされ、そのことが設備要件に現れている。

（2）　人間交流の原点

　近年、0歳児保育においては、保育の必要性の高まりが強い。保育の必要性の高まり自体は、1歳以上3歳未満児の年齢層も同様であるが、そこには傾向の違いがみられる。

　0歳児は、入所時点でまだ満1歳の誕生日を迎えていないので、入所時期が一定しないという特徴がある。

　0歳児の最も早期の入所は、産休明けである。**出産休暇**は、産後は8週間ある。それが終了すると職場復帰となるので、保育の必要性が発生する。それは子どもの誕生日から数えて生後57日目である。誕生日は、いつと決めることはできないので、必然的に、入所も年間を通してなされることになる。もちろん産休明け以外にも、入所のタイミングはいろいろであるが、そのため入所時期は一定しない。

　つまり、0歳児のクラスは、年度当初の人数に加えて、年度が進むにつれて入所児が増えていくというのが一般的である。この増え方は、地域によって大きく異なる。

　待機児童が多い地域では、年度当初で受け入れた後の余裕がない場合、途中入所がほとんどないかもしれない。

　待機児童があまりない地域では、年度途中での受け入れが発生する。それはいつになるかわからない。したがって、いつ新規入所希望があっても受け入れることが期待されている。新規入所は、場合によっては年度終盤の2月、3月まであり得る。この辺で終わりだろうと、勝手に見込むものではないし、年度によってパターンが違うものでもある。

　そのように入所時期の違いがあるなかで、個人差も他の年齢

<aside>
出産休暇（産休）
　出産に関する女性労働者について労働基準法65条に規定された休暇。出産前は6週間（多胎妊娠の場合には14週間）、出産後は8週間の休暇が認められている。産前の休暇をとるかどうかは本人の選択にまかされている。これに対し産後の休暇は、本人の請求がなくても与えなければならない。ただし、産後6週間を経過した女性が請求した場合、医師が支障がないと認めた業務に就かせることは、差し支えない。
</aside>

より大きいので、月齢の違いについてよく理解しておかなければならない。わずか2、3か月の月齢の違いで、発達の諸相は大きく異なる。

また、同じ月齢であっても、発達の個人差の違いは大きい。例えば、生後8か月児の場合、あまり動こうとしない子もいるが、ハイハイでの移動を積極的にしようとする子もいる。生後11か月児で、つかまり立ちがまだ十分でない子もいれば、もう歩行が始まっている子どももいる。このような発達の多様性をしっかり理解することが必要である。

そしてこの時期は、保育者の配慮の手厚さが必要な時期である。そのことについては、前項で取り上げた、0歳児独自の設備要件が関連している。つまり、食事、排泄、衣類の着脱など、日々繰り返される生活活動において、子どもだけで成立する行動はほとんどない。ミルクを飲む、おむつを替えるという行動は、保育者の関わりがあって成立する。

同時にこれらの行動には、人間交流のあり方が問われる。一見すると、ミルクを飲むことは栄養補給であり、おむつ替えは衛生管理であるから、それらをぬかりなく行えばいいように思うかもしれない。

しかし、これまでの発達研究の蓄積は、0歳児の生活活動への関わりこそ、人間交流の原点であり、それなくして子どものよりよい育ちは実現されないことを明らかにしてきている。

もし、ミルクを飲む、おむつを替えるという行為が、単なる物理的な栄養補給、衛生管理にとどまってしまった場合、それは、母性剥奪(マターナル・デプライベーション)という事態を引き起こす。

母性剥奪の母性は、母親という意味ではなく信頼できるおとなという存在との信頼関係、すなわち愛着を意味している。それが剥奪されるということは、子どもにとって発達の基盤を奪われることである。

物理的に栄養が足りているだけでは、子どもの発達は実現しない。信頼できる保育者との情緒の交流が合わさって、ミルクを飲むという行為が成立する。おむつ替えも同様で、機械的に行うようなことがあってはならない。

0歳児は、愛着という保育者との信頼関係を基盤にして、自分自身の存在が支えられた日常があって、よりよい育ちが実現

されるのである。

3　1歳以上3歳未満児の保育の役割と機能

(1)　保育の必要性への対応

　1歳以上3歳未満児の保育においても、保育の必要性が強くなっている。それは0歳児と同等、もしくは0歳児よりも強いかもしれない。なぜなら、0歳児においては、遅々としてではあるが、**育児休業**の浸透がみられている。育児休業は複雑な制度であるが、一般的には、満1歳の誕生日の前日までが、育児休業の対象である。

　したがって、育休の取得が浸透するならば、0歳児の入所は減少するかもしれない。その反面、1歳児の入所が増加する可能性がある。

　また、一般的な言い方になるが、結婚・出産を機に退職した母親が、子どもが1歳を過ぎて少し子育てに余裕を感じられるようになると、再就職するケースも多い。もちろん、余裕ができたからではなく、切実な経済的理由による再就職も少なくない。

　このように、0歳児や1歳以上3歳未満児の保育の必要性は、社会の動向と密接な関わりがある。

　そして、いずれの場合でも、保育の必要性の発生は、年度のどのタイミングで生じるかは不明である。したがって、0歳児保育の場合と同じく、年度途中での受け入れに柔軟性が必要になる。

　また、1歳以上3歳未満児の保育においては、里帰り出産にともなう入所も多い。これは、地域性の違いも大きいが、第2子、第3子などを出産するにあたって、郷里の実家に帰ってくるケースである。その場合、第1子がすでに保育所や幼保連携型認定こども園に在籍している場合、転園して離れた実家の近くの園に、出産の間在籍することになる。第2子出産の場合、年齢差が3年以内であることが多い。つまり、里帰り出産での入所は、1歳以上3歳未満児が多くなる。

　里帰り出産の場合、出産にともなう入所であるから、期間は

育児休業

　通称「育児・介護休業法」に基づいて、子どもが1歳に達するまで、申し出により取得できる休業。原則1歳に達するまでであるが、それ以前に終了することも可能。また、保育所に入所できないなどの一定の条件があれば、最長2歳まで取得することもできる。

３か月程度と短いことが多い。つまり、ずっと在籍するということではなく、短期の保育を必要とする状態である。そのような短期間の受け入れも、保育の役割として重要である。

(2)　３歳児神話からの脱却

このように、１歳以上３歳未満児において、今後も保育の必要性は高まってくると思われる。そのなかで留意すべきは、「３歳児神話」である。

３歳児神話については、平成 10(1998)年版の厚生白書では、「三歳児神話には、少なくとも合理的な根拠は認められない」と述べられている。

３歳児神話とは、子どもは３歳までは、母親が常に家庭で育児をしないと、発達によくない影響を及ぼす、という考え方である。

このように、すでに 20 年前には厚生白書という行政の公的文書において、３歳児神話は否定されている。ただし、厚生白書は、母親の子育てを否定しているのではなく、母親だけしか子育ての当事者になれない、という偏った考え方を否定しているものである。

この背景には、愛着形成の研究にともない、３歳までの子どもの愛着は、母親だけに限定されるものではなく、また１人だけに限定されるものでもなく、複数の愛着形成のなかでも、子どもの発達には問題がない、ということが明らかになっていることがある。つまり、家庭で両親との愛着、保育施設で保育者との愛着、という状態であれば、子どもの日常には何も問題はないということである。

そのように、３歳児神話について合理的根拠はないということを示したにも関わらず、この社会通念は、以前ほどではないが、現在でも根強い影響力をもっている。

３歳未満児の子どもを保育所や幼保連携型認定こども園に預けていると、「子どもがかわいそうに」とか「そんなにまでして母親が働かなくても」と、母親が他者から言われることは、まだ多い。そんななかで、母親自身が、わが子を保育所に預けることに罪悪感を覚えたりする。

このことを、保育者は認識しておくべきである。低年齢の子

の保育は、理論上は何も問題はなくても、母親が罪悪感や批判されることで落ち込んだ気持ちなどを抱えながら生活することは、子育てにおいても仕事においても、マイナスの影響を与えてしまう。そのなかで思うようにならないことに行き当たったとき、自分が働いて子どもを預けているからだ、という見当違いの自責の念に駆られることのないように、十分な支援が求められる。

　もちろん、母親のすべてがこうであるということではない。しかし、そのように感じたり思ったりしている母親の存在があることを受け止め、「3歳児神話に惑わされる必要はない」という安心感を、保育を通じて与えることは、この時期の保育において重要なことである。

4　3歳以上児の保育の役割と機能

(1)　幼児教育という概念の位置づけ

　3歳以上児も、0歳児や1歳以上3歳未満児と同様に、保育の必要性があって在籍している。しかし、保育所や幼保連携型認定こども園において多くの場合、入所は3歳未満児の段階でなされているので、3歳以上児になってからの入所はさほど多くない。もちろん、保護者の転勤などによる転園はあるが、割合としては大きいものではない。したがって、3歳以上児のクラスは、年度始めから年度終わりまで、ほぼ同じメンバーで生活を送ることになる。その意味で、途中入所への配慮は、さほど大きくない。ただ先に述べた里帰り出産などによる短期間の保育はこの年齢でもあるので、その対応は必要になる。

　3歳以上児の保育において留意しなければならないのは、「幼児教育」という概念である。第1節で示したように、教育という概念は、養護と相まって切り離されるものではなく、一体となって保育であると説明した。その意味で、保育指針に「幼児教育を行う施設として共有すべき事項」（第1章総則、4　幼児教育を行う施設として共有すべき事項)という項目があることに、違和感を感じるかもしれない。

　ここで、「幼児教育」という概念について整理しておきたい。

幼児教育を「幼稚園の教育」と混同し、幼稚園のように教育することがこれからの保育だと言われることがあるが、そういう意味ではない。

　従来、幼児期の保育は、児童福祉施設の保育所と学校教育施設の幼稚園という性格の異なる2つの施設で行われていた。保育内容については、昭和38(1963)年の文部省・厚生省の連名通達において、「保育所のもつ機能のうち、教育に関するものは、幼稚園教育要領に準ずることが望ましいこと」と示されている。保育指針の制定が昭和40(1965)年であり、この連名通達時点の昭和38(1963)年に保育指針はまだ存在していないので、このような文章表現になっているが、要は保育所と幼稚園の3歳以上の保育内容の共通化を図ることを意味している。

　その共通化をさらに進めようとしたのが、平成29(2017)年に告示された、保育指針、幼稚園教育要領(以下、教育要領)、幼保連携型認定こども園教育・保育要領(以下、教育・保育要領)である。

　その背景にあるのが、**教育基本法**である。同法は平成18(2006)年に改正されたが、その第11条に幼児期の教育を新設し、次のように記している。

教育基本法
（幼児期の教育）
　第11条　幼児期の教育は、生涯にわたる人格形成の基礎を培う重要なものであることにかんがみ、国及び地方公共団体は、幼児の健やかな成長に資する良好な環境の整備その他適当な方法によって、その振興に努めなければならない。

教育基本法
　日本国憲法の精神にのっとり、日本の教育の基本を確立し、その振興を図るために制定された法律。昭和22(1947)年に制定。平成18(2006)年の全面改正により、第11条に「幼児期の教育」が新設された。

　教育基本法はすべての国民を対象にしているので、この条文では幼児期のすべての子どもが対象となる。幼児期についての明確な定義はないが、誕生から小学校就学までを示していると理解できる。そのすべての子どもに対して「健やかな成長」を明記している。

　そのことを受けて、3つの要領・指針の改訂（定）において、

教育機能の共通性を明確化している。それが3つの要領・指針に共通して明記された、「育みたい資質・能力及び幼児期の終わりまでに育ってほしい姿」である。このように、教育基本法の「幼児期の教育」にのっとって示されたものを「幼児教育」と呼んでいるのである。それが、どの保育施設でも共通に示されるようになったというのが、保育指針に「幼児教育」の表記が現れた理由である。

したがって、幼児教育とは、幼児期の子どもすべての健やかな成長を図るものであり、それは保育所や幼保連携型認定こども園の役割や機能そのものである。幼児教育という用語があるからといって、保育とは別の実践を行うということではなく、保育そのものの営みを、教育基本法にのっとって示せば、幼児教育という呼称になるということである。

(2)　小学校との接続

3歳以上児の保育の大きな特徴は、保育の終了とともに、小学校に就学することである。小学校は義務教育であるので、どの子であっても小学校との接続がある。そして、子どもの成長発達を小学校に引き継ぐために、保育指針、教育・保育要領には、それぞれ次のように示されている。

保育所保育指針
第2章　保育の内容
　4　保育の実施に関して留意すべき事項
⑵　小学校との連携
ウ　子どもに関する情報共有に関して、保育所に入所している子どもの就学に際し、市町村の支援の下に、子どもの育ちを支えるための資料が保育所から小学校へ送付されるようにすること。

幼保連携型認定こども園教育・保育要領
第1章　総則
第2　教育及び保育の内容並びに子育ての支援等に関する
　　全体的な計画等

> 2　指導計画の作成と園児の理解に基づいた評価
>
> (4)園児の理解に基づいた評価の実施
>
> イ　評価の妥当性や信頼性が高められるよう創意工夫を行い、組織的かつ計画的な取組を推進するとともに、次年度又は小学校等にその内容が適切に引き継がれるようにすること。

保育指針の文言と、教育・保育要領の文言とに少し相違があるが、いわんとすることは同じである。小学校との接続のために、情報を共有するための資料の伝達が求められているのである。この資料の名称を、保育所の場合は「保育所児童保育要録」、幼保連携型認定こども園の場合は「幼保連携型認定こども園園児指導要録」と呼んでいる。以下、ここでは「要録」と記述していく。

要録は、定まった様式があるわけではない。したがって、それぞれの保育施設やそれぞれの地域において、独自の様式を定めることになる。ここでは、厚生労働省が参考例としている保育所児童保育要録の様式を、表3-2 に示しておく。同様に、幼保連携型認定こども園園児指導要録についても、内閣府から参考例が示されている。

この参考例を見るとわかるが、左側に「ねらい(発達を捉える視点)」として5領域、右側に「幼児期の終わりまでに育ってほしい姿」が、記載されている。領域は、発達をとらえる視点、幼児期の終わりまでに育ってほしい姿は、方向目標と位置づけられている。領域については従来からある概念なので、その理解もいきわたっていると思われる。

幼児期の終わりまでに育ってほしい姿は、平成29(2017)年に改定された保育指針、教育・保育要領において初めて設定されたものなので、留意が必要である。これは方向目標であり、到達目標ではないことを十分理解しなければならない。

方向目標とは、その方向に育つことを意味している。到達目標とは、そこに行き着くことを意味している。同じ目標という用語を使っているが、その性質は異なる。

例えば、幼児期の終わりまでに育ってほしい姿の協同性は、次のようになっている。

　これを到達目標としてとらえると、友達と協力して共通の目的の実現をやり遂げることができる、となってしまう。それがいつでも可能かというと、果たしておとなであってもどうだろうか。まして幼児期の終わりの子どもにとって、常に可能なことではない。しかもこのような項目が10項目提示されているのであり、そのすべてに到達すると考えることそのものがおかしい。それゆえ、到達目標ではありえないことがわかる。その意味で、幼児期の終わりまでに育ってほしい姿は、そのような方向への育ちをとらえるという方向目標である。

　このことは、小学校との共通理解を図る必要のあるところでもある。もし要録の記載が、到達目標になってしまったら、保育のあり方と矛盾することになる。このことを、小学校との接続において、共通理解を十分図ることが必要になる。

表3-2 保育所児童保育要録の様式の参考例

保育所児童保育要録（保育に関する記録）

本資料は、就学に際して保育所と小学校（義務教育学校の前期課程及び特別支援学校の小学部を含む。）が子どもに関する情報を共有し、子どもの育ちを支えるための資料である。

ふりがな		保育の過程と子どもの育ちに関する事項	最終年度に至るまでの育ちに関する事項
氏名		（最終年度の重点）	
生年月日	年　　月　　日		
性別		（個人の重点）	

ねらい（発達を捉える視点）

健康	明るく伸び伸びと行動し、充実感を味わう。	（保育の展開と子どもの育ち）
	自分の体を十分に動かし、進んで運動しようとする。	
	健康、安全な生活に必要な習慣や態度を身に付け、見通しをもって行動する。	
人間関係	保育所の生活を楽しみ、自分の力で行動することの充実感を味わう。	
	身近な人と親しみ、関わりを深め、工夫したり、協力したりして一緒に活動する楽しさを味わい、愛情や信頼感をもつ。	
	社会生活における望ましい習慣や態度を身に付ける。	
環境	身近な環境に親しみ、自然と触れ合う中で様々な事象に興味や関心をもつ。	
	身近な環境に自分から関わり、発見を楽しんだり、考えたりし、それを生活に取り入れようとする。	
	身近な事象を見たり、考えたり、扱ったりする中で、物の性質や数量、文字などに対する感覚を豊かにする。	
言葉	自分の気持ちを言葉で表現する楽しさを味わう。	
	人の言葉や話などをよく聞き、自分の経験したことや考えたことを話し、伝え合う喜びを味わう。	
	日常生活に必要な言葉が分かるようになるとともに、絵本や物語などに親しみ、言葉に対する感覚を豊かにし、保育士等や友達と心を通わせる	
表現	いろいろなものの美しさなどに対する豊かな感性をもつ。	
	感じたことや考えたことを自分なりに表現して楽しむ。	（特に配慮すべき事項）
	生活の中でイメージを豊かにし、様々な表現を楽しむ。	

幼児期の終わりまでに育ってほしい姿

※各項目の内容等については、別紙に示す「幼児期の終わりまでに育ってほしい姿について」を参照すること。

- 健康な心と体
- 自立心
- 協同性
- 道徳性・規範意識の芽生え
- 社会生活との関わり
- 思考力の芽生え
- 自然との関わり・生命尊重
- 数量や図形、標識や文字などへの関心・感覚
- 言葉による伝え合い
- 豊かな感性と表現

保育所における保育は、養護及び教育を一体的に行うことをその特性とするものであり、保育所における保育全体を通じて、養護に関するねらい及び内容を踏まえた保育が展開されることを念頭に置き、次の各事項を記入すること。

○保育の過程と子どもの育ちに関する事項

＊最終年度の重点：年度当初に、全体的な計画に基づき長期の見通しとして設定したものを記入すること。

＊個人の重点：1年間を振り返って、子どもの指導について特に重視してきた点を記入すること。

＊保育の展開と子どもの育ち：最終年度の1年間の保育における指導の過程と子どもの発達の姿（保育所保育指針第2章「保育の内容」に示された各領域のねらいを視点として、子どもの発達の実情から向上が著しいと思われるもの）を、保育所の生活を通して全体的、総合的に捉えて記入すること。その際、他の子どもとの比較や一定の基準に対する達成度についての評定によって捉えるものではないことに留意すること。あわせて、就学後の指導に必要と考えられる配慮事項等について記入すること。別紙を参照し、「幼児期の終わりまでに育ってほしい姿」を活用して子どもに育まれている資質・能力を捉え、指導の過程と育ちつつある姿をわかりやすく記入するように留意すること。

＊特に配慮すべき事項：子どもの健康の状況等、就学後の指導において配慮が必要なこととして、特記すべき事項がある場合に記入すること。

○最終年度に至るまでの育ちに関する事項

子どもの入所時から最終年度に至るまでの育ちに関し、最終年度における保育の過程と子どもの育ちの姿を理解する上で、特に重要と考えられることを記入すること。

出典：厚生労働省「保育所児童保育要録（様式の参考例）」。

乳幼児保育の現状と課題

1 乳幼児保育の現状

(1) 待機児童問題

　現在、保育所に関する問題として真っ先に取り上げられるのは、待機児童だろう。

　「保育園落ちた」という声や「保活」という言葉が聞かれ、保護者の保育ニーズに応えられていない状況がある。厚生労働省の「保育所等関連状況取りまとめ(平成 30 年 4 月 1 日)」によると、保育所への入所を希望してもかなえられない待機児童は全国に約 2 万人おり(表 3-3 の①)、このうち 88.6％は 3 歳未満児である。特に、1、2 歳児の待機児童が多く、その数は全国で約 1 万 5000 人(74.2％)に及ぶ。この数は認可保育所だけでなく、新制度によって創設された小規模保育などの地域型保育や幼保連携型認定こども園などを含む数である。国では「子ども・子育て支援新制度」を創設するなどさまざまな施策を講じているが、都市部を中心に待機児童は解消されていない。

(2) 保育の場の多様化

　少子化にも関わらず保育ニーズが高まっている背景として、女性(母親)の就労の継続や再開(再就職)で共働き家庭が増えている状況がある。上記の取りまとめでは、すべての 0 歳児のうち、平成 19(2007)年の保育所入所率は 7.8％、1、2 歳児は 26.8％だったが、平成 30(2018)年には 0 歳児 15.6％、1、2 歳児は 47.0％と増加している(表 3-3 の②)。これは、全国の 3 歳未満児の約 36.6％、107 万人余りに及ぶ。ちなみに 3 歳以上の保育所入所児童は約 154 万人で、これは全 3 歳以上児の 51.4％に当たり、幼稚園に通う子どもより多くなっている。

表 3-3

①保育の利用状況

保育利用率
0 歳児　15.6%
1、2 歳児
　　　　47.0%
3 歳以上児
　　　　51.4%
就学前児童数
約 593 万人

待機児童数
19,985 人

平成 30 年 4 月（幼稚園は 5 月）現在

事業	件数	利用人数
認可保育所等	23,524	2,088,406 人
幼保連携型認定こども園	4,409	417,194 人
幼稚園型認定こども園	966	37,086 人
地域型保育事業	5,814	71,719 人
計	34,713	2,614,405 人

うち、89%は
3 歳未満児
1、2 歳児の
入所希望増

昨年より定員 10 万増
入所児童＋ 6.8 万人

②保育所・幼稚園・認定こども園の箇所数・利用状況

平成 30 年 4 月（幼稚園は 5 月）現在

施設名	箇所数	利用人数	従事者数
認可保育所 保育所型認定こども園	23,524 （うち 720）	約 209 万人	保育士約 35 万人
幼稚園	10,474	約 121 万人	教諭　　約 9 万人
認定こども園	6,160 （うち幼保連携型は 4,409）	約 81 万人 （うち幼保連携型は約 60 万人） （1 号認定含む）	保育教諭約 8 万人

出典：厚生労働省「保育所等関連状況取りまとめ」（2018 年 4 月）、文部科学省「学校基本調査」（2018 年 5 月）、
内閣府「認定こども園に関する状況について」（2018 年 4 月）をもとに天野作成。

　保育を必要とする子どもが増え、認可保育所だけでは足りない状況があり、国は平成 18(2006)年度に認定こども園制度を創設し、一部の幼稚園は保育も担う認定こども園に移行したが、待機児童の解消には至っていない。さらに平成 27(2015)年度より「子ども・子育て支援新制度」が施行され、認可保育所以外の保育の場として地域型保育事業が創設された。地域型保育事業は自治体（市長区村）の認可事業であり、小規模保育、家庭的保育、事業所内保育、居宅訪問型保育の 4 種があり、主に 3 歳未満児の保育を担う。これまで認可外保育施設だったところが小規模保育などに移行して給付の対象となり、保護者の保育料の軽減につながっている。しかし、厚生労働省の「平成 29 年度　認可外保育施設の現況取りまとめ」によると、認可外保育施設は全国に約 14000 か所あり、約 22 万人の子どもが保育を受けている。さらに、国（内閣府）が自治体を通さず直接、助成を行う企業主導型保育がその潤沢な助成金額と相まって各地につくられ、内閣府の「第 35 回子ども・子育て会議」資料（平成 30 年 5 月）によると、その数は平成 30(2018)年 3 月現在、2597 か所となった。しかし、企業主導型保育は定員に満たな

い施設が非常に多い。

　このように、保育の場は多様化している。かつては公立保育所と社会福祉法人立の保育所がほとんどだったが、現在では企業やNPO法人など運営（経営）主体はさまざまである。

(3)　保育の質

　待機児童の解消のために、保育施設の設置基準が緩和されている状況がある。認可保育所と幼保連携型および保育所型認定こども園は、児童福祉法に規定されている児童福祉施設として「児童福祉施設の設備及び運営に関する基準」を遵守することが義務付けられ、保育指針、教育・保育要領に基づき運営されている。しかし、地域型保育や企業主導型保育などではこの基準の適用はない。このため、保育士の資格がない者が保育にあたることができる。

　保育や児童福祉の実績がなくとも保育事業に参入し、次々と保育施設を開設している企業もある。このなかには、保育者の専門性や保育内容に課題があるところもあり、保育の質にばらつきがあるといえる。実際、子どもの事故が発生したり、安全面の不備が指摘されたりしている施設もある。規制緩和の流れのなかで、認可保育所でも園庭のない保育所や外部搬入により給食を提供する保育所もあるが、それでも、保護者は認可保育所への入所を希望しており、共同通信社の調査によると、平成28(2016)年に創設された企業主導型の保育施設の定員充足率は平成30(2018)年時点で49％と低くなっている。

(4)　幼保一体化の流れ

　現在、認可保育所、幼稚園、認定こども園のうち、幼稚園はその箇所数や園児数を減らし、認定こども園はその数を増やしている。認定こども園においては、保育所と同様の保育認定を受けた子どもと幼稚園利用の子どもが一緒に生活している。従事する者は保育士と幼稚園教諭の両方の資格、免許を持つ保育教諭であり、特に、幼保連携型認定こども園は児童福祉法に位置づけられる児童福祉施設であるとともに学校教育法に位置づけられる学校であり、教育・保育要領にのっとり「教育及び保

育」が行われている。

　保育所や幼稚園から認定こども園に移行する施設も増えているが、幼稚園のなかには新制度の枠外でこれまでどおり私学助成を受けて運営している園も全国で半数以上ある。また、新制度により施設型給付を受ける幼稚園、新制度により幼稚園型認定こども園に移行する園、幼保連携型認定こども園に移行する園とさまざまであり、幼稚園児として預かり保育を利用している子どもも多い。

　一方、地方によっては定員が埋まらず、少子化のあおりを受けて園児数が減っている保育所や幼稚園もあり、自治体が主導し合併する形で認定こども園を設立するケースもある。保育所勤務の保育士と幼稚園勤務の幼稚園教諭が協働して１つの園の保育者として連携を図りながら保育を進めているが、それまでの経験の違いから課題も生じている。また、既存の制度を残したままでの「一体化」は煩雑であり、実際には、保育所、幼稚園、認定こども園の三元化の様相を呈しているといった見方もある。

　国においては、保育指針、教育要領、教育・保育要領の内容に関して整合性を図り、保育所も幼稚園も認定こども園も「幼児教育を行う施設」として位置づけ、幼保一体化の流れを後押ししているが、課題も多い。

2　乳幼児保育の課題

(1)　保育の質の確保と向上

　保育所では長年にわたり乳幼児の保育と子育て支援の役割を担ってきた。保育と子育て支援は切り離せない。しかし、近年では保護者のニーズに応えることが強調され、新制度においても量の確保が優先されている。保育の場を確保することは重要であるが、乳幼児の健やかな成長を支えるための保育の専門性やその質の確保がおろそかになってはならない。また、保育の場が多様化するなかで、その質や保育内容に大きな差が生じてはならない。幼い子どもは保育の場を選ぶことができない。すべての乳幼児が質の高い保育を受け、その育ちが守られ、促さ

れていくことが望まれる。

　保育指針は認可保育所の保育内容の基準であるが、地域型保育や認可外保育施設においても保育指針をふまえて保育することや保育者の研修を義務付けることが必要ではないだろうか。事故防止や子どもの心身の健康に留意し、保育内容の充実を図りながら保育の質と専門性の向上を図っていくことが、すべての保育現場に求められる。

　自治体の指導監査や地域全体を見すえたリーダーシップも必要だろう。乳幼児の最善の利益を考慮し、保育所などの基準がこれよりも下がることがないようにしたいものである。

　なお、児童福祉施設の設備及び運営に関する基準第4条には「最低基準を超えて、常に、その設備及び運営を向上させなければならない」とある。昨今の子どもの状況や保育士の業務量の増大をふまえ、質の確保と向上の点から保育士の配置基準などを見直すべきとの指摘もある。

(2)　保育士の確保と専門性の向上

　保育の質は、保育を担う保育士の専門性によるところが大きい。保育士は、第2章第1節の2でみたように児童福祉法第18条の4に規定されているとおり「児童の保育及び児童の保護者に対する保育に関する指導を行う」専門職であり、国家資格である。また、子どもの養護と教育を担い、子育て家庭を支え、地域社会に貢献する公的な仕事である。しかし、保育士の仕事は社会において十分に評価されてきたとはいえず、その賃金も勤続年数もほかの職種に比べ低くなっている。

　保育所に求められる役割も多く、保育士の業務量が増えているなか、国においては保育士の処遇改善のための施策を講じているが、現在、保育士の確保は大きな課題となっている。保育士が継続して働き、そのキャリアを積んでいくための研修制度も重要である。研修の受講と処遇改善が保育士のモチベーションを上げ、専門性の向上につながると期待されるが、さらに、保育現場においては職員の同僚性を高めていくための手立ても必要だろう。一人ひとりの意見が尊重され、その主体性が発揮され、多角的な視点や視座をもちながら協働して保育の質を高めていくことができる組織であることが望まれる。保育士養成

においても同様の課題があり、学生一人ひとりの「主体的、対話的で深い学び」のための教育方法やその内容の見直しと改善が求められているといえよう。

(3) 地域における連携と保育のネットワークづくり

乳幼児の命を守り、その育ちを支えていくためには家庭や地域との連携が欠かせない。保護者の子育ての見守りと相談支援体制を整えるとともに、医療・保健機関や療育機関との連携も重要である。また、保育所が他の保育施設や家庭的保育、子育て支援機関や子ども地域子育て支援事業を行う人や場とつながり、地域において協力体制を図っていくことも今日においては必要である。

特に障がいのある子どもや医療的ケアが必要な子どもなど、特別な配慮が必要な子どもの保育においては他の専門機関との緊密な連携・協力が欠かせない。ひとり親家庭や外国籍の子どもやその家庭への支援、人権に配慮した対応も求められる。子どもの育ちをしっかりと受け渡していくために、小学校との連携もより必要となっている。

14歳以下の子どもの数が65歳(高齢者)人口の半分以下という少子高齢社会のなかで、子どもを産み育てていくのは大変なことである。子どもや保護者を孤立させてはならない。地域社会全体で子どもの虐待を防ぎ、日常的かつ継続的に子育て家庭を支えていくためにも保育所が自治体と協働して保育や子育てのネットワークづくりに寄与することが望まれる。情報を共有しながら、例えば地域の保育施設の保育者が集まり研修やカンファレンスを行ったり、合同で避難訓練を行ったりしている地域もある。地域全体の環境改善や人材育成といった観点から取り組む課題もあるだろう。保育所がその拠点になったり、保育で培った力を発揮したりして、人や場をつなげていくことが期待される。

おとなたちが力を合わせ、協働する姿を子どもたちは見ている。そして、手も目もかけて大切に育てられた子どもが十分にその可能性を伸ばし、地域の未来を支えていくのである。

学習のふりかえり

1 保育所保育指針には、子どもが現在を最もよく生きることと、望ましい未来をつくりだす力の基礎を培うことが、保育の目標として掲げられている。

2 保育は、養護および教育を一体的に行うものであり、保育全体を通じて養護に関するねらいおよび内容をふまえた保育が展開されなければならない。

3 発達をふまえて、乳児（0歳児）保育、1歳以上3歳未満児、3歳以上児のそれぞれのねらいおよび内容をふまえた保育を展開する必要がある。

参考文献：
1. 厚生労働省「保育所等関連状況取りまとめ（平成30年4月1日）」2018年。
2. 内閣府「平成30年版　少子化社会対策白書」2018年。
3. 全国保育団体連絡会・保育研究所『保育白書2018年版』ちいさいなかま社、2018年。

第4章 保育の内容と方法

学習のポイント

「生涯にわたる人間（人格）形成の基礎」は、どのような保育の内容（発達経験）で培われるのか。さらに、乳幼児の発達過程をふまえた保育の方法はどのようにあればよいのか。これらについて保育所保育指針、幼稚園教育要領、幼保連携型認定こども園教育・保育要領をふまえて学ぶ。

①保育所保育指針、幼稚園教育要領、幼保連携型認定こども園教育・保育要領の内容を、発達過程をふまえて理解する（発達の連続性と内容の連続性が関連していることの理解）。

②子どもの主体性を尊重した保育における「個」と「集団」の関係を理解する。

③子どもの主体性を尊重した保育において「生活や遊びをとおして行う保育」が重要であることの意味を理解する。

④質の高い保育実践とP（子どもの姿をもとにした計画）〜D（実践）〜C（ふりかえり・評価）〜A（修正・改善）サイクルの関係を理解する。また、ふりかえり・評価を正しく理解する。

保育所保育指針に基づく保育

1 保育所保育指針の改定とその趣旨

（1） 保育所保育指針について

　昭和40(1965)年に保育所保育のガイドラインとして制定された保育所保育指針(以下、保育指針)は、平成2(1990)年、平成12(2000)年、平成20(2008)年の改定を経て、平成29(2017)年に4度目の改定が行われ、平成30(2018)年より施行されている。前回平成20(2008)年の改定より保育指針は厚生労働大臣による告示となり、各保育所が遵守すべき保育の基準として位置づけられた。また、平成29(2017)年の改定では、幼稚園教育要領(以下、教育要領)、幼保連携型認定こども園教育・保育要領(以下、教育・保育要領)との整合性がより図られている。さらに、子どもや子育て家庭を取り巻く今日の状況や社会からの要請をふまえ、さまざまに見直されている。

　各保育所においては、保育指針に示されている基本原則に基づき、創意工夫を図りながら計画的に保育していくことが求められる。そして、保育指針の趣旨と内容が広く保育現場に浸透し、保育の充実とその質の向上が図られることが望まれる。

（2） 改定の趣旨とその背景

❶乳児・1歳児以上3歳未満児の保育に関する記載の充実

　現在、3歳未満児の保育のニーズが増え、子ども・子育て支援新制度のもと、保育の場も多様化している。このため、保育指針において、より詳しく具体的に3歳未満児の保育について記す必要があり、こうしたことを受けた内容となっている。特に乳児においては、発達が未分化であることから、いわゆる5領域ではなく3つの視点から保育のねらいおよび内容などが規

定されている。また、乳児保育、1、2歳児の保育、3歳以上児の保育の連続性がふまえられている。

❷保育所保育における幼児教育の積極的な位置づけ

幼児教育の振興が国全体の課題となり、すべての子どもの幼児期の教育を保証していくという観点から、保育指針には「幼児教育を担う施設として共有すべき事項」が規定された。これは教育要領および教育・保育要領と同じ規定であり、「育みたい資質・能力」と「幼児期の終わりまでに育ってほしい姿」が示されている。この内容を小学校とも共有し、子どもの育ちと学びの方向性を共通に認識することが期待される。

幼児期の教育は「環境を通して行う」ことが基本であることをふまえ、小学校教育とは異なる保育・幼児教育の特徴や独自性を打ち出しながら、保育の内容にある5領域のねらいや内容をふまえ、遊びを中心とした教育を創造していくことが求められる。

❸環境の変化をふまえた健康および安全の記載の見直し

平成23(2011)年の東日本大震災の教訓をふまえ、保育所における防災対策、安全対策がより必要となっている状況に鑑み、保育指針第3章「健康及び安全」に「災害への備え」の項目が設けられている。特に避難訓練の重要性や地域および関係機関と連携を図ることが強調されている。

さらに、アレルギー疾患のある子どもが増えていることから、食事や生活面での適切な対応や安全管理などについて記されている。また、保育中の事故防止についても強調されている。

❹保護者・家庭および地域と連携した子育て支援の必要性

子ども・子育て支援新制度の施行をふまえ、さらなる子育て支援や虐待防止の取り組みが必要となっている。こうしたことをふまえ、一人ひとりの保護者の状況に応じた支援や子育て支援のネットワークづくり、地域のさまざまな社会資源との連携などが強調されている。

❺職員の資質・専門性の向上

保育指針の「第5章 職員の資質向上」では、これまで同様、

保育士や施設長の質の向上に係る基本的な事項と研修の重要性について示されている。「研修の実施体制」が新しい項目として規定されたが、これは、平成29(2017)年に定められた「保育士等のキャリアアップ研修ガイドライン」をふまえ、保育士のキャリアパスを見すえたものとなっている。

2 保育指針の構成と保育所保育に関する基本原則

(1) 保育所保育指針の構成

　保育指針は、第1章から第5章で編成されている。具体的には、「第1章　総則」「第2章　保育の内容」「第3章　健康及び安全」「第4章　子育て支援」「第5章　職員の資質向上」である(図4-1)。
　第2章から第5章までの内容は、すべて第1章総則によるものである。総則の冒頭「保育所保育に関する基本原則」にあ

図4-1　保育所保育指針の構成

○第1章〜第5章で構成、保育所の保育の内容及び内容に関連する運営に関する事項を定める

第1章　総則

保育所保育指針の基本となる考え方と全体像を示す
(2章以下の根幹を成す)

1. 保育所保育に関する基本原則　　2. 養護に関する基本的事項
3. 保育の計画及び評価　　4. 幼児教育を行う施設として共有すべき事項

第2章　保育の内容

乳幼児期の子どもが身につけることが望まれる心情、意欲、態度などの事項および保育士等が行わなければならない事項等、保育所における保育の内容を示す

1. 乳児保育に関わるねらい及び内容
2. 1歳以上3歳未満児の保育に関わるねらい及び内容
3. 3歳以上児の保育に関するねらい及び内容
4. 保育の実施に関して留意すべき事項

第3章　健康及び安全

子どもの生命の保持と健やかな生活の基本となる健康及び安全の確保のためにしなければならない事項について示す

1. 子どもの健康支援
2. 食育の推進
3. 環境及び衛生管理並びに安全管理
4. 災害への備え

第4章　子育て支援

子育て支援に関する基本を踏まえ、保育所の特性を生かした入所児の保護者への支援及び地域の子育て支援について示す

1. 保育所における子育て支援に関する基本的事項
2. 保育所を利用している保護者に対する子育て支援
3. 地域の保護者等に対する子育て支援

第5章　職員の資質向上

質の高い保育を展開するために必要となる職員の資質向上について、施設長の責務を明確化するとともに研修について示す

1. 職員の資質向上に関する基本的事項
2. 施設長の責務
3. 職員の研修等
4. 研修の実施体制等

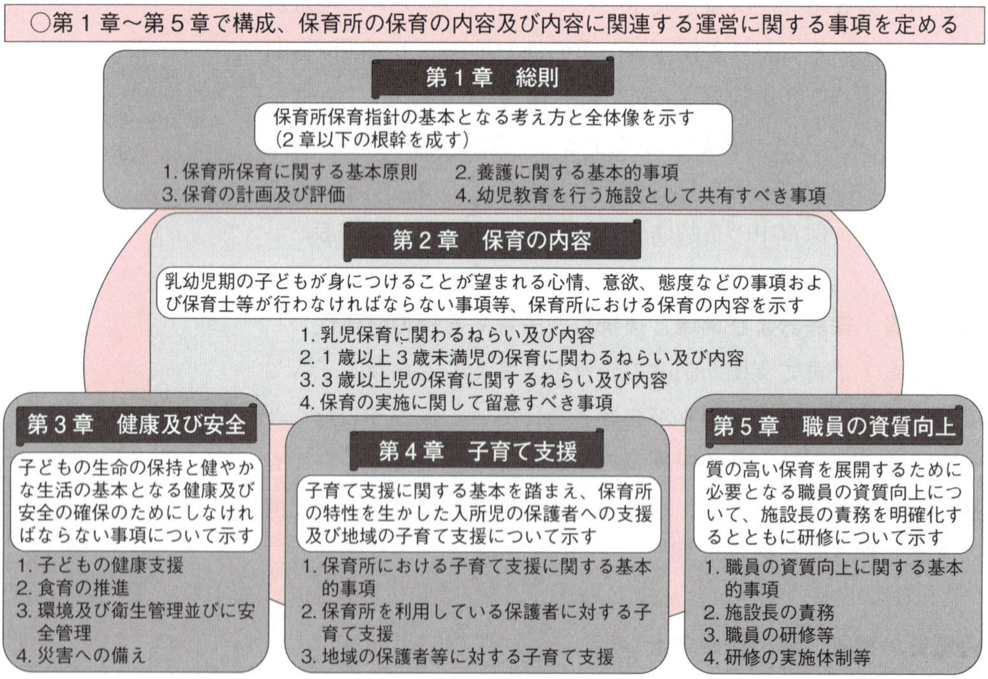

出典：保育所保育指針をもとに天野作成。

る「保育所の役割」、「保育の目標」、「保育の方法」、「保育の環境」、「保育所の社会的責任」は、第2章の「保育の内容」につながり、より具体的に示される。また、第3章の「健康及び安全」、第4章「子育て支援」、第5章の「職員の資質向上」の前提となる基本的事項も第1章総則に示されている。

　各章のつながりや各項目の関連などを読み取りながら、保育の計画や実践およびその評価に生かしていくことが必要である。また、乳幼児期の育ちを見通しながら、養護と教育が一体的に展開される保育の特性をふまえ、総合的に保育することが求められる。

(2)　保育所保育に関する基本原則

❶保育所の役割

　保育指針の冒頭「第1章　総則」「1　保育所保育に関する基本原則」「(1)保育所の役割　ア」に、保育所は「保育を必要とする子どもの保育を行い、その健全な心身の発達を図ることを目的とする児童福祉施設であり、入所する児童の最善の利益を考慮し、その福祉を積極的に増進することに最もふさわしい生活の場でなければならない」とあるように、保育所の目的は、子どもの健全な心身の発達を図ることである。そして次のイで、この目的を達成するために、「保育に関する専門性を有する職員が、家庭との緊密な連携の下に、子どもの状況や発達過程を踏まえ、保育所における環境を通して、養護及び教育を一体的に行うことを特性としている」としている。ここにある「専門性」「家庭との連携」「発達過程」「環境を通して」「養護及び教育を一体的に行う」といったキーワードが、第2章以下にしっかりと位置づけられていることを読み取りたい。

　次のウには子どもの最善の利益をふまえて保育を行うとともに子育て支援（入所児童の保護者や地域の子育て家庭への支援）の役割を担うことが規定されている。さらに、エでは児童福祉法第18条の4の規定をふまえ、保育士は「倫理観に裏付けられた専門的知識、技術及び判断」をもって保育と子育て支援にあたり「専門性の向上に絶えず努めなければならない」としている。乳幼児の保育と子育て支援の専門性を発揮できる保育所であることが求められる。

❷保育の目標

　保育所の保育の目標として、子どもが「現在を最も良く生き、望ましい未来をつくり出す力の基礎を培う」(「第1章　総則」「1 保育所保育に関する基本原則」「(2)保育の目標　ア」)ことと、「保育所の特性や保育士等の専門性を生かして」子育て支援を行うこと(同イ)の2つを規定している(図4-2)。

　そして、アの目標の下に6つの事項を示している。このうち(ア)が養護に関する目標、(イ)〜(カ)が健康、人間関係、環境、言葉、表現のいわゆる**5領域**に係る目標である。これらの目標が第2章の「保育のねらい及び内容」などの基盤となり、具体的な保育実践のより所になることを理解しなければならない(図4-3)。この5領域の目標は乳幼児期の教育に関する目標であり、幼稚園、認定こども園においても同様の規定がなされている。

❸保育の方法

　保育の方法として図4-2のア〜オが子どもの保育に関する方法であり、カは子育て支援に係る方法である。各保育所など

図4-2　保育の目標と方法、環境

	(2) 保育の目標 　ア　「子どもが現在を最も良く生き、望ましい未来をつくり出す力の基礎を培う」 　　　ありのままを受容し、育ちゆく可能性を見つめる・子どもの現在と未来をつなぐ
子どもの保育	養護と5領域の目標　　(ア) 養護　(イ) 健康　(ウ) 人間関係　(エ) 環境　(オ) 言葉　(カ) 表現
	(3) 保育の方法 　ア　子どもの状況の把握、子どもの主体尊重 　イ　健康・安全、情緒の安定した生活の中の自己発揮 　ウ　発達過程・個人差を踏まえる 　エ　子ども相互の関係、仲間との遊び・活動 　オ　生活や遊びを通して総合的に保育する
	(4) 保育の環境　　様々な環境の相互的な関連に留意し、計画的に環境を構成 　ア　子ども自らが関わる環境　　イ　安全で保健的な環境 　ウ　温かな親しみとくつろぎの場　生き生きと活動できる場　　エ　人との関わりを育む環境
子育て支援	(2) 保育の目標 　イ　「入所する保護者の意向を受け止め、子どもと保護者の安定した関係に配慮し、保育士の専門性を生かして援助に当たる」
	(3) 保育の方法 　カ　保護者の状況や意向を理解、受容し、親子関係や家庭生活等に配慮しながら、様々な機会をとらえ、適切に援助

出典:保育所保育指針をもとに天野作成。

図 4-3　保育の目標

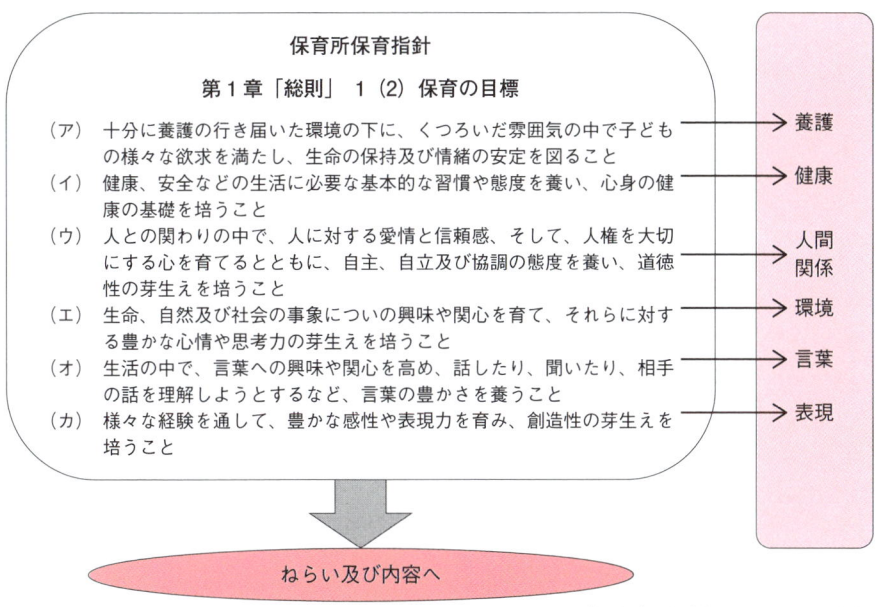

出典：保育所保育指針をもとに天野作成。

においては自らの保育実践を振り返る視点としても、常に確認しなければならない。特に、保育士は、一人ひとりの子どもを生きる主体として尊重し、子ども相互の関わりを大事にしながら保育していくことが重要である。また、乳幼児期にふさわしい体験が得られるように、遊びや生活を通して総合的に保育していくことが求められる。

❹保育の環境

　乳幼児の保育は「環境を通して」行われる。このため、保育士は、保育環境を計画的に構成し、子どもの生活が豊かになるように工夫するとともに、意識的に環境を見直していくことが必要である。また、子どもが心身ともに安定した状態で快適に過ごせる環境を整えるとともに、子どもの興味や関心、発達過程などに応じて環境を構成することが求められる。こうしたことをふまえ、保育指針では、「保育の環境」として図 4-2 のアからエまで 4 つの事項を示している。

　保育士は、子どもが生活のなかで、あらゆる環境からの刺激を受け止め、環境との相互作用により成長していく過程を見守るとともに、子どもとともにより魅力的な保育環境を創造し、子どもの発達を促していくことが肝要である。また、子どもの

視線や動線に合わせて生活空間全体を見直し、子どもの動きや活動が促され、興味関心が高まる環境となるよう工夫しなければならない。安全で保健的な保育環境を保障するため、具体的な項目を作成して日々点検することも必要である。さらに、子どもが身近な自然に関わるための環境や地域の人との関わりを育むための環境も、今日では特に大切である。

❺保育所の社会的責任

　保育は、法的な基盤をもち、法に規定され成り立っている。保育所を運営する者や、保育に従事する保育士は、法を遵守するとともに、自らの権限の範囲とそれにともなう責任について理解しなければならない。また、保育所は地域社会における公的資源として、地域の子どもや子育て家庭の福祉に貢献していくことが求められる。

　こうしたことをふまえ、保育指針では「保育所の社会的責任」として、子どもの人権を尊重すること、保護者や地域社会に情報提供を行い、説明責任を果たすこと、入所児などの個人情報の保護や保護者の苦情などの解決に努めることの3つの事項を規定している。

3　保育指針に基づく保育を行うために

(1)　養護と教育の一体性

　保育には、子どもの命を守り慈しみながら心と体の安定を図っていく養護的側面と、生活や遊びをとおしてその成長を促していく教育的側面とがある。どちらも子どもが育つうえで必要であり、養護と教育は切り離せるものではない。そして、実際の保育のなかでこれらは一体的に展開される。

　保育指針においては、「第2章　保育の内容」の前提として「養護に関する基本的事項」が「第1章　総則」の「2　養護に関する基本的事項」に示されている。養護を保育実践の基盤として位置づけ、「ア　生命の保持」および「イ　情緒の安定」に関わるねらいと内容をそれぞれ規定するとともに、乳児保育や「第5章　健康及び安全」の規定も関連させながら、子どもの

心身の状態を守り育むことを重要視している。また、養護と5領域で示される保育の「ねらい」「内容」「内容の取扱い」「配慮事項」との関連を確認しながら保育を構築していくことが必要である。安心安全が保障されてこそ十分な自己発揮や主体的な活動が促されていくことをふまえ、子どもの年齢や発達に応じた養護と教育の充実が望まれる。

　一方、養護と教育が一体的に展開される保育の積み重ねにより、小学校就学時においては「幼児期の終わりまでに育ってほしい姿」が具体的に現れ、「創造的な思考や主体的な生活態度などの基礎」(「第2章　保育の内容」「4　幼児教育を行う施設として共有すべき事項」「(2)小学校との連携　ア」)が培われていくことに留意することが肝要である。

(2)　保育の計画および評価

　保育所の保育は、その目的や目標の達成に向けて、全職員の共通認識のもと、保育の計画を作成し、その計画に基づき見通しをもって行うものである。

　保育指針の「第1章　総則」の「3　保育の計画及び評価」に明記されているように、保育の計画には「**全体的な計画**」と「指導計画」があり、すべての計画の根幹となる保育所の全体計画を作成することが重要である。また、全体的な計画に基づいて具体的な指導計画を作成し、自らの保育と子どもの育ちを計画に照らし合わせて振り返ること、すなわち、保育の自己評価が求められる。

　さらに、保育指針においては、「評価を踏まえた計画の改善」の項目を設け、評価を次の計画に反映させたり、保育の質の向上や保育所の組織性の向上に結び付けたりしていくことを求めている。これは、教育要領、教育・保育要領、および小学校の学習指導要領に示されたカリキュラムマネジメントの考え方でもあり、今日において、評価の取り組みが大変重要であることを示している。

全体的な計画
　これまでの「保育課程」に変わり保育所保育指針に示された保育の全体計画で、保育の根幹となるものとして各保育所で作成される。子どもの実態や保護者の状況などを考慮し、保育所保育指針の内容をふまえ、保育目標や保育方法などを明記するとともに、子どもの発達過程と保育内容の概観を示す。保育所が組織として計画的に見通しをもって保育実践しての評価に取り組むための基盤となる。

乳幼児の
発育・発達をふまえた保育

1 乳幼児の理解と保育

(1) 気持ちの揺れを十分に経験する

　主体性を軸にした保育・教育は、目の前の一人ひとりの子どもがそれぞれの発達過程をたどることを援助することである。そのためには、一人ひとりの子どもの行動の内面まで含めた発達の理解が重要になる(第1章参照)。例えば、「してよいことと悪いことがわかり、決まりを守ることの必要性が理解できる」ようになってきている幼児においても、決まりごとだけでその行動の是非を判断して対応することはない。エピソード1に沿って、ことの当事者である一人ひとりの子どもの発達や複雑な内面の動きを理解して関わることの重要性をみてみる。

> **エピソード1**
>
> 　5歳児クラスは、外遊びから保育室に戻り、それぞれに食事の支度をしている。
>
> 　ロッカーの前で、Yちゃん(6歳4か月)が大声で泣いている。その前には、怖い顔のRちゃん(6歳6か月)が仁王立ちしている。そのRちゃんの手を引っ張りながら、K君(5歳5か月)が小さな声だけどしっかりとした声で「あやまりな」と言っている。
>
> 　そのようすに気づいた保育者が寄っていくと、RちゃんはYちゃんの顔をのぞきこみながら、力を込めて「やってない」と言う。その声にYちゃんはますます大きな声で泣く。
>
> 　保育者がK君に「どうしたの?」と聞くと「Rちゃんのかばんが、Yちゃんにあたったの」という。保育者がYちゃんのかばんがあたったというところを見

て「これは、痛いね」とつぶやきながら、傷の程度を確認していると、K君が傷のできたわけを、Rちゃんのかばんについているキーホルダーが顔にあたったのだと説明する。それを聞いて、保育者は「RちゃんはYちゃんにぶつけようとしてやったんじゃないと思うけど、Yちゃんは痛いって泣いてるよ」と言いながら「○○先生に消毒してもらいましょ」と泣き声の小さくなったYちゃんを事務室に連れていくと、K君は心配そうに、Rちゃんは不服そうな顔で一緒についていく。

　Rちゃんは、昼ごはんの準備のために箸箱を出そうとしてかばんを取り出したときに、隣で同じようにかばんから箸箱を出そうとしていたYちゃんに、かばんについていたキーホルダーがあたってしまったと、ことのいきさつを見ていたK君が保育者に説明する。K君は渦中から少し離れた位置から、RちゃんがYちゃんを泣かせたのだから謝るようにRちゃんにはたらきかけている。泣かせること＝してはいけないことを理解して、それに沿って行動するようにRちゃんを促すことをしている。Yちゃんは、何もしていないのに突然の痛さに泣きだすが、K君のRちゃんへのはたらきかけから、Rちゃんのキーホルダーがあたったことを理解する。Yちゃんは自分は何もしていないのに、さらにRちゃんがぶつけたのに、Rちゃんはやっていないと主張することに納得がいかずに、さらに大声で泣き、Rちゃんがぶつけたことを訴える。Rちゃんは、箸箱を取り出そうとしていただけなのに、Yちゃんが泣き出し、K君からは謝るように言われることに納得がいかずに仁王立ちする（していないのに謝るように言われることに怒りがわき起こる）。

　たとえ、わざとではなかったとしても、泣いているYちゃんの「痛さ」に共振して、そうさせてしまった自分の行動を引き受けて謝ることの難しい年齢であることが理解できる。

　「してよいことや悪いことがわかり、自分の行動を振り返ったり、友達の気持ちに共感したりし、相手の立場に立って行動すること」（「幼児期の終わりまでに育ってほしい姿」の「道徳性・規範意識の芽生え」の一部分）がいかに難しいかわかる。

　道徳性・規範意識の芽生えの時期、してよいことや悪いこと

を表現された行動だけではなく、「友達の気持ちに共感したり、相手の立場になって行動すること」が可能になるような経験を積み重ねることが、この時期の発達にふさわしい経験ということになる。

このことを、この3人の子どもへの保育者の対応から考えてみたい。保育者は、YちゃんとRちゃんに事の真相を聞き出し、原因(泣かせる)と結果(泣かされた)をはっきりとさせて、泣かせたRちゃんに謝るように対応していない。K君から事情を聞いて傷の程度を確認(傷つけられたYちゃんの気持ちを受け止める)し、わざとではないかもしれないけれど(Rちゃんの気持ちを受け止める)、「痛いって泣いているよ」と言いながら(事実を伝える)、傷の手当てが一番であることを実践する(ことの善悪の前に傷ついた人を気遣う)。Rちゃんも「偶然に起きてしまったことを自分のこととして今すぐは引き受けられないが、痛さに共振するように、事務室までついていっている。Yちゃんも痛いのですぐに気持ちが治まらないが、Rちゃんがわざとではないことに気づき(泣き声が小さくなったことなどから)、間違ってしてしまったことは許すという心の広さへの一歩を踏み出したのかもしれない。

子どもの気持ちを尊重したところから展開する保育は、子どものその時々の出来事において実感をともなって経験することを重視する。

エピソード2は、エピソード1のおよそ1年前のRちゃんの姿である。

エピソード2

朝の集まりの時間である。それぞれ椅子を自分で出してテーブルにつく。B君(4歳7か月)は、自分が椅子を持つ順番になると、ほかの子に順番を譲っている。新しい椅子になるのを待っているようであるが、保育者に順番に持っていくように言われて、しぶしぶ従う。最後になったRちゃん(5歳4か月)は椅子を持とうとしないでそこに立っている。次の次が新しい椅子である。保育者が「新しい椅子がいいのね」と渡そうとするが、Rちゃんは受け取らず少し考えてから、順番通

りの古い椅子を持って席に着く。

　Rちゃんたち4歳児クラスの朝の集まりは、保育者がテーブルを出したら、遊び終わった子どもたちは椅子置き場から順に椅子を持って席に着くことになっている。B君は新しい椅子に座りたいのでその椅子になるまで順番を譲っているようであるが、保育者に順番に持っていくように言われ、しぶしぶ従っているのを最後に並んでいたRちゃんは見ている。自分も新しい椅子に座りたいので順番どおりの椅子(2人待てば新しい椅子)に手を出さないでいる。保育者が、新しい椅子を渡そうとすると、少し考えて(B君は決まりに従い、しぶしぶであるが決まりどおりに古い椅子を持っていった。自分も新しい椅子に座りたいし、先生もいいと言っているが、少しの間、葛藤する)から決まりどおりに行動する。自らで、自らの欲求をコントロールして決まりに従う経験をしている。このエピソードのような経験を日常的に経験してもなお、乳幼児期の子どもは、他者の気持ちを考えその立場になって行動することの難しさが理解できる。時々に訪れる葛藤や逡巡する心の動きを自らでコントロールできるようになる過程をじっくりと経験できるようにする。

(2)　共感的に応答される

　一人ひとりの子どもの内面(その時の気持ちの揺れ)を理解して、方向付けするうえでの関わりの基本は、その気持ちの揺れ動きに共感し、その気持ちに応答することである。エピソード3は、共感的に応答される毎日の1コマである。1歳クラスのPちゃんは、とにかく今はお腹がすいていて、自分で食べたいと食べ始める。側で見ていると、スプーンの持ち方はあべこべであるし、おかずの入っている皿も不安定に動いている。保育者は、うまく口に入る方法やおかずをこぼしてしまうと食べられなくなるからと、声をかけるが、自分でと、今もち合わせている力を用いて(お皿に口を持っていって、かきこむようにする)自分で食べることを主張する。保育者は「自分で食べたい」というPちゃんの気持ちを尊重し、こぼれたら食べられなくな

るのでお皿だけそっと支えて、その気持ちを受容する。

エピソード3

　Pちゃん（2歳1か月）は、お昼の時間に、よほどお腹がすいたのだろう。あいさつもそこそこに、今にもお皿をひっくり返しそうにしながら食べはじめる。スプーンの下のほうを握っているので、おかずを口に運ぶことが難しそうである。保育者は「うまくお口に入らないね。スプーンの上のほうを持って」とか、「お皿を真ん中にしたほうがこぼれないよ」と声をかけるが「イヤ、ジブンデ」と、顔をお皿に近づけ、かきこむようにして食べる。保育者はお皿だけひっくり返らないよう支え、Pちゃんが食べるのを支える。食べにくいと気づいたのか、顔をあげ、スプーンをひっくり返したり、持ち替えたり、考え始めた。

　少しして、自分の今のもち合わせの力で食べようとすると思うようにおかずが口に中に入ってこないのか、スプーンを使って食べることへ気持ちが動き、スプーンの持ち方をあれこれ試し始めることをする。気持ちが受け止められ、その気持ちに添ったはたらきかけをされるが、それよりも自分でする気持ちが勝り、その気持ちのままに行動することを通して、自らの不都合に気づきその不都合な場面を何とか切り抜けようと工夫し始める。

　子どもは、気持ちを共感的に受け止められること（気持ちのままに動くことを肯定される）で、不都合に気づき、自らでこの今を超えていこうとする（学びが起きる）。これこそが主体的に生きる姿である。もちろん、保育者は子どもの今もち合わせている力を理解して、そこに合わせた対応をすることで、子どもが気づくことを促すことになる。

(3)　一人ひとりの子どもの発達の見通しをもつ

　子どもが、気持ちをともなってさまざまな経験を重ねることを支えるのが、子どもの主体性を大切にした保育であり、その

保育における基本は「その気持ちを受容すること」であるとこれまで述べてきた。

　自らの気持ちを受け止めてもらい、その気持ちのままに十分にその周囲と関わることが、主体的な行動であり、自分自身を生きていることになると言える。エピソード4のようにST君が没頭している遊びを、気持ちを推し量りながら見守ることで、偶然に視線が合ったときに、思わず「ブーブー（ブーブー楽しいね）」と、今そこで繰り広げていることに意味を付与する。今の経験を十分に楽しむことの先に、その経験をブーブーという音声で表す（言葉の獲得）という過程につながっていく見通しのうえで、今を超えていくはたらきかけをする。それは、ST君の発達過程の少し先のことだけれど、超えていけそうだと判断してのはたらきかけとなる。ST君も「ブーブー」という音声と今の遊びが、結びつくことに気づき、経験や感じたことを音声（言葉）で表現することを獲得していくことになる。

> **エピソード4**
>
> 　ST君（11か月）は片手に自動車を持って走らせながら、ハイハイしている。しばらくそうした後、ST君が周囲を見回したときに、ST君の気持ちを推し量りながら見守っていた保育者と目が合う。保育者が「ブーブー」と言うとST君も「ブーブー」と言いながら押し始める。

　このように、内側にわき起こる気持ちを十分に経験しながら、この気持ちがほかとは異なるものであることに気づきだしていくのが「自分のもの（好きなもの）」をめぐるトラブルを通してである。

　次に紹介するエピソード5の保育者は、この2人の子どもの発達過程から考えて、お互いの気持ちに気づくようにそれぞれの内面を言葉に置き換える[注1]のではなく、楽しく絵本を見て、絵に自分の思いを重ねて、気持ちの揺れ動きを豊かに経験してほしいという願いからの対応をしている。

注1‥‥‥‥‥‥‥‥
　2歳代でのトラブルへの対応の基本は、自己の育ちを意識してそれぞれの子どもの気持ちをことばにしながら、お互いの気持ちに気づくようにすることである。そして、その場をどのように解決していくのかという対応により、ルールに気づくようはたらきかけをする。

　さっきまでT君(1歳3か月)が見ていた絵本をJちゃんが拾い見しはじめる。すると、T君が急いでそばに行き、Jちゃん(1歳1か月)から絵本を取り上げて、そこで絵本を広げて見始める。Jちゃんが、その絵本に手を伸ばしページをめくろうとしたら、T君に手を振り払われる。すると、Jちゃんはその絵本の上に寝っ転がって泣いて抗議をする。保育者がJちゃんの好きな「いやいやえーん」の本を持ってきて「ほら、Jちゃんの好きないやだいやだの絵本だよ。ママが網を持って助けに来てくれるよ」と言いながら膝に抱いてページをめくると、T君も寄ってくるので、もう片方の膝に座らせて絵本を読み続ける。

　同じように見えるもの(絵本)をめぐるトラブルであるが、2歳代の中ごろからのトラブルへの対応とは異なる。まさに、一人ひとりの子どもが発達過程のどこに位置し、子どもが保育者に受け止められていると感覚できる少し先を見通して、今、この子どもにとっての望ましい経験は何かを考慮して、対応することになる。

2　0歳児(乳児)の発育・発達をふまえた保育

　保育指針に、0歳児(乳児期)の発達特徴が以下のように述べられている。

保育所保育指針　第2章　保育の内容
1　乳児保育に関わるねらい及び内容
(1)　基本的事項
ア　乳児期の発達については、視覚、聴覚などの感覚や、座る、はう、歩くなどの運動機能が著しく発達し、特定の大人との応答的な関わりを通じて、情緒的な絆が形成されるといった特徴がある。これらの発達の特徴を踏まえて、乳児保育は、愛情豊かに、応答的に行われること

が特に必要である。

そして、この発達の姿をふまえてこの時期の「保育のねらい及び内容」を、身体的発達に関する視点として「健やかに伸び伸びと育つ」、社会的発達に関する視点として「身近な人と気持ちが通じ合う」、そして、精神的な発達の視点として「身近なものと関わり感性が育つ」という3つの視点から述べられている。これらの視点は、乳児期の発達特性である未分化性をふまえると、それぞれ独立に発達していくのではなく、お互いに絡まり合いながら発達していくものであることを意識する必要がある。

発達は連続しているものであることをふまえたうえで、それぞれの時期の特徴を理解するために、以下に乳児期前半、乳児期の後半、1歳3か月ごろを中心に述べていく。

(1) 乳児期前半の発達と保育

❶発達の姿

人は、人として生きていくうえで最低限必要な力をもち合わせて生まれてくる。図4-4中の左上の部分、歩行反射や把握反射などの**原始反射**は、3か月ごろには意識的な行動へと組み込まれて、体の動きに関するものは、その後の遊びや生活を通して著しい発達を見せることになる（「健やかに伸び伸びと育つ」の視点）。

また、人との関係のなかで生きることを前提に生まれてくると思われる微笑反射、**共鳴動作**、**エントレインメント**も、同じく意識的な行動に組み込まれ、例えば、微笑反射（生理的な微笑）は社会的な微笑（人に対して笑う）へと発達していく（「身近な人と気持ちが通じ合う」という視点）。

外界認知の手段、つまり、5つの感覚器官はある程度発達した状態で生まれてくる。これは、周囲の人やものと関わり、それらが何であるのかを認知する、いわゆる精神発達へと連続する。生まれた後の主には人との関わりを通して、図4-4の左側の列にこの時期の運動機能の発達の姿（健やかに伸び伸びと育つ側面）が示されている。

原始反射
　生まれながらにしてもっているもので、自分の意思とは関係なく起こるもの。たとえば、原始反射の1つである吸綴反射は、口もとに何かが触れると自然にあるいは反射的に吸いつく。空腹かどうかに関係なく口に触れたら吸いつく。

共鳴動作
　新生児模倣ともいわれる。生まれながらにもっている力で、自分の意思とは関係なく起きる。たとえば生まれてすぐの新生児と顔を対面させてゆっくり舌を出したり引っ込めたりすると、新生児もマネをするように舌を出したり引っ込めたりする。乳児期後半の模倣行動とは異なる。

エントレインメント
　同調行動ともいわれる。おとなから話しかけられるとじっと聞いているように動かないが、会話がやむと自分から話しかけるように、相手の身体的変化に同調するように手足を動かす。このやりとりを外から見ると、ダンスをしているように見えることをいう。

図 4-4　乳児期前半の発達の姿　3 か月ごろの発達の姿のネットワーク

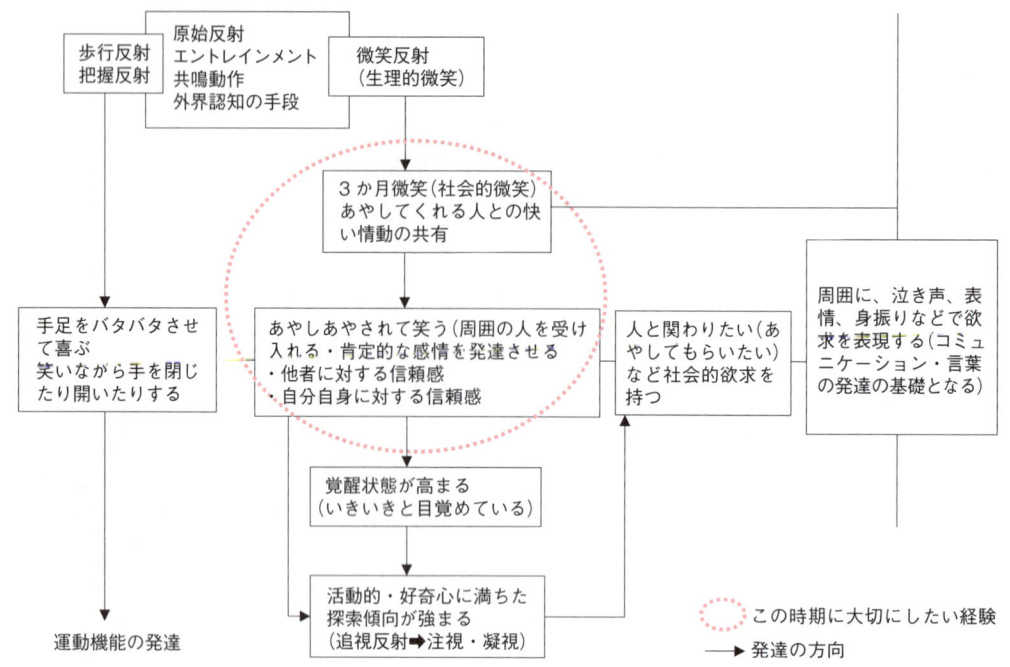

出典：阿部和子編著『改訂 乳児保育の基本』萌文書林、98 頁を一部改変。

　同じように真ん中の列は、人との関わり(気持ちが通じ合う側面)を通して、周囲のものとの関わり(追視反射から、ものを注視する行動へ)への発達(身近なものと関わり感性が育つ側面)の姿が示されている。そして、右側の列は人との関わりを通して、人との関わりそのものの発達の姿が示されている。

　乳児期は、身近な人と気持ちが通じ合う経験を中心に、保育が展開されることになる(図 4-4 中の点線の楕円)。

❷この時期の保育

　この時期の子どもの主体性を尊重するということは、その子どもの生理的欲求からくる生理的リズムを尊重することである。つまり、眠い時に寝て、お腹がすいたら起きてミルクを飲み、目覚めて周囲を探索したい時にそれをし、眠い時にはまた眠るという生理的なリズムに沿った生活が支えられているということである。このリズムに沿った生活をすることで、からだのはたらき(リンパ系、神経系、内臓のはたらきなど)の成熟を助けることになる。

　この時期の覚醒状態にある時の保育者の関わりを授乳を例に取り図 4-5 に示した。

図 4-5　0 歳児前期の関わり

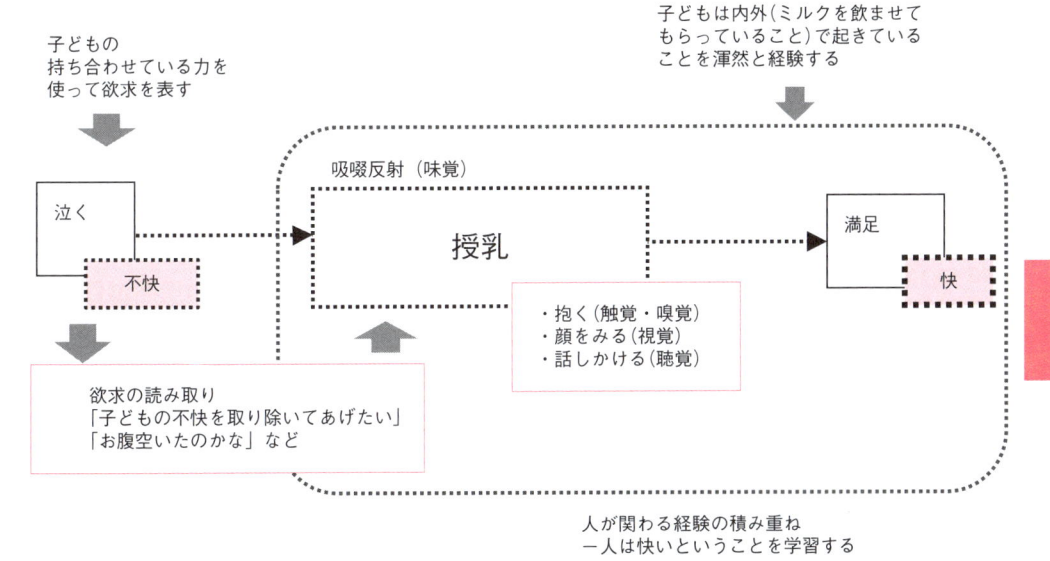

出典：阿部和子著『子どもの心の育ち―0 歳から 3 歳―』萌文書林、1999 年、24 頁。

　最初に、子ども自らの不快な状態が表れる（意図したわけではない不快に結びついた泣き―行動主体は子どもである）。子どもの泣きを読み取って、欲求（泣きの意味：お腹がすいた）に合わせて対応する（ミルクを用意して飲ませるなど）。この時、この時期の子どもは言葉で気持ちを表現し通じ合わせることは難しい。保育者の情動状態（子どもの不快な状態に共鳴する）は保育者の体を通して子どもに通底する[注2]。言葉を獲得する前の子どもは、情動（表情、身振り、泣き声など）を読み解いてもらい、その子どもの情動に保育者が自らの情動を調節させて関わることで気持ちの通じ合いが起こる。

　図 4-5 の中の点線四角の部分は、子どもがお腹がすいて不快な状態から、今もち合わせている力（口唇探索・吸啜反射）を用いて快い状態をつくり出している状況を内外混然と経験することになる。このような経験は、ミルクだけではなくさまざまな生活の場面で経験することになる（子どもの気持ちは受け止められて、その気持ちに共感的に応答される）。このような経験の蓄積のなかで、子どもは人と一緒にいることの快さを学習することになる。その目安がおおよそ 3 か月ごろと考えられる。人と一緒にいることの快さを獲得した子どもは、積極的に人との関わりを求めることになる。こうして目覚めて機嫌のよい時など、風に揺れるモビールや、木漏れ日の動きなど動くものな

注2 ・・・・・・・・・・・・・・
　感情や情動は、そもそも、隠しきれるものではなく身体を通して相手に通じる性質をもつ。

どに注意を引かれて周囲の探索（物の世界へ）を始める。

（2） 乳児期後半の発達と保育

❶発達の姿

　0歳児前半の3か月を過ぎたころ、相変わらずの**多層眠**であるが、昼に目覚めている時間が多くなる。よく寝て、きちんと目覚めているときは、機嫌よく周囲探索し、その周囲が目新しくなくなると飽きてしまい、泣き出す（そばに来てほしいとか、もっとおもしろいものを探索したいというように）。あるいは人が近づいてくると喜んで微笑する（3か月微笑、社会的微笑といわれる）。その欲求に応えてもらうことで0歳児の後半に

多層眠
　1日24時間の睡眠と覚醒のパターンが年齢により変化する。発達初期の乳児は1日に何回も眠る多層眠である。やがて昼寝を1回と夜にずっと眠るというパターンにより3歳過ぎころには昼寝なし、夜ずっと眠るという単層眠へ移行するといわれている。

図4-6　0歳児後半ごろの発達の姿のネットワーク

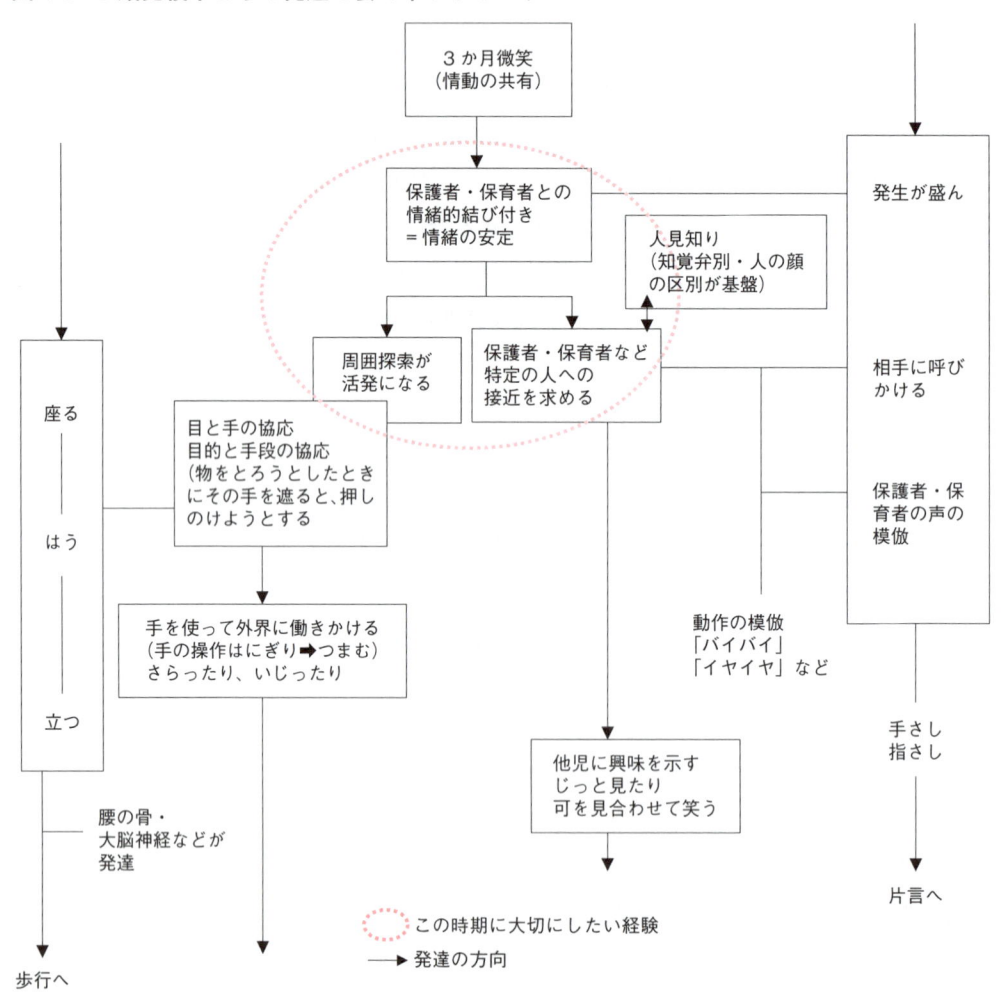

出典：阿部和子編著『改訂　乳児保育の基本』萌文書林、2019年、99頁を一部改変。

なると、子どもは誰でもではなく周囲の人の中から特定の人を獲得することになる。それはおおよそ子どもの欲求によく応えてくれる人がほかの人から区別されていくことになる。つまり、子どもの内面に共感しその欲求に応えることで、そこにわき起こる快の状態とその人が結び付くことで愛着関係が形成される（情緒的な絆の形成）。

　子どもの情緒が安定してくると、子どもの注意や興味・関心が身近な周囲に向かい、探索活動が活発になる。その探索活動を通して、身体の機能の充実や運動機能が著しく発達する（図4-6の左側は体の動きと手指などの小さな体の動きの発達）。手指の発達は、周囲の身近なものとの関わりを活発にし、その関わりを通して身近な周囲が細分化されていく（物の種類や性質などについての感覚的な理解—精神的な発達）。また、前期と同様に、後期は誰でもよいのではなく特定の人との情緒的な絆を頼りに人との関係そのものやその関わりを通して言葉の発達など（社会的な発達）を広げていく。

❷この時期の保育

　この時期は、前期と同様、子どもの欲求を読み取りそこに共感的に応答することが基本であるが、運動機能や欲求の発達によりできることが多くなってきているので、子どもがもち合わせの力を使って取り組んでいるときには、側で子どもに気持ち

図4-7　0歳児後期の関わり

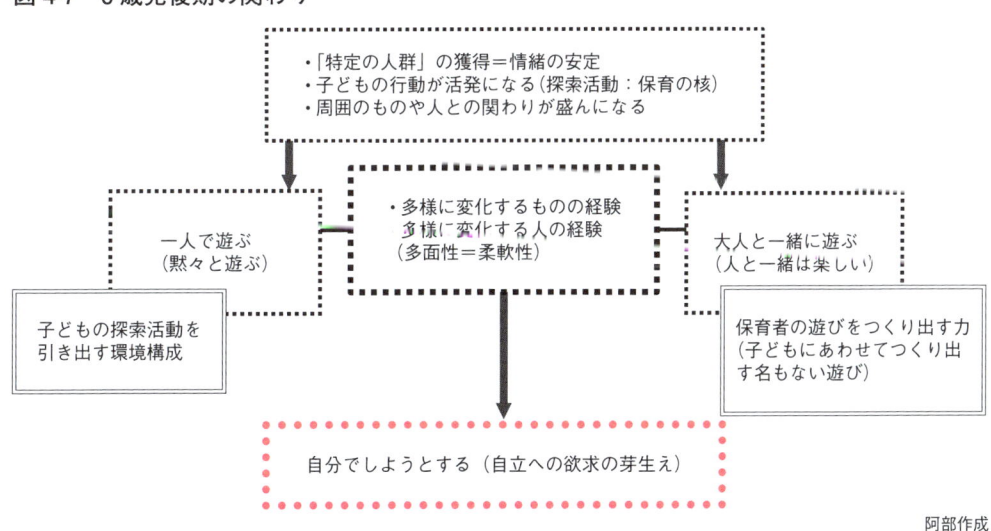

阿部作成

を向けながら見守ることも出てくる。子どもがもち合わせの力を使って探索行動を繰り広げるためには、探索欲求をかき立てる環境構成が重要になる。子どもの発達を考え、一人ひとりの興味や関心がどこにあるのか。それに合わせた環境、例えば、どのような玩具や遊具を用意し、どれくらいの種類や数を、保育室にどのように用意するのか。また、一人ひとりの生理的なリズムを尊重した生活のために保育室の空間をどのように構成するのか。眠い時に寝る安心な空間をどうつくるか。子どものリズムに合わせた授乳に安心してゆっくり関われる空間をどのようにつくるのかも合わせて考えることが重要になる。

　一方、子ども一人でその周囲と関わることには限界がある。その遊具・玩具で遊ぶ楽しさを知るためには、その楽しさを知っている保育者と遊ぶことが重要になる。一緒に遊ぶことで、遊ぶ楽しさや人と一緒にいる楽しさも感じ取りながら、さまざまな精神的発達が促されることになる。おとなと一緒に遊ぶことで、興味を持続させる（遊びに飽きてしまわないで興味を集中する―遊び方の発見につながる経験でもある）。また、感覚的に獲得しているものへの認識を深めていくことになる（これはブーブーであり、ボールではないと理解するなど）と共に言葉の発達を促すことになる。

(3)　1歳3か月ごろの発達の姿

❶発達の姿

　0歳代に人との関係を軸にして、さまざまな力を獲得し、1歳3か月ごろには、人としての特徴を獲得することになる。つまり、直立歩行を開始し、手が解放され、探索活動を通して発達させた手指の細やかな動きなども相まって、ものを考える手を獲得する。こうして、手・指を器用に使いながら、直接ものと関わったり、人を介してものと関わり、その周囲の世界の認識や人との関係を発達させていくことになる。

　一方、最初の言葉である片言、一語文を話すようになり、人との生活を豊かにしていく準備が整うことになる。1歳3か月ごろの発達の姿を図4-8に示した。発達の網目が複雑になってきていることが理解できる。0歳代の生活や遊びが充実していることで、それまで周囲に触発されるように動いていた子ど

図 4-8　1歳3か月ごろの発達の姿のネットワーク

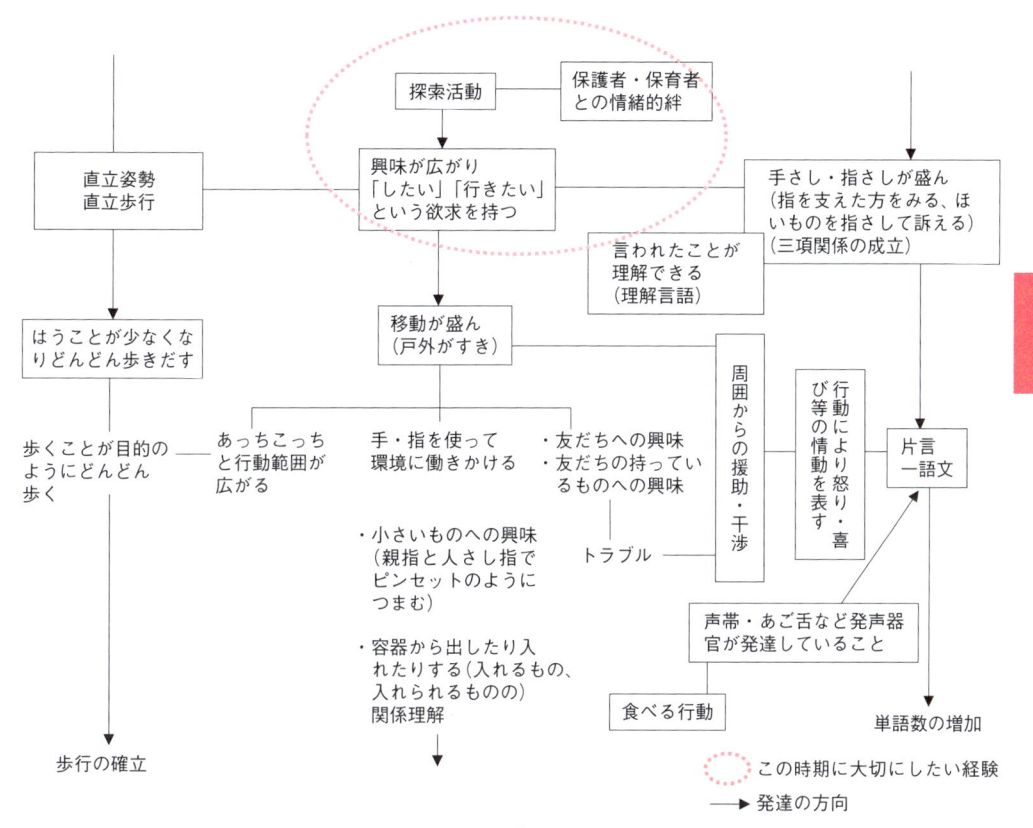

出典：阿部和子編著『改訂 乳児保育の基本』萌文書林、2019年、100頁を一部改変。

もが、自分でやりたいという意欲から動きだす。こうして1、2歳代の子どものやりたい気持ち（「自立への欲求」）を大切にした保育へと連続していくことになる。

　この発達の姿から、0歳代の生活や内容の「健やかに伸び伸びと育つ」から健康の領域へ、「身近な人と気持ちが通じ合う」からは、人間関係と言葉の領域へ、さらに、「身近なものと関わり感性が育つ」から、環境と表現の領域へとそれぞれにゆるやかに連続していることが理解できる。

❷この時期の保育

　子どものやりたい気持ち（自立への欲求）を中心にした保育を考えてみる。0歳代の生活や遊びをとおして培われた力を蓄積した子どもは、その力を使って遊びや生活を始める。

　ある食事の場面で、自分でやりたいという気持ちをもった子どもは、保育者の援助の手を払いのける（この行動を、保育者

は自分で食べたいという気持ちの表現であると読み取る）。保育者は子どもが要求する「食べたい気持ち」を受け止める（気持ちの受容）。しかし、うまくスプーンを操作するに至っていない子どもは、あれこれと、もてる力を使って何とかしようとするが、うまく口に運べないことも起きる。

保育者は、子どもがスプーンで食べ物を口に運びたいという気持ちに添って、子どものできない部分を援助することになる。子どもは、自分で食べたいという気持ちが強ければ、その援助の手さえ振り払う。保育者は振り払われたことに対応するのではなく、自分で食べたいのだという気持ちに対応して、何とか子どもが受け入れるようにあれこれ工夫して対応することになる。そのような対応のもとで、子どものスプーン操作は、徐々にこぼさずに口に食べ物を運べるようになる。子どものやりたい気持ちを尊重するということは、子どもの好きにさせておくことではないことが理解できる。

以上に述べたように、この時期の保育の基本は子どものやりたい気持ちを受け止めることから展開されるが、なんでも受け止めることでもない。例えば、命に関わること（危険）や予測不能の事項などに関して、あるいは子ども観・保育観として「許されないこと（保育者間で相当に吟味することが必要）などは禁止することになる。大人の都合からの禁止ではないことに留意したい。禁止は、その行為の禁止であり、やりたいという意欲を禁止することではないことも理解したい。

3　1歳以上3歳未満児の発育・発達をふまえた保育

(1)　この時期の発達の特性

1歳以上3歳未満児という時期の発達の特性について、保育指針、教育・保育要領には次のように記されている。

保育所保育指針　第2章　保育の内容
2　1歳以上3歳未満児の保育に関わるねらい及び内容
(1)　基本的事項　ア

幼保連携型認定こども園教育・保育要領
第2章　ねらい及び内容並びに配慮事項
第2　満1歳以上満3歳未満の園児の保育に関するねらい
　　及び内容
　　基本事項　1
ア　この時期においては、歩き始めから、歩く、走る、跳ぶなどへと、基本的な運動機能が次第に発達し、排泄の自立のための身体的機能も整うようになる。つまむ、めくるなどの指先の機能も発達し、食事、衣類の着脱なども、保育士等の援助の下で自分で行うようになる。発声も明瞭になり、語彙も増加し、自分の意思や欲求を言葉で表出できるようになる。このように自分でできることが増えてくる時期であることから、保育士等は、子どもの生活の安定を図りながら、自分でしようとする気持ちを尊重し、温かく見守るとともに、愛情豊かに、応答的に関わることが必要である。

　ここには、基本的な運動機能の発達、生活活動の形成、言葉のはじまりなどがあげられている。それらの発達にともなって自我が芽生え、自分の世界をつくりはじめていく。

　発達の大きな節目は、1歳前後に現れる。歩行と発語のはじまりである。個人差はあるものの、1歳になると歩きはじめ、話しはじめる。この発達の変化は、子どもの世界を大きく変えていく。

　歩行のはじまりは、姿勢を変える。視線が高くなり、視野が広くなる。両手が自由に使えるようになる。移動が素早くなる。これらの変化が、一気に成立する。もちろん最初はよちよち歩きからであるが、発達につれて走るという動作も現れる。

　そのことによって探索行動の範囲が一気に広がっていき、周囲のものを自分の身体を通して確かめていく。そして、自分の

身体の各部分の動作を確かめ、把握し、身体のイメージをつくり上げていく。

発語のはじまりは、思いや意図の表現を細かくしていく。泣くということを中心とした大まかな感情表現による意図の表出だったものが、発語とともに言語の獲得を通して細かい表現を可能にしていく。また、他者の言語表現の理解も進んでいく。そして、身の回りの世界を、言語という手段を通して認識していくようになる。そして、**表象機能**という心理的なメカニズムが働くようになる。同時に、表象機能を使ったごっこ遊びが出現してくる。

このように、身の回りの世界を認識し、自分の身体の使いこなしが進むにつれて、自分の生活活動を自分で行おうとしはじめる。特に、食べる、着替える、という行為において、自分でしようとする意欲が旺盛に現れてくる。失敗を含む無数の試行を繰り返しつつ、身に付けていくプロセスがみられる。また、身体機能も発達し、特に「快―不快感覚」の形成とともに、排泄行為を意識するようになり、おむつからパンツへの移行が進んでいく。

そして、身の回りの世界の認識と関わりのなかに、他者の存在が意識されるようになる。自分以外の子どもとの関わりが多くなり、特定の他者が成立してくる。

このように、自分のしようとすることと、自分の外部の世界の人や物との関わりが進むなかで、自我が芽生えてくる。自我は、内部で育つというよりも、自らしようとすることと外部世界の人や物との関わりという関係性において育つものである。そこには、自分を中心にして認識や関係をとらえるという「自己中心性」がある。

自己中心性とは、外部世界をとらえるとき、自分の視点という1点からしかとらえることができないようなあり方をいう。例えば、保育者が子どもに向かって「右手をあげて」と言って右手をあげてみせると、子どもは左手をあげてしまう。これは、対面した状態をそのまま反映する自己中心的視点に基づくものである。したがってこのような場合、保育者は「右手をあげて」と言いながら、自分の左手をあげてみせると、子どもは右手をあげる。

これはとても単純な例だが、このような子どもの姿が随所に

表象機能

今ここにはない（直接知覚できない）ものやことを、内面のイメージとして思い浮かべ、それを意図的に操作する心理的な機能のこと。1歳前後から発達し始める。その際、具体的な事物を今ここにはないものやことと結び付けて行われる遊び（象徴的遊び）が、ごっこ遊びである。

みられる。なお、自己中心性は、この時期の発達に必然のものであり、それ以降の自己中心的なわがままとは異なる。

(2)　この時期の発達をふまえた保育

先に1歳以上3歳未満児の発達の特性について述べたが、そのような発達は、子どもが独力で成し遂げるものではない。保育者の十分な援助や配慮が必要になる。

0歳児において、保育者は、子どもの世界の核である。そこから、少しずつ子どもが自分の世界をつくり出そうとするのが、1歳以上3歳未満児である。その前提には、深い信頼関係のある保育者との関わりがある。

この時期の保育の非常に大きな見取り図は次のようになる。

まず、歩行と発語の始まりにより、子どもの世界が大きく広がっていく。それまでの、保育者と未分化の世界を生きていた状態から、少しずつ抜け出していく。いわば、保育者を安全基地にして周囲の世界を拡大していく。

そして、うまくいかないこと、思うようにならないことに、人生で初めて意識した状態でぶつかり、大きな混乱が生じる。保育者はそのような状態を根底から支えるようなあり方や関わりが求められる。

食べる、着替えるなどの生活活動を自分でしようとするが、無数の失敗にぶつかる。他者という存在と関わろうとするが、他者もまた関わり返してくるので、そこでのいざこざが頻繁に起こる。

このような混沌のなかから、子どもは自分なりの秩序を見出しつくり上げようとしていく。それが自我の芽生えである。それはすんなりと進むプロセスではない。そこに保育者は関わっていく。子どもによって生じる、混乱、ぶつかり合い、いらだちなどを十分に支え、関わることを通して、子どもの自我が芽生えていく。

そのときに特に気を付けなければならないのは、混沌から秩序を見出していくというプロセスは子どもが先導する、ということである。

この時期に生じる混乱や混沌は非常に大きなものなので、保育者がそれに耐えられないと、早く秩序のある状態に進ませよ

うと急がせることになりかねない。そしてそれは、子どもにとっても都合のよい状態である。保育者の都合と子どもの都合が重なるので、保育者主導での秩序づくりはスムーズに進みやすい。そうすると、こぢんまりとした秩序がつくられ、子どもの集団は、まとまりのある素直な状態になる。

　これは、一見するとよいことのようである。しかし、その秩序は子どもにとって与えられたものであり、主体的に獲得したものではない。

　食べることの失敗を避けるために、保育者が食べさせてあげるということを繰り返すと、こぼしたり汚したりすることのない食事風景がそこには現れる。その状態は子どもにとって安易であるので、そのまま持続する。そして、3歳を過ぎても、自分で食べようとする意欲に乏しく、促されないと食が進まないという状態になる。

　着脱においても、同様である。着替えをスムーズに進ませるために保育者が関わりすぎると、子どもは着替えさせてもらうことを当然に思い、受け身になってしまう。

　また、他者との関わりにおいてトラブルやいざこざがよく生じる。例えば次のようなエピソードを考えてみよう。

エピソード「自分のもの」

　ミナミ（2歳女児）とアキラ（2歳男児）は、少し離れた場所で、それぞれブロックを使って遊んでいる。そのようすを保育者は見守っている。

　アキラは、ミナミの近くにあったブロックに手を伸ばして取った。それに気づいたミナミは、アキラの手から取り返した。それをアキラがさらに取り上げようとして、トラブルになり、保育者が関わった。

　それぞれの言い分を聞いてみると、ミナミは自分のものと思っていたブロックを取られたので取り返そうとしたのであり、アキラはそのブロックはミナミから少し離れていたところにあったので、自分が使っていいと思って取ったことがわかった。それで保育者は、アキラにそのブロックで何をしたかったかを聞き、別のブロックではどうかと手渡したところ、アキラは受け入れた。それからしばらく、ミナミとアキラのブロッ

ク遊びはそれぞれ続いた。

このエピソードのようなことが、現場ではよく起こる。これをみるとわかるが、ミナミは自分のものを取られたので取り返そうとしたのであり、アキラは誰のものでもないブロックを使おうとしただけである。どちらも相手の存在に思いが及んでいないのでトラブルになったものである。

このようなトラブルを未然に防ごうとして、保育者が早めに介入することは好ましいことではない。子どもは、このようないざこざを通して、他者の存在を認識し、その関係の調整を自分なりに行おうとする。

それを保育者が避けようとして、子ども同士の関係を保育者が調節してしまうと、子どもたち自身で仲間をつくる意欲に乏しくなる。それは、ぶつかり合いのトラブルに対して、自分たちのもち合わせた力で何とか解決しようとする力を発揮させなくて済むということである。そうなると、子ども同士が表面的には仲よくしているが、自分たちから関わり合うというダイナミズムがみられなくなる。

このような状態になるのは、保育者が先回りをして子どもの世界を整えてしまうからである。その結果、子どもは、自分からはじめるという意欲の発現をかき立てられることがなくなり、自ら外部世界を認識しようとすることにも乏しくなる。

1歳以上3歳未満児の時期をこのように過ごしてしまうと、おとなしくて素直ないい子が、3歳になると現れてくる。意欲に乏しく、自分を発揮して活動する子どもの姿にはなりにくい。こうならないために、保育者は、子どもの混乱する時期を根底から支え、子どもが秩序を見出していくプロセスに、根気強く付き合っていく必要がある。

したがって、この時期の保育において、保育者が子どもを先導するのではなく、子どもの主体性を尊重し、日常の秩序をつくり上げていくプロセスを大切にすることが重要である。

4　3歳以上児の発育・発達をふまえた保育

(1)　この時期の発達の特性

　3歳以上児という時期の発達の特性について、保育指針、教育・保育要領には次のように記されている。

保育所保育指針　第2章　保育の内容
3　3歳以上児の保育に関するねらい及び内容
⑴　基本的事項　ア

幼保連携型認定こども園教育・保育要領
第2章　ねらい及び内容並びに配慮事項
第3　満3歳以上の園児の教育及び保育に関するねらい及び内容
　基本事項　1
　この時期においては、運動機能の発達により、基本的な動作が一通りできるようになるとともに、基本的な生活習慣もほぼ自立できるようになる。理解する語彙数が急激に増加し、知的興味や関心も高まってくる。仲間と遊び、仲間の中の一人という自覚が生じ、集団的な遊びや協同的な活動も見られるようになる。これらの発達の特徴を踏まえて、この時期の保育においては、個の成長と集団としての活動の充実が図られるようにしなければならない。

　ここには、基本的な動作の確立、基本的な生活習慣の自立、語彙の急増と知的な関心の高まり、仲間の形成などがあげられている。そして、自我が発達し、自分を外側からみる視点を獲得してくる。

　この時期は、日常の基本的な動作である、立つ、歩く、走る、跳ぶなどの行為において、複雑さが増してくる。

　日常の基本的な生活活動である、食事、排泄、着脱なども、ほぼ自立してくる。

また、語彙が急増し、文法構造も明確になり、言語の基礎部分が獲得されてくる。このことにともなって、表象機能を活用した行動が盛んになる。具体的には、この時期の前半は、具体物を使ったごっこ遊びが盛んに行われる。この時期の後半にかけては、抽象的な思考へと移行し、ルール遊びが現れてくる。

そして、他者との関わりにおいて、特定の存在、いわゆる友達が複数生じてくる。そのことによって、グループでの活動が活発化していく。

そのようなプロセスのなかで、自分の内側からだけの視点だけではなく、外側から自分を含む状況をとらえる視点が現れてくる。素朴ながらも、自分を客観視するという、いわゆる「**心の理論**」が発達してくる。

心の理論は、抽象的な思考を要求する。つまり、この時期は、抽象的な水準にまで、子どもの認識や思考が及んでいく。遊びでいうと、ごっこ遊びは、見立てるための具体物を必要とする。それがルール遊びになっていくと、ルールという抽象化された決まりに基づいて行動するようになる。その典型が鬼遊びである。鬼役は、鬼のマネをするのではなく、つかまえたり見つけたりする役であり、それは交替するものでもある。そこでは、特定の具体物ではなくルールを共通理解することによって遊びが成立する。

また、遊び以外の生活面でも、ルールを理解し、ルールを運用する姿が現れてくる。

> **心の理論**
> 自分以外の他者にも自分と同様の心理的メカニズムがあることを理解できるようになり、他者の心理を推測したり、他者の視点に立った理解をしようとするはたらき。そのためには、直接とらえることのできない他者の心を仮定し、客観視した自分の心と重ね合わせるという手続きが必要になる。

(2) この時期の発達をふまえた保育

3歳以上児の保育においては、集団での生活が主軸になる。もちろん子ども個人の主体性を尊重することを前提としてであるが、集団での生活が中心になる。その際、2つの集団の性質を混同しないようにすべきである。2つの集団とは、1つはクラスであり、もう1つは仲間である。

3歳以上児になると、クラスというものに認識が及んでいく。3歳以前であれば、自分のクラス名は、例えば「キリン組」などと知ってはいるが、それがどのようなものかというところまで認識はなかなか及ばない。

それが3歳以上児になると、クラスの枠に認識が届くように

なる。特に仲良しではないが、クラスのメンバーがいることを理解し始める。また、3歳未満児と比較すると、3歳以上児では、クラスの人数規模が大きくなるが、その全体像を把握できるようになる。

クラスという集団は、所与の集団である。所与の集団というのは、与えられた集団ということである。保育所や幼保連携型認定こども園において、子どもが親しみを感じられるようにと、クラス名をつけることが多い。キリン、ゾウ、パンダ、コアラなどの動物名や、キク、ユリ、コスモス、ウメなどの花の名前などをクラス名にしているところは多い。

しかし、子どもは、自分の好みの名前のクラスに在籍できるわけではない。どこまでも、どのクラスに在籍するかは、外的に定められる。つまり子どもに与えられるのである。

そして、「○○組さん、集まれぇ〜」というように、何かをするときの行動単位になることが多い。その意味で、クラスは機能集団でもある。

それに対して、仲間は、子どもたちが自ら形成する集団であり、その規模は少人数である。クラス集団が、15人、20人という規模になるのに対し、仲間は数人程度というのが一般的である。そして、誰と誰が仲間になるかというのは、外的な力で決定できるものではなく、子ども同士の関わり合いによって定まってくる。

その性質上、クラスは年度を通して同じメンバーであるが、仲間は、状況に応じて、メンバーの入れ替わりがある。

そして、仲間は、子ども自身が形成するものであるから、お互いの関係の調節にエネルギーを使う。いつでも同じように仲よくとはいかず、いざこざやトラブルが生じる。そしてこの時期は、子どもたち同士のダイナミズムを通して、お互いの関係を調節する力を育てていく。

このようなことを思慮して、保育者は、クラスという枠を、常に行動単位とすることがないような配慮が必要である。いつもクラス単位で行動していると、保育者は楽であるが、子どもは、仲よくなる、仲よしと一緒に動く、仲よしを維持するために調整する、という経験が乏しくなる。このことは、子ども自身の発達に大きなマイナスになりかねない。

またこの時期は、心の理論が発達してくる。心の理論の発達

は、抽象的思考と密接な関係がある。抽象的思考の例が、ルールの理解と運用である。例えば、順番がある。順番をつくる、順番を守るというのは、実社会においても重要なルールであるが、その基礎が育ってくるのもこの時期である。

■ エピソード「順番をつくる」

　カズキ（3歳男児）は、同年齢のなかでは、体格がよく、押しも強いタイプである。

　あるとき、保育所に新しい乗り物遊具が届いた。多くの子どもたちが乗りたがったが、2台しかない。5歳児が数人、先に乗ろうとしたり、乗っている子どもを押し出そうとしたり、しばらくもみ合いが続いた。

　そのうち、取り合いをしていると誰も乗れないことに気が付き、誰がいうでもなく、順番に乗ることになった。1人が園庭を一周したら交代するというルールである。珍しく、長い順番待ちができた。5歳児だけでなく、4歳児のなかにも加わる子が出てきたが、3歳児は圧倒されたのか、見ているだけであった。

　そこに3歳のカズキがやってきて、順番に並ばず、横合いから割り込んだ。待っている子どもは不満そうにしたが、3歳児のすることだからとでも思ったのか、そのままになり、カズキは園庭を得意げに一周した。

　一周したら降りて交代した。しかし、自分は好きなときに乗れるのだと思ったのか、もう1度横から割り込もうとした。しかし今度は、5歳児が、カズキを割り込ませなかった。ただ、自分たちはあくまでも順番に並んでいるだけでそれ以上のことはしない。カズキはもう一度割り込もうとしたが、やはり5歳児に阻まれる。

　とうとうカズキは泣き出した。いかにも相手が悪いと言わんばかりに、泣いている。「乗せてくれない」と大声で叫んだり、「○○ちゃんが泣かした」などと言って、自分の正当性を主張し続けた。保育者は、ずっと見ていて、ここは手を出すべきではないと判断し、カズキの言い分は聞いていたが、それを受け入れようとはしなかった。

翌日、同じように新しい乗り物の順番の列ができていた。2日目ということで、さほど長い列になっていない。そこに、カズキは並んでいた。そして、順番を待って乗り物に乗っていた。前日割り込んで乗ったときのような得意げな表情はなかったが、力では負ける5歳児が相手でも、順番に並べば同じように乗れるのだということに納得したのか、満足げにしていた。

　子どもが、ルールという抽象的なものをどのようにして獲得するかということが、このエピソードからうかがえる。順番に並ぶというルールを、保育者が教えるのではなく、子ども自身が並ぶことに納得がいけば、自分たちで順番の列をつくるのである。このエピソードの5歳児は、乗り物の奪い合いが何も益を生まないことに気づくと、解決の手段として順番の列をつくった。ここには、ルールの理解と運用がある。

　そして、3歳児のカズキが割り込んできたときに、1度は許したが、2度目は許さなかったところに、5歳児のルール運用の妙がある。3歳児という年下に対して、1度は割り込みを許して乗せてやったが、2度目はなかった。カズキは、自分の言い分が通らないことを憤っていたが、5歳児の厳然とした態度にあきらめざるを得なかった。そして順番を待てば乗せてもらえることを理解し、翌日は列に並んだのである。

　保育者は、トラブルが手に負えなくなりそうだったら介入しようと構えていたが、子どもたちのようすを見て待つことにした。そして、保育者が教えるのではなく、子ども同士のなかで生じたトラブルを自分たちなりに解決することによって、順番を待つということが理解され、身に付いていく。新しい乗り物遊具に乗る、という遊びを通して起きた出来事である。

　保育者は、見守り、必要とあれば関わっていく姿勢をもっていなければならない。ただ放任していたのでは、力の強いものが勝つということがまかり通る、弱肉強食の状態になりかねない。カズキの例でいえば、5歳児が、あいつは生意気だから絶対順番には並ばせないという態度に出たら、カズキは仲間外れにされ、泣き寝入りせざるを得なくなる。そうではなく、カズキの割り込みは許さないが、順番を守るのであれば列に並ばせ

るという意識が5歳児に育っていることを、保育者は認識する必要がある。

そして、カズキは、自分の行動が、5歳児という他者からどう見えているか、そのことが順番というルールとどう関係しているかに気づいていった。ここに、心の理論の育ちが垣間見える。

このように、子どもの育ちを見通しながら、保育者は関わることが重要なのである。

第3節　保育の展開

1　乳幼児の姿を見取りねらいを設定するとは

乳幼児の保育の特色は、その発達の特性をふまえながら、養護と教育が一体的に展開される点にある。保育所保育指針解説（以下、保育指針解説）によれば、保育所の場合、日々の保育の内容をより豊かにしていくためには、「子どもの傍らに在る保育士等が子どもの心を受け止め、応答的なやり取りを重ねながら、子どもの育ちを見通し援助していくことが大切である」とされている。また、すべての保育所における共通の保育の目標として、「子どもが現在を最も良く生き、望ましい未来をつくり出す力の基礎を培う」ことが明示されており、加えて入所児の保護者に対してもその援助にあたることとされている。

このことは、児童福祉の理念に基づく高い倫理観と豊かな人間性のもと、発達の過程をふまえた子どもの育ちや学びの姿を見取ることを可能とする専門職としての保育士の存在が求められていることを意味する。

(1)　保育士に求められる主要な知識および技術の理解

保育所保育の中核的な役割を担う保育士であるが、主要な知識および技術として以下のようなものが求められている。

　これらの知識や技術を日々蓄積し、かつ総動員しながら子どもの姿を的確に見取ることから保育は始まる。また、こうした専門的な知識や技術をもって、さまざまな状況にある子どもたち一人ひとりの育ちや学びを見取り、保育所における「保育の目標」の具現化をめざすべく、状況に応じた判断のもと子どもの保育と保護者への相談や助言などの支援を行うことが求められている。

(2)　保育の目標に関する理解

　では、「保育の目標」として何が掲げられているのか。以下に示す通り、保育指針の第1章　総則には、「子どもに対する保育の目標」と「保護者に対する子育て支援の目標」という、大きく2つの視点に基づき、その内容が示されている。「子どもに対する保育の目標」については、さらに「養護」という視

点と「教育」という視点からその目標が具体化されている。

保育所保育指針　第1章　総則

1　保育所保育に関する基本原則

(1)　保育の目標

ア　保育所は、子どもが生涯にわたる人間形成にとって極めて重要な時期に、その生活時間の大半を過ごす場である。このため、保育所の保育は、子どもが現在を最も良く生き、望ましい未来をつくり出す力の基礎を培うために、次の目標を目指して行わなければならない。

　　　　　　　　　　　　　　（＊子どもに対する保育の目標）

(ア)　十分に養護の行き届いた環境の下に、くつろいだ雰囲気の中で子どもの様々な欲求を満たし、生命の保持及び情緒の安定を図ること。

　　　　　　　　（＊「養護」＝「生命の保持」と「情緒の安定」

　　　　　　　　　　　　　　　　　　　　についての目標）

(イ)　健康、安全など生活に必要な基本的な習慣や態度を養い、心身の健康の基礎を培うこと。

　　　　　　　（＊「教育」＝発達の援助についての目標：健康）

(ウ)　人との関わりの中で、人に対する愛情と信頼感、そして人権を大切にする心を育てるとともに、自主、自立及び協調の態度を養い、道徳性の芽生えを培うこと。

　　　　　　（＊「教育」＝発達の援助についての目標：人間関係）

(エ)　生命、自然及び社会の事象についての興味や関心を育て、それらに対する豊かな心情や思考力の芽生えを培うこと。

　　　　　　　（＊「教育」＝発達の援助についての目標：環境）

(オ)　生活の中で、言葉への興味や関心を育て、話したり、聞いたり、相手の話を理解しようとするなど、言葉の豊かさを養うこと。

　　　　　　　（＊「教育」＝発達の援助についての目標：言葉）

(カ)　様々な体験を通して、豊かな感性や表現力を育み、創造性の芽生えを培うこと。

　　　　　　　（＊「教育」＝発達の援助についての目標：表現）

　1点目は、アに示されるように、6つの視点をふまえつつ、保育所保育における基盤ともなっている一人ひとりの子どもへの個別、援助的な関わりとしての養護的側面を重視することの必要性が明示されている。さらに、それぞれの項目を具現化していくためにも、養護は保育の環境の要件として位置づけられなければならないとされている。

　子どもによっては、1日8時間以上、なかには12時間近く保育所で生活する場合がある。まさに、その子どもの人格形成に大きな影響を及ぼす時期にあるだけに、生活時間の大半を保育所において過ごす子どもたちへの養護的な配慮については極めて重要な課題となっている。

　2点目は、イに示されているように、0歳児からの入園（入所）希望が増加するなど、子どもと保護者の生活環境の変化をふまえつつ、その関係性に配慮した援助の必要性が明示されている。

　例えば、女性の就労率の向上を背景に、都市部を中心に入園（入所）希望者が増加し、保育所への入所そのものが困難な地域が存在する。一方、少子化にともない過疎化が進行し、保育所などの統廃合が進んでいる地域など、子育ての文化そのものが継承されにくい社会状況が生まれている。子育て支援センターをはじめとする子育て支援関連施設などの普及も認められるが、子育てが社会と分断されている現実もあるなかで、多くの保護者が子育てに戸惑い、疲弊している実態も指摘されている。地域の最も身近な児童福祉施設である保育所への（幼保連携型認定こども園・幼稚園も同様）社会的な期待は高まるばかりである。

　このように、保育士には保育の目標を具現化していくために、保育士をはじめとする保育所で働く職員一人ひとりが先に述べた専門的な知識や技術をもって、かつ保育所全体として組織的に保育が展開されていくことへの期待がますます高まってきて

写真 4-1

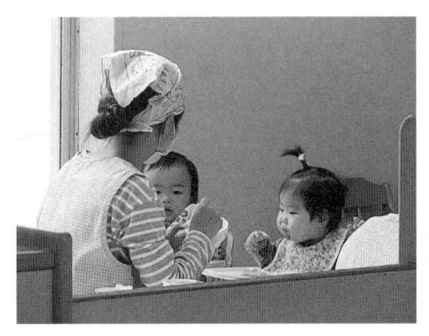

十分に養護の行き
届いた環境での食
事は子どもの心身
の健康を培う
（あすなろ保育園）

いる。そして、その具現化に向けた一つの手がかりとなるのが
保育指針第 2 章に示された「保育の内容」なのである（本章第
1 節参照）。

(3)　保育の内容に関する理解

　他章においても学んできたように、保育の目標をより具体的
に示したものが、保育指針「第 2 章　保育の内容」に示された
「ねらい」である。先述したように、ねらいは「子どもが保育
所において、安定した生活を送り、充実した活動ができるよう
に、保育を通じて育みたい資質・能力を、子どもの生活する姿
から捉えたもの」である。併せて示された「内容」とは、「子
どもの生活やその状況に応じて保育士等が適切に行う事項と、
保育士等が援助して子どもが環境に関わって経験する事項」が
示されたものである。さらに、「ねらい」と「内容」をふまえ
つつ、乳幼児期の発達をふまえた保育を行うにあたって留意す
べき事項として「内容の取扱い」が、それぞれに示されている。
　なお、「ねらい」についてはそれぞれ①～③の項目で示され
ており、おおよそ①「心情」（心が動くこと）、②「意欲」（自
分から何かをやろうとすること）、③「態度」（やってみた経験
から学ぶことの習慣化）に対応した表現になっている。ここで
は、「乳児保育に関わるねらい」、「1 歳以上 3 歳未満児の保育
に関わるねらい」、「3 歳以上児の保育に関わるねらい」を表
4-1 に示した。ぜひ確認してほしい。
　「ねらい」に示された子どもの姿が保障されているか、実際
の子どもの姿と照らし合わせながら、子どもの現在（いま）とこ
れからを見取り、さらなる育ちや学びにつなげていくためのね

表4-1　年齢別　保育に関するねらい

■乳児保育に関わるねらい

ア　身体的発達に関する視点「健やかに伸び伸びと育つ」　健康な心と体を育て、自ら健康で安全な生活をつくり出す力の基盤を培う。	(ア)　ねらい ①　身体感覚が育ち、快適な環境に心地よさを感じる。 ②　伸び伸びと体を動かし、はう、歩くなどの運動をしようとする。 ③　食事、睡眠等の生活のリズムの感覚が芽生える。
イ　社会的発達に関する視点「身近な人と気持ちが通じ合う」　受容的・応答的な関わりの下で、何かを伝えようとする意欲や身近な大人との信頼関係を育て、人と関わる力の基盤を培う。	①　安心できる関係の下で、身近な人と共に過ごす喜びを感じる。 ②　体の動きや表情、発声等により、保育士等と気持ちを通わせようとする。 ③　身近な人と親しみ、関わりを深め、愛情や信頼感が芽生える。
ウ　精神的発達に関する視点「身近なものと関わり感性が育つ」　身近な環境に興味や好奇心をもって関わり、感じたことや考えたことを表現する力の基盤を培う。	①　身の回りのものに親しみ、様々なものに興味や関心をもつ。 ②　見る、触れる、探索するなど、身近な環境に自分から関わろうとする。 ③　身体の諸感覚による認識が豊かになり、表情や手足、体の動き等で表現する。

■1歳以上3歳未満児の保育に関わるねらい

ア　心身の健康に関する領域「健康」　健康な心と体を育て、自ら健康で安全な生活をつくり出す力を養う。	(ア)　ねらい ①　明るく伸び伸びと生活し、自分から体を動かすことを楽しむ。 ②　自分の体を十分に動かし、様々な動きをしようとする。 ③　健康、安全な生活に必要な習慣に気付き、自分でしてみようとする気持ちが育つ。
イ　人との関わりに関する領域「人間関係」　他の人々と親しみ、支え合って生活するために、自立心を育て、人と関わる力を養う。	①　保育所での生活を楽しみ、身近な人と関わる心地よさを感じる。 ②　周囲の子ども等への興味や関心が高まり、関わりをもとうとする。 ③　保育所の生活の仕方に慣れ、きまりの大切さに気付く。
ウ　身近な環境との関わりに関する領域「環境」　周囲の様々な環境に好奇心や探究心をもって関わり、それらを生活に取り入れていこうとする力を養う。	①　身近な環境に親しみ、触れ合う中で、様々なものに興味や関心をもつ。 ②　様々なものに関わる中で、発見を楽しんだり、考えたりしようとする。 ③　見る、聞く、触るなどの経験を通して、感覚の働きを豊かにする。
エ　言葉の獲得に関する領域「言葉」　経験したことや考えたことなどを自分なりの言葉で表現し、相手の話す言葉を聞こうとする意欲や態度を育て、言葉に対する感覚や言葉で表現する力を養う。	①　言葉遊びや言葉で表現する楽しさを感じる。 ②　人の言葉や話などを聞き、自分でも思ったことを伝えようとする。 ③　絵本や物語等に親しむとともに、言葉のやり取りを通じて身近な人と気持ちを通わせる。
オ　感性と表現に関する領域「表現」　感じたことや考えたことを自分なりに表現することを通して、豊かな感性や表現する力を養い、創造性を豊かにする。	①　身体の諸感覚の経験を豊かにし、様々な感覚を味わう。 ②　感じたことや考えたことなどを自分なりに表現しようとする。 ③　生活や遊びの様々な体験を通して、イメージや感性が豊かになる。

ア　心身の健康に関する領域「健康」 健康な心と体を育て、自ら健康で安全な生活をつくり出す力を養う。	（ア）　ねらい ①　明るく伸び伸びと行動し、充実感を味わう。 ②　自分の体を十分に動かし、進んで運動しようとする。 ③　健康、安全な生活に必要な習慣や態度を身に付け、見通しをもって行動する。
イ　人との関わりに関する領域「人間関係」 他の人々と親しみ、支え合って生活するために、自立心を育て、人と関わる力を養う。	①　保育所の生活を楽しみ、自分の力で行動することの充実感を味わう。 ②　身近な人と親しみ、関わりを深め、工夫したり、協力したりして一緒に活動する楽しさを味わい、愛情や信頼感をもつ。 ③　社会生活における望ましい習慣や態度を身に付ける。
ウ　身近な環境との関わりに関する領域「環境」 周囲の様々な環境に好奇心や探究心をもって関わり、それらを生活に取り入れていこうとする力を養う。	①　身近な環境に親しみ、自然と触れ合う中で様々な事象に興味や関心をもつ。 ②　身近な環境に自分から関わり、発見を楽しんだり、考えたりし、それを生活に取り入れようとする。 ③　身近な事象を見たり、考えたり、扱ったりする中で、物の性質や数量、文字などに対する感覚を豊かにする。
エ　言葉の獲得に関する領域「言葉」 経験したことや考えたことなどを自分なりの言葉で表現し、相手の話す言葉を聞こうとする意欲や態度を育て、言葉に対する感覚や言葉で表現する力を養う。	①　自分の気持ちを言葉で表現する楽しさを味わう。 ②　人の言葉や話などをよく聞き、自分の経験したことや考えたことを話し、伝え合う喜びを味わう。 ③　日常生活に必要な言葉が分かるようになるとともに、絵本や物語などに親しみ、言葉に対する感覚を豊かにし、保育士等や友達と心を通わせる。
オ　感性と表現に関する領域「表現」 感じたことや考えたことを自分なりに表現することを通して、豊かな感性や表現する力を養い、創造性を豊かにする。	①　いろいろなものの美しさなどに対する豊かな感性をもつ。 ②　感じたことや考えたことを自分なりに表現して楽しむ。 ③　生活の中でイメージを豊かにし、様々な表現を楽しむ。

保育所保育指針解説をもとに那須作成。

らいを設定していく必要がある。

（4）　幼児教育を行う施設として共有すべき事項に関する理解

　保育所をはじめ、幼保連携型認定こども園においては、0歳より保育の特質としての養護と教育が一体的に行われている。これに加え、幼稚園も含めたわが国の就学前の保育施設においては、等しく「幼児教育」が営まれる施設としての位置づけが明確化されている。いずれも、幼児教育において育みたい子どもたちの3つの資質・能力として、「知識及び技能の基礎」「思考力、判断力、表現力等の基礎」「学びに向かう力、人間性等」と明示され、小学校以降の学校教育をも貫く柱として定義され

ている(図4-9)。具体的には、表4-2に示す通りである。

　そして、第2章に示された5つの各領域における「ねらい及び内容」に基づいて展開される保育活動全体を通じて、これら3つの資質・能力が幼児期の終わりごろには具体的にどのような姿として立ち現れるか、子どもの育ちや学びの方向性をとらえる視点として「幼児期の終わりまでに育ってほしい姿」が明示されている(図4-10)。

　これらをふまえ、乳幼児期から幼児期の終わりまでに至る一人ひとりの子どもの育ちや学びの姿を見取り、その軌跡をたどりながら、幼児教育という観点からとらえたねらいの設定が必要とされている。

　以上、本項において学んできたように、実際の保育にあたっては、保育士に求められる主要な知識および技術の理解に努めながら、保育の目標をはじめ、保育の方法を学びつつ、まずは乳幼児の姿を見取るための視点の理解と実践力を培っていく必要がある。

図4-9　幼児教育において育みたい資質・能力

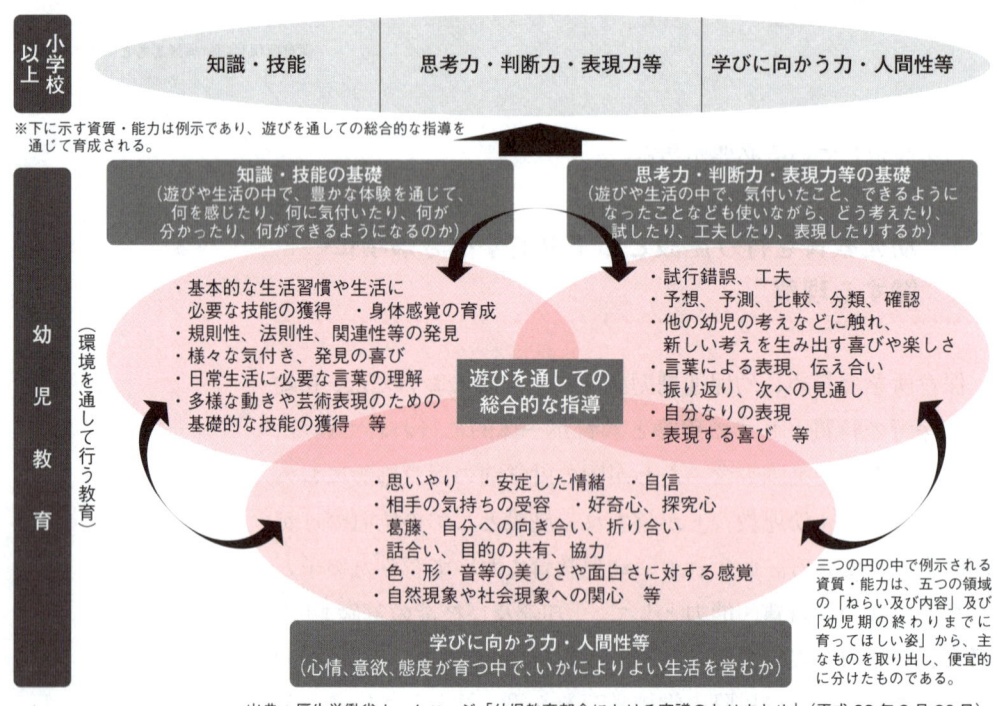

出典：厚生労働省ホームページ「幼児教育部会における審議のとりまとめ」（平成28年8月26日）。

表 4-2　幼児期に育みたい資質・能力の基礎

知識及び技能の基礎	遊びや生活のなかで豊かな体験を通じて、子どもが自ら感じたり、気づいたり、分かったり、できるようになったりすること
思考力、判断力、表現力等の基礎	遊びや生活のなかで気づいたことや、できるようになったことなどを使いながら、子ども自身が考えたり、試したり、工夫したり、表現したりすること
学びに向かう力、人間性等	心情、意欲、態度が育つなかで、よりよい生活を営もうとする

那須作成（2019）

図 4-10　幼児期の終わりまでに育ってほしい姿

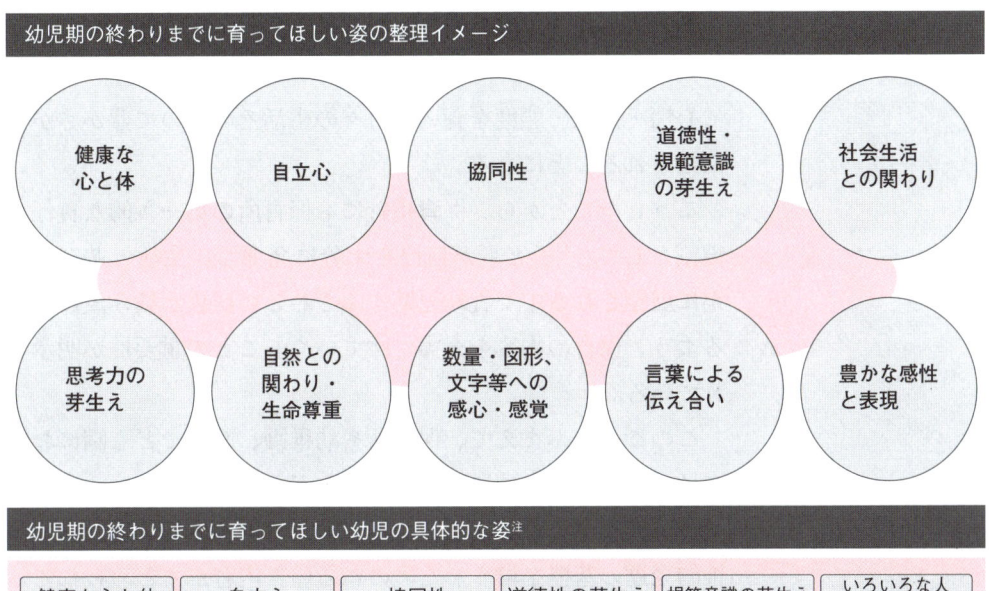

幼児期の終わりまでに育ってほしい姿の整理イメージ

健康な心と体　自立心　協同性　道徳性・規範意識の芽生え　社会生活との関わり

思考力の芽生え　自然との関わり・生命尊重　数量・図形、文字等への感心・感覚　言葉による伝え合い　豊かな感性と表現

幼児期の終わりまでに育ってほしい幼児の具体的な姿[注]

| 健康な心と体 | 自立心 | 協同性 | 道徳性の芽生え | 規範意識の芽生え | いろいろな人とのかかわり |
| 思考力の芽生え | 自然とのかかわり | 生命尊重・公共心等 | 数量・図形・文字等への関心・感覚 | 言葉による伝え合い | 豊かな感性と表現 |

注「幼児期の教育と小学校教育の円滑な接続の在り方について（報告）」（平成22年11月11日）に基づく整理。

出典：厚生労働省ホームページ「幼児教育部会における審議のとりまとめ」（平成28年8月26日）。

2　遊びと生活

（1）　遊びを通しての総合的な保育

　子どもにとって遊びは生活そのものであり、生活のなかでさまざまな人やもの、ことに触れながら遊びが生まれ、育まれていくことになる。同時に、子どもはその遊びを通してさまざま

写真 4-2

乳幼児期からの豊かな遊びのなかで資質・能力の基礎
が育まれる（すぎのこ保育園）

に心情・意欲・態度を養い、日々の生活そのものに豊かさがも
たらされることになる。

こうしたことから、保育指針にも保育所の第一義的な責任と
役割として、「子どもが自己を十分に発揮し、生活と遊びが豊
かに展開される中で乳幼児期にふさわしい経験が積み重ねられ
るよう、保育の内容を充実させていく」ことの重要性が明示さ
れている。

このことをふまえて、保育所や幼稚園、認定こども園におい
ては、子どもの発達過程に着目しながら、乳児期には「生活や
遊びが充実することを通して子どもたちの身体的・社会的・精
神的発達の基盤を培う」ためのねらいと内容がまとめられてい
る。また、3歳未満児・3歳以上児においても、子どもの実際
の姿に鑑みながら、保育の「ねらい」「内容」「内容の取扱い」
を意識しつつ、生活や遊びを通しての総合的な指導のなかで、
一体的に資質・能力を育んでいくことをめざす必要がある。

(2) 育みたい資質・能力をプロセスとしてとらえる

幼児期において育みたい資質や能力は、なにも幼児期になら
なければ育めないということではない。すでに乳児期より、子
どもたちは身の回りの環境に関わりながら、経験を通して、さ
まざまな資質や能力の獲得をしていく能動的な存在である。

写真 4-2 を見てほしい。まもなく2歳を迎えようとしてい
る子どもたちである。担当の保育士の話によれば、この日は近

表4-3 育みたい資質・能力をプロセスとしてとらえる

① （知識・技能の基礎）	② （思考力・表現力等の基礎）	③ （学びに向かう力）
豊かな体験を通じて、感じたり、気づいたり、分かったり、できるようになったりする	気づいたことや、できるようになったことなどを使い、考えたり、試したり、工夫したり、表現したりする	心情、意欲、態度が育つなかで、よりよい生活を営もうとする
気づく・感じる 心が動く	やってみようとする やり続けようとする	心を動かしやり続けようとするなかで自己肯定感が育まれる
心情	意欲	態度

出典：相馬靖明「保育施設経営者・リーダーのための指針、要領改訂セミナー」研修会資料、2017年。

くの田んぼに散歩に出かけることになったとのこと。子どもたちが水たまりを見つけると、さまざまな水たまりとの関わり合いが生まれることになったという。

　写真左端のAくんと右端のBちゃんは、手に稲穂を持ち、それぞれ水たまりをかき混ぜて遊んでいる。一方、写真左から2番目のCくんは左手に石ころを持って水たまりに投げては水しぶきをたてることに熱中している。少々見えにくいが、Bちゃんの奥にはもう一人Dちゃんがおり、Dちゃんは直接自分の手を水たまりに入れて、水の感触を楽しむかのように遊んでいる。この年齢における発達の姿からも、遊びが深く交わることはなかったようであるが、この場面を表4-3にある、資質・能力の育ちのプロセスを心情・意欲・態度の育ちと関連づけながらとらえてみたい。ここでは写真左のAくんを対象に、担当保育士の話をもとに考えてみよう。

　①Aは田んぼ脇に溜まった水たまりに気づき、何かを感じ、心が動いたと思われる。（心情）

　②散歩の途中でひろった稲穂を手に、水たまりを触ろうと関わり始める。（意欲）

　③その後、真剣な表情で何度も何度も繰り返しその感触を確かめるように稲穂で水たまりをかきまわしていた。（態度）

　極めて単純な事例ではあるが、日常の生活や遊びが資質・能力の基礎を培う契機となることを確認できる。もちろん、①から③に向かう一方向的な変化ばかりではい。①〜③の間を行きつ戻りつしながら子どもたちは自らの内にさまざまな資質・能力の基礎を獲得していく。まさに、こうした日常の繰り返しが、

写真 4-3

砂粒に混じる宝石探しか
ら好奇心や探究心が芽生
え、主体的・対話的で深
い学びが生まれる
（すぎのこ保育園）

子どもたちのさまざまな資質・能力を育む契機となっており、子どもの育ちや学びを保障していくという観点からも、こうした契機を生み出せる生活や遊びのための環境を意図的かつ計画的に構成していくことも重要となる。まさに、専門職としての保育者の大切な働きと言えよう。

　では、同様に写真 4-3 を見ながら、あなたもこの 2 人の男児のなかにどのような資質・能力が育まれているのか（あるいは、今後育まれていくのか）、考えてみてほしい。ちなみに、この写真は、年長組男児たちによる「宝石さがし」の一場面である。手のひらに乗る小さな粒は、男児たちが拾い集めた園庭の砂粒に混じる丸みを帯びたガラスなどである。この真剣なまなざしに注目しながら、資質・能力の育ちのプロセスとして語ってみてほしい。

　本項の(1)「保育士に求められる主要な知識および技術の理解」においても触れたが、保育士には「保育所内外の空間やさまざまな設備、遊具、素材などの物的環境、自然環境や人的環境を生かし、保育の環境を構成していく知識および技術」や「子どもの経験や興味や関心に応じて、さまざまな遊びを豊かに展開していくための知識および技術」の修得ならびに実践していく力が求められる。ゆえに、保育士は、その専門職性から遊びのもつ保育・教育的な意味や価値を常に問い続けていく姿勢が求められているといえる。

3 保育の環境

(1) 環境を通して行う保育

　保育所保育の基本原則の一つに「環境を通して行う保育」の重要性が位置づけられている（保育指針「第1章　総則」「1保育所保育に関する基本原則」のイ）。各施設の保育の環境は、保育所保育の目標を具現化すべく、それぞれの所在する地域の特性を背景にもちつつ、その場で保育にあたる保育者のさまざまな知恵や工夫が凝縮されたものだといえる。

写真 4-4

子ども理解をふまえた保育者の知恵や工夫が凝縮された乳児のための環境（おおぎ第二保育園）

写真 4-5

園庭環境にも、子どもの遊びを広げるさまざまな玩具や道具、自然物などが用意されている
（中村学園大学付属あさひ幼稚園）

前節で学んできたように、乳幼児期の子どもは、日々の生活のなかで自らの興味や関心、欲求に基づいて周囲にある環境に能動的に関わりながら、また直接的な体験を通して成長発達を遂げる存在である。とりわけ集団での生活のなかで、保育者をはじめとする人的環境の存在は大きな意味をもつ。子ども一人ひとりの家庭生活や発達過程をふまえながら、計画的に保育の環境を整え、また、ねらいや意図をもちながら計画的に環境を構成していくことが重要だとされている。

　写真 4-4 ～ 4-9 を見ても明らかなように、保育の環境には、保育者のさまざまな願いや意図が組み込まれていることがわかる。

(2)　環境を通して行う保育のための留意事項

　保育における環境とは、園舎をはじめとするさまざまな設備や遊具などの物的な環境、自然や社会の事象のみならず、保育士やその他の職員、子どもなどの人的環境も含まれており、人・物・場が相互に関連し合ってつくり出されていくものとされる。

　保育指針第 1 章の 1 の(4)には、「保育の環境」をとらえていくうえで留意すべき視点が次のように示されている。

保育所保育指針　第 1 章　総則

1　保育所保育に関する基本原則

(4)　保育の環境

　保育の環境には、保育士等や子どもなどの人的環境、施設や遊具などの物的環境、更には自然や社会の事象などがある。保育所は、こうした人、物、場などの環境が相互に関連し合い、子どもの生活が豊かなものとなるよう、次の事項に留意しつつ、計画的に環境を構成し、工夫して保育しなければならない。

ア　子ども自らが環境に関わり、自発的に活動し、様々な
　　経験を積んでいくことができるよう配慮すること。

イ　子どもの活動が豊かに展開されるよう、保育所の設備
　　や環境を整え、保育所の保健的環境や安全の確保などに
　　努めること。

> ウ　保育室は、温かな親しみとくつろぎの場となるととも
> に、生き生きと活動できる場となるように配慮すること。
> エ　子どもが人と関わる力を育てていくため、子ども自ら
> が周囲の子どもや大人と関わっていくことができる環境
> を整えること。

　その発達過程に応じて、自然や社会の事象を含む人的環境・物的環境のもとで、子ども一人ひとりが自己を十分に発揮し、自発的・意欲的に活動を展開していくなかで、上記の点に留意しながら、健全な心身が育まれるような環境の構成が保育者に求められているのである。

(3)　資質・能力を育む環境

　先述した通り、日常の何気ない遊びのなかにも、子どもがそれまでの遊びや生活体験のなかで得たさまざまな資質・能力が現れている。そこを見逃すことなく、保育者はさらにその資質・能力が育まれ、発揮できるような環境を再構成していく役割を担うのである。

　例えば、写真 4-6 を見てほしい。野菜等の栽培をとおして植物の生長（いのち）を肌で感じられるようにとの願いが込められた環境である。さて、写真 4-7 は「きゅうりじょうぎ」と呼ばれるきゅうり計測用の定規である。花からようやく実になったばかりの小さなきゅうりが次々ともぎ取られてしまい、もう少し実が大きくなるまで待ってから収穫してほしいとの保育者側の願いから考案された定規である。「この定規に描かれたきゅうりの絵よりも大きく（長く）なったら収穫してもよい」ということを、子どもたちにもわかりやすく伝えることのできる道具で、この道具が整えられて以降、子どもたちはこの定規を片手に毎日のようにきゅうりを観察するようになったという。こうして子どもたちは、遊びのなかで「長さ」という単位の存在に気づくことになる。

　次に、写真 4-8 を見てほしい。年長組男児たちによる水遊びの場面である。ホースの中に水が入っており、中央に見える2人の男児が勢いよくホースの中に息を吹き込んでは、水の動

写真 4-6

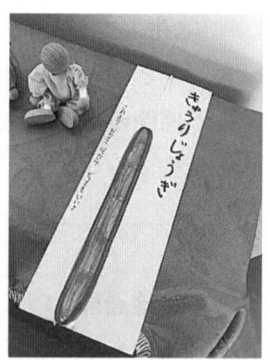

写真 4-7

主体的・対話的で深い学びをもたらすミラクルスケール「きゅうりじょうぎ」
（阿久根めぐみ子ども園）

写真 4-8

遊びは学びへとつながる
（中村学園大学付属あさひ幼稚園）

きを見ながらどちらの吐く息が強いかを競争している。最終的に左側のEくんの吐く息の力が勝り、右側のFくんはその後びしょ濡れになってしまったというエピソードである。このエピソードも年長児らしい協同性を発揮した遊びであるが、小学校の学習指導要領第4学年の理科「(1) 空気と水の性質」の内容には、次のように記載されている。

ア　次のことを理解するとともに、観察、実験などに関する技能を身に付けること。

（ア）　閉じ込めた空気を圧すと、体積は小さくなるが、圧し返す力は大きくなること。

（イ）　閉じ込めた空気は圧し縮められるが、水は圧し縮められないこと。

　このように、子どもたちの遊びは、当然のことながら小学校

写真 4-9

りんごという対象物に五感をとおして関わり、友達と対話しながら各々のイメージとして内在化されたりんごのありのままを表現していく（かせい森のおうち）

での学習内容にもつながっているものであり、保育者としては、小学校以降の教育につながる見通しをもとうとする姿勢も必要となってくる。本書に掲載されている写真から、どのような資質・能力が育とうとしているのか、ぜひ考えてみてほしい。

このように、保育者は子どもが環境と相互に関わりながら成長・発達していくことをふまえ、子どもからのはたらきかけに応じて変化したり、周囲の状況によってさまざまに変わっていったりする「豊かで応答性のある環境」の構成に努めなければならない。また、その環境とのやり取りのなかで、見る・聞く・触る・嗅ぐ・味わうなどの諸感覚を十分にはたらかせる経験が可能となる環境の構成を考え、試し、他の保育者や子どもとともに再構成していく力が求められる（写真 4-9）。

4　保育の計画と評価

(1)　保育の過程に基づく計画と評価の必要性

これまで学んできたように、保育という営みは、子ども一人ひとりの発達を見通しながら「計画とそれに基づく養護と教育が一体となった保育の実践を、保育の記録等を通じて振り返り、評価した結果を次の計画の作成に生かすという、循環的な過程を通して行われるもの」（保育指針解説「第1章　総則」「3 保育の計画及び評価」）とされている（図 4-11）。

図 4-11 に示すように、異なる一人ひとりの子ども理解に基づきながら指導や援助の計画を立て、それらを実践し、同僚と

図 4-11　保育の過程

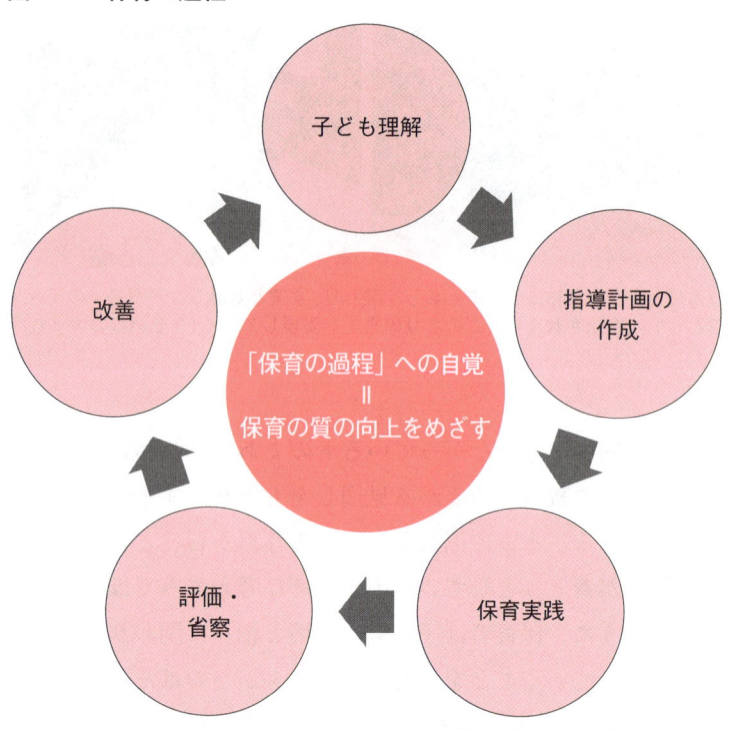

出典：保育所保育指針をもとに那須作成（2019）。

の対話のなかで評価や「省察」を繰り返し、振り返りながら改善し続けていくこと。そこに期待される保育の質の向上をめざして取り組み続けること。それが「保育の過程」の深化につながる。もちろんこのことは、幼稚園や認定こども園においても同様である。

　こうした一連の保育の過程を全職員が共有し、日々展開される保育を充実させ、子ども一人ひとりの育ちや学びを保障していくことは保育者の社会的役割であり、専門職としての使命である。そして、その計画や評価は、子どもの最善の利益を保障していくという観点から行われる必要がある。

(2)　保育を「計画」するということ
―全体的な計画と指導計画

　保育の過程を重視する保育においては、各施設の保育の方針や目標に基づきつつ、子どもの発達過程をふまえながら保育の目標を達成することが期待されている。そのために各施設は「保

育所の生活の全体を通して、総合的に展開されるよう、全体的な計画を作成しなければならない」(保育指針「第1章　総則」)とされている。

　とはいえ、どんなに緻密な計画を立てたとしても、子どもの実態に即さない計画には意味がないし、専門職としての倫理にも反する。もちろん、1人の保育者ができることには限界がある。集団での生活が前提となる施設において、一人ひとりの子ども理解を充実させるということはおそらく永遠の課題だといえる。しかし、保育者一人ひとりのこうした保育におけるジレンマとの闘いは、保育の質を向上させるために重要な契機となっているのもまた事実である。

❶保育の「全体的な計画」とは

　保育指針の第1章に示される「全体的な計画」は、「子どもの最善の利益の保障を第一義とする保育所保育の根幹を示すものであり、指導計画やその他の計画の上位に位置付けられる」(保育指針解説「第1章　総則」「3　保育の計画及び評価」「(1)全体的な計画の作成」)ものである。あわせて、国が示す児童福祉法や関連する法令、保育指針や教育要領などに示された国の方針のもと、毎年入所から就学までの在籍期間の全体にわたって、各施設の保育の方針や目標に基づき作成される保育の全体像を包括的に示したものである。つまり、指針などに示された保育の目標を達成していくために、どのような道筋をたどりながら養護と教育を一体的に展開していくのかを示す道標となるものである。

　具体的な記載内容としては、各施設の保育の目標や保育理念のもと、それぞれの年齢の育ちにおいて重視されている「ねらい」や「内容」、そのもとで育つ「子どもの姿」が記載される場合など、さまざまである(表4-4)。

　全体的な計画における保育のねらいと内容については、保育指針「第1章　総則」「2　養護に関する基本的事項」および「4　幼児教育を行う施設として共有すべき事項」、「第2章　保育の内容」に示されている内容を参考にしてほしい。保育指針解説によれば各施設(保育者)は、「乳幼児期の発達過程に沿って、それぞれの時期の生活や遊びの中で、子どもは主にどのような体験をしていくのか、またどのような援助が必要になるのかを

表 4-4　全体的な計画

			0　歳	1　歳	2　歳
保育の目標			健やかで明るく、豊かな感性を持った子どもを育てる		
年齢			0　歳	1　歳	2　歳
ねらい	養護		・保健、安全に配慮された環境と見守りの中で健康な生活リズムをつくっていくようにする。	・保育者との安定した関わりの中で、自分の気持ちや欲求を表せるようになる。	・子どもの発達過程に応じて適度な運動と休息をとることができるようにする。
	教育		・一人ひとりの子どもの働きかけを踏まえた応答的な触れ合いや言葉かけによって欲求が満たされ、安定感をもって過ごす。	・自分でしようとする気持ちをもち、少しずつできるようにする。	・保育者と一緒にごっこ遊びや模倣遊びを楽しみ、友だちとの関わりをひろげていく。
内容	養護	生命の保持　情緒の安定	・生理的欲求が十分に満たされ、快適に生活できるようにする。 ・自分の気持ちを安心して表し周囲から主体として育ち、自分を肯定する気持ちが育れていくようにする。	・健康で安全に過ごせるようにする。 ・安定感をもち過ごせるようにする。 ・一人ひとりの子どもがくつろいで共に過ごし、心身の疲れが癒されるようにする。	・食事、排泄、衣類の着脱、身の回りを清潔にすることなどについて、子どもが意欲的に生活できるよう適切に援助する。
	教育	☆身体的発達に関する視点　社会的発達に関する視点　精神的発達に関する視点 　／　健康　人間関係　環境　言葉　表現	・伸び伸びと体を動かし、はう、歩くなどの運動をしようとする。 ・個々の子どもの体の状態を細かく観察し、疾病や異常の発見に努め、適切に対応する。 ・乳児体操等を通して個々の子どもの発達を援助する。 ・安心できる関係の下で、身近な人と共に過ごす喜びを感じる。 ・落ち着いた雰囲気で抱いたりあやしたり、語りかけたりして保育士との関わりを深めていく。 ・個々の生理的欲求を充分に満たし気持ちの良い生活ができるようにする。 ・一人ひとりの生活リズムに応じて安心して眠れる環境を整える。 ・子どもからの働きかけを踏まえた応答的な触れ合いや言葉かけによって欲求が満たされ、安定感を持って過ごす。 ・室内外の温度、湿度に留意して快適に過ごせるように整える。 ・体の動きや表情、発声、喃語等への応答を通じて言葉の理解や発語の意欲が育つ。 ・子どもに優しく語りかける。 ・玩具や身の回りのものを、つまむ、つかむ、たたく、引っ張るなど、手や指を使って遊ぶ。 ・保育士が歌うわらべうたによって、安心感を持ち、リズムに合わせて手足や身体を動かして楽しむ。	・身体感覚が育ち、快適な環境に心地良さを感じる。 ・保育士等の愛情豊かな受容の下で、生理的・心理的欲求を満たし、心地良く生活する。 ・乳児体操等を通して個々の子どもの発達を適切に促す。 ・保育士等や周囲の子ども等の安定した関係の中で、共に過ごす心地良さを感じる。 ・子どもに優しく語りかけたり、歌いかけたり、泣き声や喃語に応え保育士とのやり取りを楽しむ。 ・温かく受容的な関わりを通じて、自分を肯定する気持ちが芽生える。 ・安全で活動しやすい環境での探索活動等を通して、見る、聞く、触れる、嗅ぐ、味わうなどの感覚の働きを豊かにする。 ・身の回りの物に触れる中で、形、色、大きさ、量などの物の性質や仕組みに気づく。 ・保育士等の応答的な関わりや話しかけにより、自ら言葉を使おうとする。 ・親しみを持って日常の挨拶に応じる。 ・わらべ歌を歌ったり、歌や音楽に合わせて手足を動かして、体の動きを楽しむ。 ・水、砂、土、紙、粘土など様々な素材に触れて楽しむ。 ・簡単な手遊びや全身を使う遊びを楽しんだりする。	・健康、安全な生活に必要な習慣に気づき、自分でしてみようとする気持ちが育つ。 ・食事や午睡、遊びと休息など、保育園における生活のリズムが形成される。 ・走る、跳ぶ、登る、押す、引っ張るなど全身を使う遊びを楽しむ。 ・身の回りに様々な人がいることに気づき、徐々に他の子どもと関わりをもって遊ぶ。 ・保育士等の仲立ちにより、他の子どもとの関わり方を少しずつ身につける。 ・保育園の生活の仕方に慣れ、きまりがあることや、その大切さに気づく。 ・玩具、絵本、遊具などに興味を持ちそれらを使った遊びを楽しむ。 ・身近な生き物に気づき、親しみを持つ。 ・近隣の生活や季節の行事などに興味をもつ。 ・絵本や紙芝居を楽しみ、簡単な言葉を繰り返したり、模倣をしたりして遊ぶ。 ・保育士とごっこ遊びをする中で、言葉のやり取りを楽しむ。 ・保育士に対して困ったことを言葉に表すように教えていき、なぜ、どうして、などの質問に応えていく。 ・保育士等からの話や、生活や遊びの中での出来事を通して、イメージを豊かにする。 ・生活や遊びの中で、興味のあることや経験したことなどを自分なりに表現する。
	食育		・個人差に応じて授乳を行い、離乳を進めていく中で、様々な食品に少しずつ慣れ、食べることを楽しむ。	・食前、食後に手や口の周りを綺麗にする。 ・自分でスプーンを持って食べようとする。	・様々な食品や調理形態に慣れ、ゆったりとした雰囲気の中で食事や間食を楽しむ。
健康及び安全			・子どもの心身の状態に応じて保育するために、子どもの健康状態並びに発育及び発達状態について、定期的・継続的に、また、必要に応じて随時、把握すること。 ・防火設備、避難経路等の安全性が確保されるよう、定期的にこれらの安全点検を行うこと。		【子育て支援】・各地域や家庭の実態等を踏まえると互の信頼関係を基本に保護者の自 ・保護者とは子どもの日々の様子の伝解を図るよう努め、保護者の状況にの福祉が尊重されるよう努め、子ど

☆身体的発達に関する視点「健やかに伸び伸びと育つ」、社会的発達に関する視点「身近な人と気持ちが通じ合う」、精神的発達に関する視点「身近なも

	家庭・地域との連携	・一人ひとりの子どもの状況や家庭及び地域社会での生活の実態を把握すること。 ・家庭と協力しながら、子どもの発達過程等に応じた適切な生活のリズムがつくられていくようにする。	
	3　歳	**4　歳**	**5　歳**
	・基本的生活習慣がほぼ身に付き、自分のことは自分でできようにする。	・健康的で安全な環境をつくって一人ひとりの欲求を十分に満たし、生命の保持と情緒の安定を図るようにする。	・いろいろな経験を通して、社会生活に必要な基本的習慣や自主性、協調性を身に付け思いやりや感謝の心を持って、充実感を味わえるようにする。
	・友だちとの関わりの中で、相手の気持ちに気づくなどの社会性が育つ。	・いろいろなことに興味・関心を持ち自らやってみようとする。	・生活や遊びの中で言葉による伝えあいをしたり、感じたことや考えを表現する。 ・自然、社会事象などへの興味、関心の深まりをもつ。
	・清潔で安全な環境を整える。 ・一人ひとりの子どもの生活リズム、発達過程、保育時間などに応じて活動内容のバランスや調和を図りながら適切な食事や休息がとれるようにする。	・家庭と協力しながら、子どもの発達過程に応じた適切な生活のリズムがつくられていくようにする。 ・一人ひとりの子どもの気持ちを受容し、共感しながら子どもとの継続的な信頼関係を築いていく。	・清潔で安全な環境を整え適切な援助や応答的な関わりを通して子どもの生理的欲求を満たしていく。 ・一人ひとりの子どもが主体的に活動し自発性や探索意欲などを高めるとともに自分への自信をもつことができるよう成長の過程を見守り適切に働きかける。
	・保育士等や友だちと触れあい、安定感をもって行動する。 ・健康な生活のリズムを身に付ける。 ・様々な活動に親しみ、楽しんで取り組む。 ・自分で考え、自分で行動する。 ・自分の思ったことを相手に伝え、相手の思っていることに気づく。 ・友達と積極的に関わりながら喜びや悲しみを共感しあう。 ・生活の中で、様々なものに触れ、その性質や仕組みに興味や関心をもつ。 ・自然など身近な事象に関心をもち、取り入れて遊ぶ。 ・身近なものを大切にする。 ・したり、見たり、聞いたり、感じたり、考えたりなどしたことを自分なりに言葉で表現する。 ・生活の中で必要な言葉がわかり、使う。 ・親しみをもって日常の挨拶をする。 ・生活の中で美しいものや心を動かす出来事に触れ、イメージを豊かにする。 ・いろいろな素材に親しみ、工夫して遊ぶ。 ・様々な出来事の中で、感動したことを伝えあう楽しさを味わう。	・身の回りを清潔にし、衣服の着脱、食事、排泄などの生活に必要な活動を自分でする。 ・子どもとの信頼関係を築き、自分の気持ちや考えを安心して出すことができる環境をつくり、情緒の安定を図る。 ・進んで戸外で遊ぶ。 ・友だち同士で簡単なルールをつくり、共に遊びを発展するのを見守る。 ・いろいろな遊びを楽しみながら物事をやり遂げようとする気持ちをもつ。 ・友だちとの関わりを深め、思いやりをもつ。 ・季節により自然や人間の生活に変化のあることに気づく。 ・身近な物や遊具に興味を持って関わり自分なりに比べたり、関連づけたりしながら考えたり、試したりして工夫して遊ぶ。 ・日常生活の中で数量や図形などに関心をもつ。 ・したいこと、してほしいことを言葉で表現したり、分からないことを尋ねたりする。 ・人の話を注意して聞き、相手にわかるように話す。 ・様々な出来事の中で、感動したことを伝え合う楽しさを味わう。 ・いろいろな素材に親しみ、工夫して遊ぶ。 ・音楽に親しみ、歌を歌ったり、簡単なリズム楽器を使ったりするなど楽しさを味わう。	・保育園における生活の仕方を知り、自分たちで生活の場を整えながら見通しをもって行動する。 ・自分の健康に関心をもち、病気の予防など必要な活動を進んで行う。 ・危険な場所、危険な遊び方、災害時などの行動の仕方がわかり、安全に気を付けて行動する。 ・良いことや悪いことがあることに気づき、考えながら行動する。 ・友だちと楽しく生活する中できまりの大切さに気づき、守ろうとする。 ・共同の遊具や用具を大切にし、皆で使う。 ・日常生活の中で、我が国や地域社会における様々な文化や伝統に親しむ。 ・日常生活の中で簡単な標識や文字などに興味をもつ。 ・生活に関係の深い情報や施設などに興味や関心をもつ。 ・いろいろな体験を通じてイメージや言葉を豊かにする。 ・絵本や物語などに親しみ、興味をもって聞き、想像をする楽しさを味わう。 ・日常生活の中で、文字などで伝える楽しさを味わう。
	・保育士等や友だちと食べることを楽しみ、食べ物への興味や関心を持つ。 ・スプーンを正しく持ち食事する。	・スプーンと箸を使い分けながら食事し徐々に箸に移行していく。 ・簡単な配膳をする。	・箸のみで食事する。 ・マナーを守り、一定時間内に食べる意識をもつ。
共に保護者の気持ちを受け止め、相己決定を尊重する。 達や収集、説明などを通じて総合理配慮した個別の配慮を行い、子どもの生活の連続性を考慮する。	小学校との連携	・保育が小学校以降の生活や学習の基盤の育成に繋がるように、小学校へ見学訪問を行ったり、小学校教師との意見交換や実習体験を実施する等、円滑な接続ができるようにする。	

のと関わり感性が育つ」

出典：中村学園大学付属おひさま保育園　平成 30 年度「全体的な計画」。

明らかにすること」を目的として、全体的な計画が作成されていく。

このように、全体的な計画や教育課程は、保育所や幼稚園・こども園などでの生活全体における子どもの育ちについて、長期的な見通しをもって作成されるものでなくてはならない。作成にあたっての留意点については、「全体的な計画作成の手順」として、次の通り示されている。

保育所保育指針解説　第1章　総則
　3　保育の計画及び評価
全体的な計画の作成の手順について(参考例)
1. 保育所保育の基本について、職員間の共通理解を図る。
・児童福祉法や児童の権利に関する条約等、関係法令を理解する。
・保育所保育指針、保育所保育指針解説の内容を理解する。
2. 乳幼児期の発達及び子ども、家庭、地域の実態、保育所に対する社会の要請、保護者の意向などを把握する。
3. 各保育所の保育の理念、目標、方針等について職員間の共通理解を図る。
4. 子どもの発達過程を長期的に見通し、保育所の生活全体を通して、第2章に示す事項を踏まえ、それぞれの時期にふさわしい具体的なねらいと内容を、一貫性をもって構成する。
5. 保育時間の長短、在籍期間の長短、その他子どもの発達や心身の状態及び家庭の状況に配慮して、それぞれにふさわしい生活の中で保育目標が達成されるようにする。
6. 全体的な計画に基づく保育の経過や結果について省察、評価し、課題を明確化する。その上で、改善に向けた取組の方向性を職員間で共有し、次の作成に生かす。

なお、全体的な計画の作成にあたっては、施設長の責任のもと、全職員が参画しながら作成の過程に関わり、共通理解と協力体制を生み出すための対話のもとに作成されることが肝要で

ある。

❷指導計画とは

　「指導計画」は、全体的な計画や教育課程のもと、園生活に対する長期的な見通しをもって作成されるものである。また、日々の保育を展開していくうえでの方向性を示すものであり、その実践に直接関わる具体的な計画のことである（図4-12）。

　指導計画には、各施設の創意工夫が認められるが、一般的に長期的なものと短期的なものが存在する。

1）長期的な指導計画

　「長期的な指導計画」には、①「年間指導計画」、②「期間（期別）指導計画」、そして③「月間指導計画」が存在する。いずれも、子どもの発達過程や個人差をふまえながら作成されるものである。全職員による対話に基づく検討を重ねながら、とりわけ職員間における子ども理解の視点や保育実践の展開のあり様について共通理解を図るうえで重要な位置づけとなる。

①年間指導計画

　1年間にわたる子どもの発達や生活を見通しながら作成するものが「年間指導計画」である。一般的に、年度始まりの4月から翌年3月までの期間を見通して立案・作成される。各年齢の発達の特徴をふまえながら、個々の子どもの育ちや学びを見通しながら作成されるものである。

図4-12　保育所における「全体的な計画」と「指導計画」の関係性

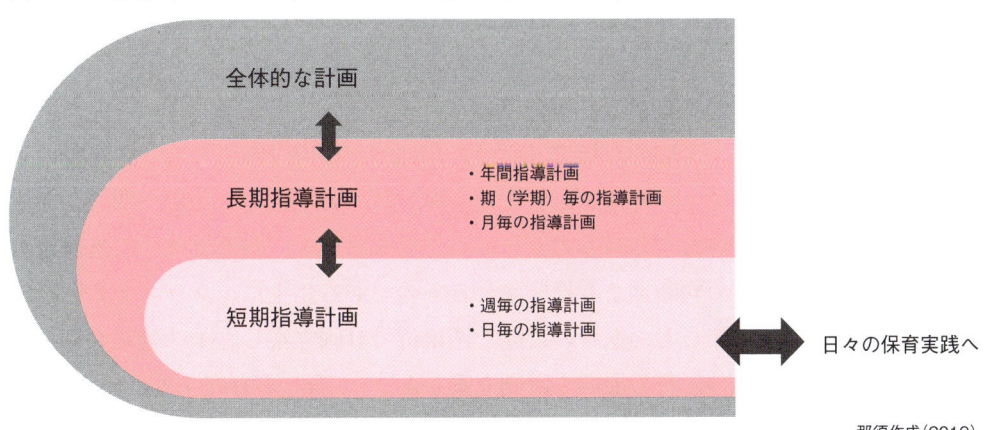

那須作成（2019）

園生活をおくる子どもの育ちや学びを保障するために、年間を通して、おおよそ想定される「子どもの姿」や「主な発達の特徴」をもとに、その時期にふさわしい「ねらい」と「内容」をもって保育にあたることに見通しをもつことを可能とするための計画となる。具体的な内容としては「環境構成」や「保育者の援助」「家庭や地域との連携」「食育」「小学校との連携」「特に配慮すべき事項」などの項目が記載されている場合が多い。

②期間（期別）指導計画
　年間指導計画のもと、1年間を子どもの発達や生活の節目に当たる部分でいくつかの期間に分けて作成する「期間（期別）指導計画」が存在する。期間の区切り方には、各施設の工夫が見受けられるが、通常3期から4期程度に区切られた期間が存在する。何より子どもの成長発達に配慮しながら、それぞれの時期にふさわしい保育が計画されることになり、施設ごとの保育の特色が現れる計画となる。

③月間指導計画
　期間（期別）指導計画に示された子どもの育ちの姿をふまえながら、1か月にわたる子どもの生活に見通しをもって作成する計画のことである。当該月の行事予定や季節感などにも配慮しつつ、この時期に経験してほしい活動内容について作成するものである。月間指導計画の記載項目であるが、主に「子どもの姿」や「ねらい」「内容」「環境構成」「予想される子どもの活動」「保育者の援助」、そのほか「当該月の行事」「家庭・地域社会との連携」「小学校との連携」などが一般的であるが、特定の決まりはなく、各施設の工夫が求められている。

2）短期的な指導計画
　短期的な指導計画は、長期的な指導計画のもと、各年齢の子どもの発達をふまえながら、個々の子どもの興味や関心、あるいはその時々のクラスの状況に基づき、各クラスの担当保育者の判断により作成されるものである。主に、クラスあるいは学年ごとの保育の展開を週単位で計画立案した①「週案」や日々の保育の展開を計画立案した②「日案」が存在する。いずれも、1日の生活に見通しをもちながら、個々の子どもの生活のリズ

ムに配慮した具体的な指導計画となる。

①週案

　月案に基づきながら、その週の(あるいは前の週の)子どもの
ようすを振り返りながら作成される指導計画である。個々の子
どもや子どもたちの生活のようす、遊びの実際をとらえつつ、
保育者の願いとともにねらいや内容を考え、生活や遊びの連続
性を重視しながら作成されるものである。

　これもまた書式はさまざまであり、記載内容も主に「経験し
てほしい活動内容」や「環境構成」「保育者による援助」を中
心に、「活動に必要な準備物」「家庭への連絡事項」「行事」な
ど多岐にわたり、1週間にわたる見通しのもとに作成される。

②日案

　週案に基づきながら、直近の数日間の子どもや環境の状況を
ふまえながら、登園から降園に至る保育の流れや内容を具体的
に計画し、作成したものが日案である。時系列に沿って立案さ
れる場合が多く、その日の保育の「ねらい」や「内容」「環境
構成」のほか、「予想される子どもの活動」や「保育者の援助」
「配慮事項」などが記載される。予定されている活動に必要な「準
備物」や「家庭への連絡事項(配付物)」「雨天時の配慮」など
も記載される場合がある。

　最近では、週案と日案の機能を併有する「週日案」も作成さ
れており、日々の保育を1週間という流れのなかで視覚的・構
造的にとらえられるような配慮もなされている。

5　保育の記録と評価
　　PDCA サイクルによる保育の創造

(1)　記録の意義

　前項では、子ども理解に基づく計画作成の意義、さらには、
多面的で累積的な計画に基づく保育実践の重要性について学ん
だ。さて、その計画のもとに展開される日々の保育実践である
が、「個別性が強く、不確定要素が大きく、ライブで展開し、

表4-5　年間指導計画

【年間目標（育みたい子どもの姿）】
・日常生活に必要な態度や習慣を身につけられるようにする。
・様々な経験を通して、友だちとの関わりを深める。
・身近な自然や社会の事象に興味・関心を持ち、発見を楽しみ、経験を通して豊かな感性を育む。
・自分でできることに自信を持ちながら生活をし、考えて行動する。

期			1期（4月〜6月）	2期（7月〜8月）
行事			健康診断　保育参観　親子歓迎遠足　芋苗植え 歯科検診　尿検査　クラス懇談会　運動能力測定 プール開き　誕生会　身体測定　避難訓練	夏祭り　交通安全教室　個人面談 誕生会　身体測定　避難訓練
ねらい	養護		・新しい環境に慣れ、生活の仕方を知り、安心して過ごせるようにする。	・衣服着脱の機会が増え、準備や片付けが効率よく行えるようにする。
	教育		・好きな遊びを見つけ、友だちや保育士と一緒に遊ぶ楽しさを味わう。	・夏ならではの遊びを楽しみ、全身で伸び伸びと活動する。
内容	養護	生命の保持　情緒の安定	・食事、睡眠、着脱等、生活しやすいように動線を整え、必要に応じて援助をする。 ・一人ひとりを見つめ、気持ちを受け止め、共感しながら、継続的な信頼関係を築いていく。	・適度な休息を摂りながら、健康に過ごせるように努める。 ・保育士との信頼関係のもと、自分の思いを伝えられるように働きかけていく。
	教育	健康・人間関係・環境・言葉・表現	・生活の仕方がわかり、自分でできることはすすんでしようとする。 ・戸外で体を動かし、伸び伸びと遊ぶ。 ・友だちや保育士に親しみを持ち、一緒に遊ぶことを楽しむ。 ・経験したことを遊びに取り入れ、友だちと遊ぶ。 ・身近な自然に触れ、興味を持つ。 ・様々な教材の使い方を知り、身につけ、正しく使えるようになる。 ・日常生活に必要な言葉が分かるようになる。 ・親しみを持って日常の挨拶する。 ・してほしいことや困ったことなどを伝えられるようになり、分からないことを尋ねる。 ・絵本や紙芝居の読み聞かせを楽しみにし、色々な物語にふれる。 ・のり、クレパス、粘土などさまざまな素材を使い描いたり、作ったりすることを楽しむ。 ・リズムに合わせて体を動かす楽しさを味わう。	・汗をかいたら拭く、着替える等の快適に過ごす方法を知り、健康に生活できるようにする。 ・プール遊び等、夏ならではの遊びをダイナミックに体を動かして楽しむ。 ・マットや鉄棒、跳び箱等の用具を使い体を動かして遊ぶ。 ・友だちとのかかわりを深め思いやりの気持ちを持つ。 ・共同の遊具や用具を大切にし、譲り合う気持ちを持つ。 ・泥や水の感触を楽しみ、試したり、工夫をしながら遊ぶ。 ・玩具を大切に扱い、片付けを行う。 ・経験した事や考えた事などを自分なりの言葉で表現する。 ・友だちや保育士の話に興味や関心を持ち、親しみを持って聞こうとする。 ・歌や曲に合わせて、体を動かして楽しむ。 ・身近にあるいろいろな素材や用具に親しみ、描いたり、作ったりすることを楽しむ。
	食育		・スプーンと箸を併用して食事をする。 ・決まった席で、友だちと楽しく食事をする。 ・植物の栽培を通して、自然に興味、関心を持つ。（さつまいも、ピーマン、トマト等）	・自分で量を調節して、残さず食べようとする。 ・夏野菜の育つ様子を見て、興味を持ち、食材への関心を深める。

【家庭・地域との連携】　　　　　　　　　　　　　　　　　　　　　　　　　　　　　　【評価・反省】
・連絡帳や毎日の送迎時に子どもの姿を話し、成長を喜び合う機会を積極的に持つ。
・園外保育に出掛け、挨拶を交わしたりする中で、地域の人との交流を持つ。

	園長		主任		担任	

3期(9月～12月)	4期(1月～3月)

運動会　運動能力測定　芋掘り　収穫祭　秋の遠足
給食試食会　おひさまシアター　健康診断　誕生会
身体測定　避難訓練

・行事に向けての活動を通して、友だちと一緒に取り組む楽しさを味わえるようにする。

・様々な活動に意欲的に取り組み、やり遂げる達成感や喜びを味わう。

・体を十分に使って活動できるように、安全な保育環境を整えるようにする。
・自分ができることを自信をもって取り組めるように、見守り、働きかける。

・様々な遊びの中で、十分に体を動かす。
・様々な活動に親しみ、楽しんで取り組めるようになる。
・気候に合わせた衣服の調節ができるようになる。
・自分なりの目標をもって、活動に取り組む。
・自分の思いを伝え、友だちの思いに気付き、受け入れられるようになる。
・友だちと協力して取り組む楽しさを知り、達成感や充実感を味わう。

・自然に触れ、美しさや不思議さに気付き、それらを使って遊ぶ楽しさを味わう。
・身近な公共施設や交通機関に興味や関心をもつ。

・集まり等での発表を通して、自分の思いを分かりやすく伝えられるようになる。
・物語に親しみ、自分のイメージを動きや言葉で表現する事を楽しむ。
・わらべうた等を通して、言葉の面白さを知り、楽しむ。
・音楽に親しみ、歌を歌ったり、リズムに合わせて踊ったりし、表現することを楽しむ。

・芋掘りや収穫祭を通して、食べ物の大切さに気付き、関わってくれた人に感謝の気持ちを持つ。
・簡単な調理活動を体験し、食への関心を深める。

保育参観　節分祭　お別れ遠足　お別れ会
卒園式　クラス懇談会　進級式　誕生会
身体測定　避難訓練

・身の回りのことを自分でできるようになり、自信をもって生活できるようにする。

・友だちと協力して取り組む楽しさを知り、仲間意識を深める。

・子どもの自立心を育て、主体的に生活する中で見通しを持った行動ができるようにする。
・自信をもって取り組む姿を認め、自己肯定感が育まれるようにする。

・戸外ですすんで遊ぶ。
・進級することに期待感を持ち、意欲的に生活をする。
・自分の健康に関心を持ち、うがい、手洗いの大切さを知り、丁寧に行う。
・していいこと、悪いことが分かり、安全に気を付けて行動する。
・友だちの良さに気付き、一緒に活動する楽しさを味わう。
・友だちと一緒に工夫したり、協力しながら、遊びを発展させる。
・異年齢児との関わりを楽しむ。
・日常生活の中で数量や図形、文字に関心を持つ。

・絵本や物語にふれたり、言葉遊びを通して、イメージや言葉を豊かにする。

・様々な経験を通して感じたことを、伝え合ったり、描いたりすることで表現する楽しさを味わう。

・一定時間で食事が出来るようになる。
・食事の仕方が身に付き、友だちと一緒に楽しく食事する。

出典：中村学園大学附属おひさま保育園(4歳児　ぱんだ組)「平成 30 年度年間指導計画」。

一般化が困難である[*1]」という特徴をもつ。

　保育者は、日々、こうした特徴を有する保育という営みのなかで、子どもが生み出す多様な活動の瞬間瞬間に向き合うことになる。保育指針「第1章　総則」には、「保育士等は、保育の計画や保育の記録を通して、自らの保育実践を振り返り、自己評価することを通して、その専門性の向上や保育実践の改善に努めなければならない」と明示されている。

　子どもの姿やその時々の環境構成など「事実」を記録していくことは、何より保育者が自らの計画に基づいた実践を可視化し、客観化・相対化していくことであり、記録という行為を通して自らの保育を振り返るということは、保育者としての専門的力量を形成していくことに他ならない。まさに、振り返りの素材として活用できるのが記録であり、振り返りを通して、その日の保育の成果とともに保育中には気づかなかった点、理解が不足していた点などへの気づきにつながる「省察」を生み出すものとなる。省察は、子どもの言動や行為に対するより深い理解をもたらし、自らの保育の改善や環境構成への工夫につながるきっかけを与えてくれるものである。実践しつつ考え、考えつつ保育に取り組むことへ保育者を誘うのである。

　記録を行う際には、主に2つの視点を意識しておく必要がある。1つは、子どもに焦点を当てながら、生活や遊びのときの具体的なようすを思い返してみる視点である。もう1つは、1日の保育やある一定期間の保育について、保育者自らが設定したねらいや内容、環境構成や子どもとの関わりなどが適切であったかについて見直そうとする視点である。双方の視点をふまえて記録することによって、子どもと保育者が織りなす日々の相互作用の内実が見えてくるようになり、さらに発展させればよい点、具体的な改善が求められる点が明らかになってくる。そのことが次の日の、次の期間、あるいは次の年度の保育を充実させていく指導計画へとつながり、保育の質の向上が図られていくのである。

　こうした保育の過程を意識し、絶えず省察していくなかでもたらされる保育の質の向上のもと、子どもの健全な育ちや学びを保障していくところに保育専門職としてのはたらきが存在する。

(2) 記録の種類と方法

　保育に関わる記録には、各施設の創意工夫が認められるものが多く、実にさまざまな様式のものが存在する（表4-6）。内容的にみれば、主に、保育実践に関わる記録と施設の運営管理に関わる記録が存在する。

　近年では、デジタルカメラやデジタルビデオ、タブレット型端末やインターネットなどの普及にともない、より簡易に、多彩な表現による保育の記録の作成や当事者間（保育者同士・保育者と保護者・保育者と子ども・保護者同士・子ども同士）での共有が可能となってきている。一方、保育の記録に関する業務量の増大も認められる。こうした流れを受けて業務に関する省力化の議論もなされており、ICT化を進めながらの改善が徐々に進んできている。

　平成30（2018）年9月、厚生労働省より提示された「保育所等における保育の質の確保・向上に関する検討会」による「中間的な論点の整理」においては、「ノン・コンタクトタイム」の確保による記録作成、会議や園内研修の実施に向けた時間確保のための体制や仕組みづくりへの言及もなされている。デジタル機器への対応もまた、保育者にとって重要な課題となっている。

表4-6　保育に関わる記録（参考例）

保育実践に関わる記録	施設運営管理に関わる記録
・全体的な計画（保育所・認定こども園）	・保育所児童保育要録（保育所）
・教育課程（幼稚園）	・幼保連携型認定こども園園児指導要録（幼保連携型認定こども園）
・指導計画	・幼稚園幼児指導要録（幼稚園）
・保育日誌	・出席簿
・個人記録（エピソード記録）	・園日誌
・1日のようす	・身体測定記録
・お便り帳（連絡帳）	・健康診断記録
・園だより	・歯科検診記録
・学年だより	・安全管理チェック票
・クラスだより	・衛生管理チェック票
・保健だより	・消防点検票
・食育だより	・園内、園外研修記録　　　　　　など
・ドキュメンテーション　　　　　　など	

那須作成（2019）

（3） PDCA サイクルを援用した保育の質の向上

　こうした記録を活用しながら、各施設における人材育成を基盤とした保育の質の向上が期待されている。第1章第4節でも紹介した「PDCA サイクル」は、こうした施設内の人材育成や保育の質の向上を実現していくために援用されるマネジメント手法の一つである。一連の流れは、「子ども理解に基づく計画(Plan)」→「保育実践(Do)」→「反省・評価(Check)」→「改善(Action)」とされ、この循環的な保育の過程が繰り返されることにより保育の質の向上をめざす仕組みとして位置づけられている（図4-13）。

　では図4-13を、日常の保育に置き換えて考えてみよう。

　まずは、(P)「子どもの育ちや学びの実態をふまえた仮説としての計画」が作成され、(D)「環境への十分な配慮や子どもが必要とする援助をともなう実践」が展開されることになる。前項で学んださまざまな保育の記録などを活用しながら、次に(C)「実践に基づいた反省・評価の実施、「省察」による保育実践の振り返り」が行われる。この時、問題や課題だけを明らかにすることが目的ではない。むしろ、自らの保育で得られた子

図4-13　PDCA サイクルを援用した保育評価モデル

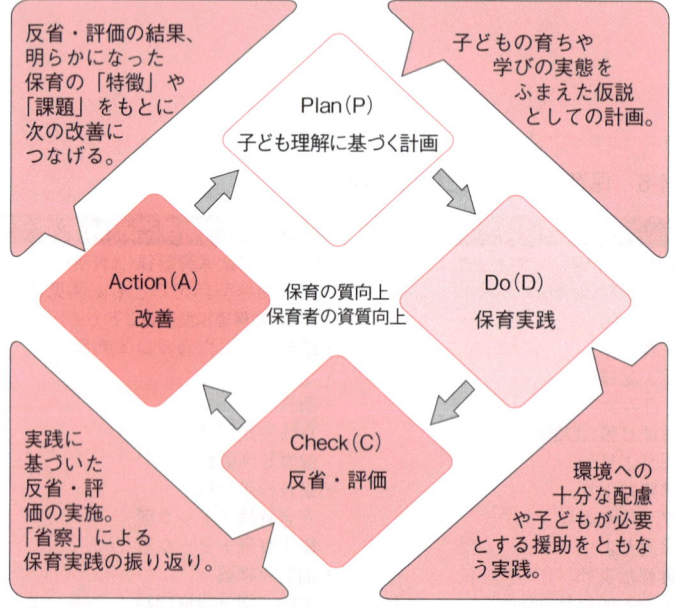

出典：那須信樹「保育における計画の意義」『新・基本保育シリーズ13　教育・保育カリキュラム論』千葉武夫・那須信樹編、中央法規出版、2019年、9頁。

図 4-14　PDCA サイクルモデルと保育の全体的な計画との関連性

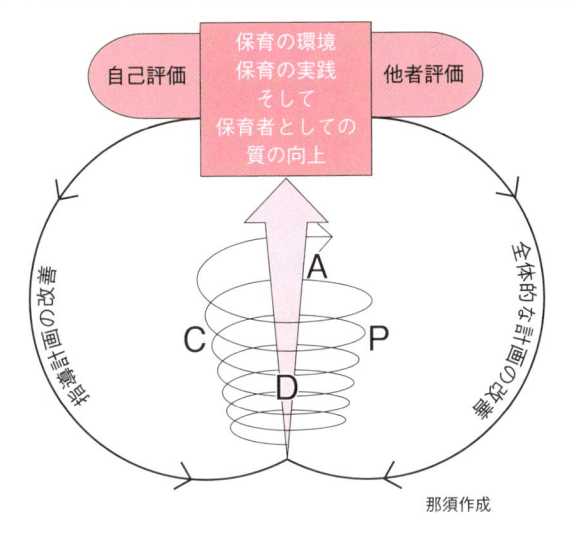

那須作成

どもの姿の変化やそれにともなう保育環境の変化など、その成果は何であったのか。自分のよかったところや強みは何であるのかについても自覚的になる必要がある。

そのうえで(A)「反省・評価の結果、明らかになった保育の特徴や課題をもとに次の改善につなげる」ことを意識し、保育者をはじめとする職員全員が子どもに対する理解を深め、さらに次の保育の計画再編成につなげていくという考え方である。

この一連の流れをらせん状に積み重ねながら、絶えず保育の質の改善を図っていく。そのことを通して、指導計画の改善をしていき、全体的な計画や教育課程の見直しにもつなげていくことが肝要である(図 4-14)。

(4)　保育の評価

保育を評価することは、保育者自らがその専門性の向上および保育の質の向上を図っていくうえで必須の取り組みである。自己評価や施設外の関係者、または第三者による評価をふまえて、自らの専門性の向上、保育の質の向上に努めることを目的として行われるものである。ここでは主に 3 つの側面から、保育の評価について考えてみたい。

❶自己評価

保育者が行う自己評価には、①「保育者が個々に行うもの」と②「施設全体で組織的に行うもの」の2つがある。

「保育者が個々に行う」自己評価とは、前項で学んできたように、保育の記録を通して計画とそれに基づく自らの保育実践を振り返ることである。併せて、職場内の保育者や保護者との連携や協働が十分に図られてきたかなどについても継続的に検証しつつ、自らの保育の特長や課題に気づいていく必要がある。

一方、「施設全体で組織的に行う」自己評価とは、職員間の対話を軸としながら、保育者が個々に行う自己評価をふまえつつ、職員全体で自園の特長や課題を共有しながら、保育の計画や運営のあり方などについて評価を行うことである。施設外の専門家を交えたカンファレンスやワークショップも組織的な自己評価を促すうえで有効な取り組みである。また、園内研修などの取り組みによる自己評価は、職員間の新たな対話を生み出し、学び合う姿勢へと変化していく。そこに組織的な保育力の向上も期待できる。

保育所においては、保育所における「自己評価ガイドライン」を参考にしながら自己評価に取り組まれている。

❷第三者評価

社会福祉法第78条「福祉サービスの質の向上のための措置等」を根拠に、当該施設とは直接関係をもたない中立・公正な専門家や機関によって行われる評価である。その意義は、第1に、第三者評価受審前の自己評価に職員一人ひとりが主体的に参画することで、職員の意識改革と同僚性を高め、協働体制を構築していく点にある。第2に、第三者評価の受審は子どもの福祉を担いつつ、幼児教育を行う公的な施設としての社会的責任であり、保護者や地域住民への評価結果の報告や意見交換などにより、その協働体制をより強固なものにしていく点にある。

❸学校関係者評価

幼稚園、幼保連携型認定こども園などを含む「学校」で行われる評価を学校関係者評価と呼ぶ。幼稚園の場合、学校教育法ならびに学校教育法施行規則により、「幼稚園の教育活動その他の幼稚園の運営の状況について自己評価を行い、その結果を

公表すること」と定められている。さらに、「幼稚園設置基準」や「幼稚園における学校評価ガイドライン」の内容を基準に、保護者を含む地域住民などの学校関係者で構成される評価委員会を組織し、「学校関係者評価」を実施し、その結果について公表するよう努めることが規定されている。

　日常の記録をふまえた多様な評価の意義をふまえつつ、個人で、また組織において評価に取り組んでいくことは、保育の質の維持・向上につながる第一歩である。自律的な保育専門職として組織的な評価を行いつつ、子どもの豊かで健やかな育ちを守り、支え、高めることのできる保育の機会を保障していくことが求められている。

第4節　個と集団の育ちと保育士の関わり

1　子どもを1人の人間として尊重する

　保育者の専門性は、すべて一人ひとりの「子どもの最善の利益」の尊重に根ざすとともに、その実現を目的としている。「最善の利益」の「最善」とは子どもにとっての「最善」を表し、それを最も大切なこととして追求する姿勢であり、言葉や行いもそこを基盤として判断しなければならない。特に重要なことは、次の事項である。

○子どもの最善の利益と保育者の専門性
1. 子どもの人権を守るための法的・制度的な裏づけとなる「児童福祉法」「児童憲章」「子どもの権利条約」などについて理解すること。
2. 子どもを取り巻く家庭や地域の環境を踏まえ、生まれてから成人にいたるまでの発達を長期的視野でとらえながら、現在(いま)の福祉の増進を図ること。

出典：全国保育士会ホームページ「全国保育士会倫理綱領学習シート」。

　保育の場が集団であっても、子どもを集団としてとらえるのではなく、一人の個としてとらえ、一人の人間として尊重する。すなわち、保育者は、子ども目線で考え、子どもが主体的・意欲的に活動できるよう、一人ひとりの発達に応じた援助を通して心身ともに健やかに育つように関わる。

　このことは、保育指針「第1章　総則」にも以下のように記載されている。

保育所保育指針　第1章　総則

1　保育所保育に関する基本原則

(5)　保育所の社会的責任

ア　保育所は、子どもの人権に十分配慮するとともに、子ども一人一人の人格を尊重して保育を行わなければならない。

　また、保育指針第1章総則では「2　養護に関する基本的事項」が示されている。個と集団の育ちは、在籍の長期化、長時間保育といった実態を鑑みるとき、改めて養護を基盤とした保育実践であると保育士は意識することが大切である。「(2)養護に関わるねらい及び内容」の「ア　生命の保持」の「(ア)ねらい」には次のように示されている。

保育所保育指針　第1章　総則

2　養護に関する基本的事項

(2)　養護に関わるねらい及び内容

ア　生命の保持

(ア)ねらい

①　一人一人の子どもが、快適に生活できるようにする。

②　一人一人の子どもが、健康で安全に過ごせるようにする。

---

③　一人一人の子どもの生理的欲求が、十分に満たされるようにする。

④　一人一人の子どもの健康増進が、積極的に図られるようにする。

（下線は筆者）

また、「イ　情緒の安定」の「（ア）ねらい」と「（イ）内容」には次のように示されている。

イ　情緒の安定

（ア）　ねらい

①　一人一人の子どもが、安定感をもって過ごせるようにする。

②　一人一人の子どもが、自分の気持ちを安心して表すことができるようにする。

③　一人一人の子どもが、周囲から主体として受け止められ、主体として育ち、自分を肯定する気持ちが育まれていくようにする。

④　一人一人の子どもがくつろいで共に過ごし、心身の疲れが癒されるようにする。

（イ）　内容

①　一人一人の子どもの置かれている状態や発達過程などを的確に把握し、子どもの欲求を適切に満たしながら、応答的な触れ合いや言葉がけを行う。

②　一人一人の子どもの気持ちを受容し、共感しながら、子どもとの継続的な信頼関係を築いていく。

③　保育士等との信頼関係を基盤に、一人一人の子どもが主体的に活動し、自発性や探索意欲などを高めるとともに、自分への自信をもつことができるよう成長の過程を見守り、適切に働きかける。

④　一人一人の子どもの生活のリズム、発達過程、保育時間などに応じて、活動内容のバランスや調和を図りながら、適切な食事や休息が取れるようにする。

（下線は筆者）

では、「個と集団の育ちと保育士の関わり」を考えるとき、具体的に一人ひとりを大切にするとは、どのようなことを示すのか。保育所(こども園)には、さまざまな家庭背景の子どもが在籍し、登園してくる。0歳から就学までの6年、7年近く在籍する子どももいれば、3歳から在籍する子どももいる。早出7時から延長19時までの長時間保育を毎日受ける子どももいれば、9時から14時までの子どももいる。保育所(こども園)の保育は、保育所(こども園)の生活時間だけではなく、家庭との緊密な連携が必要である。保育士は、子どもの生活実態をまるごと受け止めつつ、全体として育つ時期であることを考えた関わりが大切である。特に毎日12時間近く保育所(こども園)で過ごす子どもは、養護の視点を大切にすることが求められる。保育士は、「集団のなかの自分」であるとともに、「個としての自分」という子どもの存在を忘れてはならない。クラス集団として10人子どもがいたならば、10人の保育所(こども園)の生活があり、10人の家庭生活があるということである。一人ひとりの生活が尊重されてこそ、保育所(こども園)の生活は始まる。保育士にとっての「個と集団の育ちと保育士の関わり」ではない。むしろ、保育士の関わりによって「個の育ち」も「集団の育ち」も変わってしまうという自覚こそ専門性として学ばなければならない点である。ここでは、子どもと生活をする保育士の関わりにも言及する。

2　個と集団の育ちの過程と保育実践

　保育は、「環境を通して」と言われる。子どもの育ちの過程は、まわりの世界(人・もの・こと)に関わるという「関係性の発達」によって、まわりの世界(人・もの・こと)を知る「認識の発達」につながる。では誰が関わるのか、誰が知るのかというとき、その軸こそが「自己(自分)」という個になる。すなわち、子どもは自己の育ちとともにまわりの「人・もの・こと」と関わりながら、まわりの世界を「知る」ことになる。そしてまた、周囲を知りながら集団のなかにおける「ぼくって」、「わたしって」という「自己」と向き合うことになる。個と集団の育ちの過程は切り離せない関係なのである。

　赤ちゃんとして生を受け、肉体的にも精神的にもおとなに依

存していた子どもが、おとな以外の存在に興味をもち始める。それが「自立」の第一歩である。保育所(こども園)に入園した子どもは家庭生活から完全に独立した時間のなかで生活を始め、さまざまな知識や経験や活動を通じて家庭生活とは別の自分の世界をつくり始める。

　個と集団の育ちは、①個人の育ちと②集団のなかでの育ちの2つの側面からとらえることができる。②集団のなかでの育ちは、特に「自己表現」と「他者理解」に重点を置いて保育士は関わることが大切である。すなわち、個と集団の育ちには、「人との関わりのなかで育つこと」「人と関わり、集団のなかで自分の考えが言えること」「人と関わり、相手の気持ちを考えられること」といった過程がある。このことをふまえた指導計画の作成、子ども理解や保育士の関わりといった保育実践が必要である。

　特に、保育指針「第2章　保育の内容」に記されている5領域の1つ「人間関係」を確認しておこう。領域「人間関係」は、「他の人々と親しみ、支え合って生活するために、自立心を育て、人と関わる力を養う」とされている。

(1)　自立に向かう

　1歳以上3才未満児の場合は、「保育所での生活を楽しみ、身近な人と関わる心地良さを感じる」と記載され、3歳以上児の場合は、「保育所の生活を楽しみ、自分の力で行動することの充実感を味わう」ことがねらいとされている。

　保育所(こども園)は、子どもにとって、初めての家庭生活とは異なる生活の場となる。保育士はそのことを自覚し、年齢とは関係なく、まずは個という一人ひとりとの信頼関係を築き、情動関係が育つように応答性のある保育実践が求められる。子どもが、安心して過ごせる生活基盤が重要である。そのうえで、一人ひとりの個という子どもが、その子らしく自己の力をいきいきと発揮するようになり、まわりの「人・もの・こと」と関わりながら生活を楽しむようになる。自分の身のまわりのことを自分ですることから始まり(基礎的生活習慣)、さまざまな遊び、活動を通じて資質・能力を身に付け視野を広げていくというように、自分でできることに自信を深めた子どもは、さまざ

まなことに自ら意欲的に取り組みはじめる。

　一方、入園当初は家庭生活で依存できる存在であった保護者と分離された状態になってしまう。子どもは、この関係性を保護者→保育士→子ども同士という人間関係に置き換えながら、安心した生活に近づいていく。これが集団における個の育ちの第一歩である。保育士は、新しい生活に戸惑う子どもの気持ちに寄り添うようにする。「自分でできた」という気持ちを大切にしながら、少しずつ集団として「一緒」が嬉しくなるように、ほかの子どもの遊びや活動を見ながら真似したくなるような環境を提案していく。「やってみたい」と思えるような集団としての環境づくりや関わりが、保育士の役割として保育実践には必要だからである。

(2)　協同性を培う

　保育指針には、1歳以上3才未満児の場合は、「周囲の子ども等への興味や関心が高まり、関わりをもとうとする」と記載され、3歳以上児の場合は、「身近な人と親しみ、関わりを深め、工夫したり、協力したりして一緒に活動する楽しさを味わい、愛情や信頼感をもつ」とされている。

　特に幼児期の後半では、集団のなかで友達と目的を共有し、いろいろなことを考えたり、工夫したりしていく。また、個々の子どものよいところや得意なところを生かして、役割分担をしたり協力したりして、試行錯誤しながら集団としての遊びや活動が深まっていく。子ども同士の関係が成熟してくると、子ども同士が自分たちで考え、関わりながら取り組み、相互に影響しあう関係性が生まれる。子どもは個の育ちやよいところ、得意なことに違いがある。むしろ相手を理解することでよりよい関係が形成され、遊びや活動を探究し、対話しながら育っていく。保育士は、これを集団のなかでの育ちのモデルとし、自由保育・設定保育などの形態を問わず、日常生活のなかでの子どもの人間形成の目標として関わっていくようにする。この"協同性"は、小学校との接続を考えていくうえでも大切である。就学前の幼児教育として育まれた協同性は、就学後のさまざまな学級活動や学びに向かう姿として重要な育ちである。子どもが自己という個を発揮しながら友達との関係をつくり、集団の

なかで協力して学びあう姿の基盤になっていく。

(3) 望ましい習慣や態度を身に付ける

1歳以上3才未満児の場合は、「保育所の生活に慣れ、きまりの大切さに気付く」と記載され、3歳以上児の場合は、「社会生活における望ましい習慣や態度を身に付ける」ことがねらいとされている。集団のなかでは、遊びや活動を通じて時には個としての葛藤も出てくる。しかしながら、その葛藤をどのように乗り越え、子ども同士が折り合いをつけていくのかも育ちであり、保育士の関わりが大切になる。

(4) 諦めずにやり遂げる粘り強さを育む

生涯にわたるといわれる保育実践において、近年、「非認知的能力」とりわけ「社会情動的スキル」が言われている。「非認知的能力」とは、粘り強さ、自尊心、気持ちを調整する力を表す。領域「人間関係」の3歳以上児「(ウ)内容の取り扱い」には、次のように示されている。

保育所保育指針　第2章　保育の内容

3　3歳以上児の保育に関するねらい及び内容

(2)　ねらい及び内容

イ　人間関係

(ウ)　内容の取扱い

①　保育士等との信頼関係に支えられて自分自身の生活を確立していくことが人と関わる基盤となることを考慮し、子どもが自ら周囲に働きかけることにより多様な感情を体験し、試行錯誤しながら諦めずにやり遂げることの達成感や、前向きな見通しをもって自分の力で行うことの充実感を味わうことができるよう、子どもの行動を見守りながら適切な援助を行うようにすること。

（下線は筆者）

保育指針解説には、保育士などの関わりとして次の配慮が示されている。

保育所保育指針解説　第2章　保育の内容
　3　3歳以上児の保育に関するねらい及び内容(抜粋)
第一は、子どもの行動に温かい関心を寄せること。
第二は、心の動きに応答すること。
第三は、共に考えること。
第四は、子どもなりの達成感を味わう経験を支えること。

　個と集団の育ちの過程と保育実践では、クラス集団のなかで何かをやろうとする過程で、個としてうまくいかずにくじけそうになる子どももいる。また、「やりたくない」と言う背景には、クラス集団のなかで、自分には難しいと思って諦めていることもある。個と集団の育ちは往還的であり、そのことが子どもの育ちには重要だ。ただし、保育士は、集団としてクラス運営をしていても、あくまでも個としての子どもの表情や仕草、体の動きから気持ちを読み取ることが大切である。その子ども自身が、個として集団のなかで見通しがもてるように共に考えたり、やり方を知らせて励ましたりすることが求められる。その結果、子どもが個という自分の力でやり遂げられるよう、子どもの心に寄り添いながら支えることが大切である。また、やり遂げた達成感は、クラス集団であっても個として子どもが十分に味わえるよう、共に喜び言葉にして伝えることが大切である。このような保育士の関わりがあってこそ、子どもが前向きな見通しをもち、自信をもって取り組む姿へつながっていく。この一人ひとりの集まりが、クラスという集団になる。個が輝いてこそ、集団はさらに輝くということである。

(5)　自尊心を育てる

保育所保育指針　第2章　保育の内容
　3　3歳以上児の保育に関するねらい及び内容

（2）　ねらい及び内容

イ　人間関係

（ウ）　内容の取扱い

② 一人一人を生かした集団を形成しながら人と関わる力を育てていくようにすること。その際、集団生活の中で、子どもが自己を発揮し、保育士等や他の子どもに認められる体験をし、<u>自分のよさや特徴に気付き</u>、自信をもって行動できるようにすること。

（下線は筆者）

ここに示された「自分のよさや特徴に気付き」は、自尊心や自己肯定感につながっていく。自分はかけがえのない存在であるという個の認識が育つような集団づくりが保育士には求められる。すなわち、保育士は、クラスの子ども一人ひとりが互いの「よいところ」を見つけ出し、認め合うようなクラス運営を担う役割がある。「相手の気持ちを思いやる大切さ」が、よく言われるが、子どもにとってまずは、個として自分が集団のなかでかけがえのない存在として保育士に受け止められているかが重要である。認められた個が集まってこそ、集団として、クラスとして互いを認め合う関係が育つ。そのためには、保育士が、まずは個である子どもの心に寄り添い、その子どものよさを見つけ、認めることが大切となる。子どもは自己発揮するなかで、時にはうまく自己を表出することができなかったりする。クラスという集団のなかでは、「うまくできないかもしれない」と不安になったりする。保育士は、その子どもなりにがんばっている姿を認め、励ましたり、時には一緒に行動したりすることが大切だ。子どもが集団のなかで個としての自分を発揮できてこそ、自尊心や自己肯定感は育つ。個としてのよいところは、集団のなかで保育士が認め、言葉をかけてこそ育つ。一人ひとりが認められ、互いのよいところが生かされる集団づくりが、まさに保育士の関わりとして重要となる。

(6) 気持ちを調整する力をつける

··

保育所保育指針　第2章　保育の内容

3　3歳以上児の保育に関するねらい及び内容

⑵　ねらい及び内容

イ　人間関係

（ウ）　内容の取扱い

③　子どもが互いに関わりを深め、協同して遊ぶようにな
　るため、自ら行動する力を育てるとともに、他の子ども
　と試行錯誤しながら活動を展開する楽しさや共通の目的
　が実現する喜びを味わうことができるようにすること。

ここに示されたように、協同して遊ぶには自己抑制と自己主
張の両方が必要になってくる。個として一人ひとりがやりたい
ことは異なり、時には遊びや活動のなかで意見がぶつかりあう
こともある。自分とは異なる考えをする子どもに出会うことは、
集団ならではのよさでもある。集団のなかで、子ども同士が関
わりながら、自分とは異なる感じ方や考え方に気づくことが他
者理解であり、育ちに必要なことである。そのため保育士には、
日常から集団のなかで子ども同士が「遊びたい」「一緒にいたい」
と思える環境づくりや、集団としてのクラス運営が求められて
いる。

3　0歳児（乳児）の個と集団の育ち

0歳児の個と集団は、以下の発達過程ぬきには考えられない。
保育指針「第2章　保育の内容」「1　乳児保育」には次のよ
うに記載されている。

保育所保育指針　第2章　保育の内容

1　乳児保育に関わるねらい及び内容

⑴　基本的事項

ア　乳児期の発達については、視覚、聴覚などの感覚や、

座る、はう、歩くなどの運動機能が著しく発達し、<u>特定</u>
<u>の大人との応答的なかかわり</u>を通じて、情緒的な絆が形
成されるといった特徴がある。これらの発達の特徴を踏
まえて、乳児保育は、<u>愛情豊かに、応答的に行われるこ</u>
<u>と</u>が特に必要である。

（下線は筆者）

　0歳児の心身の発達過程は、運動機能の発達および情緒的な
発達として個の違いが大きい。また、0歳児の育ちは家庭生活
における保護者の関わりをぬきには考えられない。保護者の子
育て力の低下や子育て支援とも関連し、単に暦年齢や月齢に
なったから自然と育つのではない。それでは判断できない個の
育ちの違いという実情があり、3歳未満児の計画が、「個別指
導計画」となるゆえんである。特に、0歳児は月齢による発達
の違い、個人差、毎日の体調の違い、個々への安全への配慮な
ど、すべてが個として大きく異なるため、それを前提とした集
団保育の実践であると意識しておくことが大切である。保育者
のきめ細かな気づきによって、個に対する配慮や援助は大きく
変わる。保育の質や子どもの育ちは、まさに保育者に委ねられ
ている。0歳児は、ミルクを飲むこと、排泄をすること、午睡
をする時間やリズムなどが個によって異なるため、日々のプロ
グラムは個別の対応となる。

　保育士は、集団として0歳児を受け入れることから子ども同
士を「同じ月齢」という見方でくくってしまう傾向がある。体
格の違いや発達過程の違いから無意識に比較してしまうことも
考えられる。しかし、近年は、子どもや子育て家庭の実情に合
わせたアセスメントや、子ども理解に基づいた育ちの保障が求
められているだけに、より「個」を意識した実践が必要とされ
ている。

　特に、近年いわれる非認知的能力、特に社会情動的スキルは、
0歳児という出生後最初の1年間におとなから受ける情愛や情
動交流がいかに重要であるかを示している。人間の0歳児は、
ほかの動物とは異なり、おとなに依存しなければ生きていけな
いという特徴がある。そのため、保育士は、個として子ども一
人ひとりの「何を育てる時期か」「何が育っているのか」とい

う内面性、すなわち、資質・能力への理解が必要となる。また、0歳児は子どもの発達の姿だけではなく、子どもの生活や関係性といった保育士の関わりからとらえる保育実践への視点が必要である。前述した保育指針「第2章　保育の内容」「1　乳児保育に関わるねらい及び内容」では、乳児期の保育実践の特徴として「視覚、聴覚などの感覚や、座る、はう、歩くなどの運動機能が著しく発達し、特定の大人との応答的なかかわり」が必要であることを掲げている。保育士は、子どもとおとなの相互依存的かつ相補的な関係について具体的なイメージをもつ必要がある。

　例えば、食べるときに、「子どもの口をあける→スプーンで口までもっていく→口に入れる→飲み込む」などといった行為の過程があってこそ、結果を出すことが可能となる。つまり、ある部分をおとなが担い、ある部分を子どもが担う。このような分担の活動はほとんどおとなの活動のように見えるが、実際は「相補的関係」と言える。特に、0歳児は集団保育であっても個という一人ひとりの子どもの生活に示される内容を把握することが重要であり、個別指導計画の作成が求められるゆえんである。

　保育指針では、乳児（0歳児）保育の「ねらいと内容」について、以下のように示している。

保育所保育指針　第2章　保育の内容
1　乳児保育に関わるねらい及び内容
(2)　ねらい及び内容
ア　健やかに伸び伸びと育つ
　健康な心と体を育て、自ら健康で安全な生活をつくり出す力の基盤を培う。
（ア）　ねらい
　①　身体感覚が育ち、快適な環境に心地よさを感じる。
　②　伸び伸びと体を動かし、はう、歩くなどの運動をしようとする。
　③食事、睡眠等の生活のリズムの感覚が芽生える。
（イ）　内容
　①　保育士等の愛情豊かな受容の下で、生理的・心理的

欲求を満たし、心地よく生活をする。

② 　一人一人の発育に応じて、はう、立つ、歩くなど、十分に体を動かす。

③ 　個人差に応じて授乳を行い、離乳を進めていく中で、様々な食品に少しずつ慣れ、食べることを楽しむ。

④ 　一人一人の生活のリズムに応じて、安全な環境の下で十分に午睡をする。

⑤ 　おむつ交換や衣服の着脱などを通じて、清潔になることの心地よさを感じる。

（下線は筆者）

　「ア　健やかに伸び伸びと育つ」の項目で基本となるのは、「健康な心と体を育て、自ら健康で安全な生活をつくり出す力の基盤を培う」ことにある。すなわち、健康な心と体を育て、自ら安全な生活をつくり出す力の基盤を培うことが保育実践に必要となる。

　しかしながら、0歳児は、自分で起き上がったり、時期がきたからといっていきなり座ったりはできない。姿勢の転換をはじめとしたさまざまな身体の移動や活動の感覚の育ちには、おとなへの依存がある。またこの時期は全体として育ち、おとなと一体的に活動する。おとなとのやり取り（「○○ちゃんここまでおいで」→「きたきた」→「こっちにおいで」「かわいい、かわいい」など）のなかで育つため、一人ひとりとの関わりが重要となる。保育者と子どもという一体的な関係の基盤を育てるような保育実践によって、運動感覚が育つといえる。

　この視点は、次の「イ　気持ちが通じ合う」ではどのように記載されているだろうか。

保育所保育指針　第2章　保育の内容

1 　乳児保育に関わるねらい及び内容

⑵ 　ねらい及び内容

イ 　身近な人と気持ちが通じ合う

　受容的・応答的な関わりの下で、何かを伝えようとする意欲や身近な大人との信頼関係を育て、人と関わる力の基

盤を培う。

（ア）　ねらい

①　安心できる関係の下で、<u>身近な人と共に過ごす喜び</u>を感じる。

②　体の動きや表情、発声等により、<u>保育士等と気持ちを通わせ</u>ようとする。

③　<u>身近な人と親しみ、関わりを深め</u>、愛情や信頼感が芽生える。

（イ）　内容

①　<u>子どもからの働きかけを踏まえた</u>、応答的な触れ合いや言葉がけによって、欲求が満たされ、安定感をもって過ごす。

②　体の動きや表情、発声、喃語等を優しく受け止めてもらい、保育士等とのやり取りを楽しむ。

③　生活や遊びの中で、自分の身近な人の存在に気付き、親しみの気持ちを表す。

④　保育士等による語りかけや歌いかけ、発声や喃語等への応答を通じて、言葉の理解や発語の意欲が育つ。

⑤　温かく、受容的なかかわりを通じて、自分を肯定する気持ちが芽生える。

（下線は筆者）

　この「受容的・応答的な関わり」の項目で基本となるのは、「受容的・応答的な関わりの下で、何かを伝えようとする意欲や身近な大人との信頼関係を育て、人と関わる力の基盤を培う」ことにある。すなわち、0歳児が人間として生きるとき、子どもの発達にとって人との関わりが大切であり、身近な保育士の愛情豊かな受容的・応答的な関わりを通して相手に対する情動が生まれ、人に対する基本的信頼感が培われる。

　しかしながら、0歳児にとっておとなとの関係が成立するには、さまざまな生活への適応活動が築かれる必要がある。例えば、授乳の積み重ねのなかで、おとなとの関係が育つ。また、子どもが「何かをつかむ活動」の繰り返しのなかで、おとなと一緒に行動した「楽しかった」体験が、おとなとの関係性を構築していく。すなわち、保育士との関係性を構築するためには、

生活や遊びといった「活動」の意味、活動を通じて0歳児は何に気づき何が育つのかという視点が必要となる。さらに個という一人ひとりには、個別の興味や関心があることを配慮しながらの援助が求められる。

　この時期の子どもと保育者の関係性は、集団保育として保育者がどの子どもにも同じように一般的な関わりではいけないのである。保育指針は「安心できる関係の下で」と表現している。つまり基本は、子どもにとっての1対1の関係をつくることが必要となる。

　また、子どもの活動のなかにある「意図性」や「内的活動」を読み取るおとなが必要といえる。0歳児の場合、子どもの感情表現行動（泣くなど）にとらわれ、子どもの内的活動を見過ごす可能性がある。「また泣いている」、「また抱っこと言っている」など、集団保育のなかの0歳児は、保育者の子ども理解や気づきがないと一般化されることがある。先に、おとなとの関係性では、子どもが自らの意図性をおとなに「理解されている」という感覚が重要と述べた。「おむつがぬれたから泣いている」「お腹がすいたから泣いている」「いつもと違う泣き方で体調が悪いのかもしれない」「抱っこという、人を求める気持ちが芽生えた」「特定のおとなを記憶し、わかって求めている」「ようやく情動交流が芽生え、抱っこを通じて人とのかかわりという信頼感が芽生えた」など、内面性に気づく保育者の存在が必要といえる。

　おとなとの交流は、「食べる」「一緒に寝る」などといった生活経験（活動）や「追う―追われる」などの遊び体験（活動）を通して、1対1の関係が生まれる。このような活動を通じて、子どもに「おとなに理解されている」という感覚が育っていく。すなわち、このような応答的な交流のなかで1対1の関係は生じるものであり、応答的な交流のないところで子どもの育ちはないと考えるべきである。

　次に、「ウ　身近なものと関わり感性が育つ」ではどのように記載されているか、みてみる。

保育所保育指針　第2章　保育の内容
1　乳児保育に関わるねらい及び内容

　この「ウ　身近なものと関わり感性が育つ」の項目で基本となるのは、「身近な環境に興味や好奇心をもって関わり、感じたことや考えたことを表現する力の基盤を培う」ことにある。すなわち、0歳児が人間として生きるとき、子どもの発達にとっては人との関わりが大切であるとともに、身近なものとの関わりが重要となる。ここでは、活動の内容が触れられているが、子どもが勝手にものと出合えるわけではない。おとなが「はいどうぞ」と見せる→手を出してつかもうとする→つかまえる→にっこり笑う→「みてみて」と差し出す→「ちょうだい」とおとなが手を差し出すといったおとな（保育者）とのやり取りと交流を積み重ねていくことによって、身近なものを認識していく。

おとなと子どもの交流保育の実際においては、手を出すといった「身体の感覚」はおとなとのやり取りという関係性のなかで育つものである。

　ここでいう身近な「もの」とは、集団保育ではみんなの「もの」である。しかしながら、個という一人ひとりは、発達が異なるだけでなく、個別の興味や関心も異なる。そのことへの配慮や援助が求められる。すなわち、個別指導計画のなかで個に対する「身近なもの」という認識が保育実践では求められる。このとき、個にとって身近なものを手に届くところに用意し、一緒に遊びあやしてくれるおとなの存在が必要である。保育士との関係性を構築するためには、生活や遊びといった「活動」の意味、活動を通じて0歳児は何に気づき何が育つのかという視点が必要となる。集団のなかでは、同じ「もの」でも、個によって何をおもしろがっているのか、何に気づいて楽しんでいるのか、何ができるようになり活動しているのかの理解が重要といえる。すなわち、クラスで共通の「もの」であっても個にとっての意味は異なる。

　ただし、0歳児から1歳児への移行段階で、集団保育のなかで育つ子どもは、一緒に生活するなかで、個と個であっても少しずつ生活リズムが同調するようになっていく。1日の流れがゆるやかに重なり合うようになっていくのだ。ただし、集団として行動するのではなく、あくまで、子ども同士がゆるやかに同調するようになってくるということである。また、基盤となる個の生活が安定してくることで、遊び活動への意欲が芽生え、個と個が遊びながら影響しあい、身近な「もの」として興味がなかった「もの」が、ほかの子どもがもっていることで触れたくなったり、興味をもったりすることもある。また、他の子どもの行為をじっと見るような場面も現れてくる。個であっても、集団生活は子どもに心地よい影響を与える好事例でもある。年間指導計画、期別指導計画を通じて個の育ちと集団保育の関係を示すことはやはり重要である。

4　1歳以上3歳未満児の個と集団の育ち

　次に、1歳以上3歳未満児の個と集団の育ちについて考える。1歳以上3歳未満児にとって個と集団は、以下の発達過程をぬ

きには考えられない。

保育所保育指針　第2章　保育の内容
2　1歳以上3歳未満児の保育に関わるねらい及び内容
（1）　基本的事項
ア　この時期においては、歩き始めから、歩く、走る、跳ぶなどへと、基本的な運動機能が次第に発達し、排泄の自立のための身体的機能も整うようになる。つまむ、めくるなどの指先の機能も発達し、食事、衣類の着脱なども、保育士等の援助の下で自分で行うようになる。発声も明瞭になり、語彙も増加し、自分の意思や欲求を言葉で表出できるようになる。このように自分でできることが増えてくる時期であることから、保育士等は、子どもの生活の安定を図りながら、自分でしようとする気持ちを尊重し、温かく見守るとともに、愛情豊かに、応答的に関わることが必要である。
イ　本項においては、この時期の発達の特徴を踏まえ、保育の「ねらい」及び「内容」について、心身の健康に関する領域「健康」、人との関わりに関する領域「人間関係」、身近な環境との関わりに関する領域「環境」、言葉の獲得に関する領域「言葉」及び感性と表現に関する領域「表現」としてまとめ、示している。
ウ　本項の各領域において示す保育の内容は、第1章の2に示された養護における「生命の保持」及び「情緒の安定」に関わる保育の内容と、一体となって展開されるものであることに留意が必要である。

（下線は筆者）

　1歳以上3歳未満児の心身の発達過程は、基本的な運動機能・指先の機能・語彙の増加などが一体的に整ってくる時期である。自分でできることが増えてくる時期であり、同時に自分でしようとする気持ちが芽生えてくる。個の違いは明確で、その過程もまた異なる。また、玩具を実物に見立てるなどの「象徴機能」が発達し、言葉をかわし、おとなと一緒に簡単なごっこ遊びを

楽しむようにもなる。これらの育ちは、0歳における家庭生活や集団保育におけるおとなの関わりを抜きには考えられない。3歳未満児の集団保育の参加率の増加は、個としての育ちの多様性が理解されにくい部分をもっている。1歳以上3歳未満児は、自分で行うことやできることが増えてくる時期だが、その発達過程はあくまでも個であり、個別指導計画が基盤となる。集団としてのよさは、象徴機能が発達する時期の子ども同士が心地よく影響しあって「真似してみる」「やってみる」などの行為が育ちにつながることがある。ただ1歳以上3歳未満児であっても、単に暦年齢や月齢になったから何かが自然と育つのではない。特に、1歳半ばからは、自己主張が強くなり、自分の思いや欲求を主張するようになる。保育者に受け止めてもらい応答してもらうことで、他者を受け入れる心が育っていく。個として満たされた経験があってこそ、他者を受け入れはじめ、他の子どもや周囲の人への関心が出はじめる。また、集団のなかでは自分からはたらきかける姿も出てくる。1歳から3歳未満児に向かっての育ち、集団に適応しつつ、自分という個を発揮しはじめる時期といえる。また自分ではうまくできない葛藤や、甘え、寂しさなども芽ばえはじめる。

　保育者は、子どもの内面的な思いを受け止め、仲立ちしながら自立を見守ることが大切である。

　1歳以上3歳未満児の集団保育の実践は、月齢による発達の違い、個人差、毎日の体調の違い、個々への安全への配慮など、すべてが個として育つことが前提にあると意識しておく必要がある。保育者のきめ細かな気づきによって、個に対する配慮や援助、また集団としての活動への環境構成などが大きく変わってくる。保育の質や子どもの育ちはまさに保育者に委ねられている。1歳以上3歳未満児も、個別指導計画が前提だが、クラス運営や集団としての指導計画も必要である。この時期の保育の内容は、乳児保育の3つの視点および3歳以上児の保育の内容における5つの領域と連続するものであることを意識し、この時期の子どもにふさわしい生活や遊びの充実が求められる。

　保育指針「第2章　保育の内容」「(1)　基本的事項」では、「ウ本項の各視点において示す保育の内容は、第1章の2に示された養護における『生命の保持』及び『情緒の安定』に関わる

保育の内容と、一体となって展開されるものであることに留意が必要である」と述べている。発達過程上のつながりを意識しつつも３歳以上の前段階であることを示している。

　１歳以上３歳未満児の保育の実践は、生活活動への意欲と展開が重要である。この時期の子どもは、自分の生活を通して「セルフ（自己）」を確立し、おとなとの依存関係・一体化の関係から脱却していく。その過程で、個としての興味や好みが表出されてくる。例えば、食べ物の好き嫌いは、食べやすさ（大きさや硬さ）の好みなどから、味覚を土台とした好みへと成長していく。こうした生活のなかで、子どもが活動に対する意欲（楽しさを軸とした）をどのように育んでいくのか。個別のねらいと内容は、保育の実践では保育者が仲立ちとなって支え発展させていく。例えば、おとなが食べる真似をして「ああ、おいしかった」と言葉を添えることで、子どもも真似をして「おいしかった」と動作と言葉を真似ることがある。階段を登ったり、移動したりするなどの運動は、少しの手助けで済む場合もあり、「自分で」と言って手助けを嫌がる場合もある。言語の活動のように応答的な関係が重要なものもある。

5　３歳以上児の個と集団の育ち

　次に、３歳以上児の個と集団の育ちについて考えてみる。３歳以上児にとって個と集団は、次の発達過程を抜きには考えられない。

保育所保育指針　第２章　保育の内容
　３　３歳以上児の保育に関するねらい及び内容
⑴　基本的事項
ア　この時期においては、運動機能の発達により、基本的な動作が一通りできるようになるとともに、基本的な生活習慣もほぼ自立できるようになる。理解する語彙数が急激に増加し、知的興味や関心も高まってくる。仲間と遊び、仲間の中の一人という自覚が生じ、集団的な遊びや協同的な活動も見られるようになる。これらの発達の特徴を踏まえて、この時期の保育においては、個の成長

　と集団としての活動の充実が図られるようにしなければ
　ならない。

イ　本項においては、この時期の発達の特徴を踏まえ、保
　育の「ねらい」及び「内容」について、心身の健康に関
　する領域「健康」、人との関わりに関する領域「人間関係」、
　身近な環境との関わりに関する領域「環境」、言葉の獲
　得に関する領域「言葉」及び感性と表現に関する領域「表
　現」としてまとめ、示している。

ウ　本項の各領域において示す保育の内容は、第1章の2
　に示された養護における「生命の保持」及び「情緒の安
　定」に関わる保育の内容と、一体となって展開されるも
　のであることに留意が必要である。

（下線は筆者）

　3歳以上児の心身の発達過程は、基本的な動作が一通りでき
るようになる時期である。

　大切なことは、「仲間と遊び、仲間の中の一人という自覚が
生じる」こと、「個の成長と集団としての活動の充実が図られ
るようにしなければならない」ことである。自我が育ち、仲間
とのつながりが深まるなかで、自己をぶつけ合い、葛藤を経験
することが増えていく。一方、活動を通じて共通の目的に向か
い、話し合いを繰り返しながら互いに折り合いをつけて自分た
ちで解決するような姿も見られるようになる。また、集団のな
かの個として、仲間の一員であるという自覚も生まれ、役割を
分担しながら協同して取り組むようにもなっていく。子ども同
士が、個としての思いや考えを出しつつ、個の違いに気づきあ
い、活動を通して協力してやり遂げることは、個々の自信や自
己肯定感につながる。

　ここに、3歳以上児にとっての個と集団の意味がある。保育
者は、実践を通じて、個としての自我の育ちを支えながら、集
団としての高まりを促す援助が必要である。3歳以上児は、こ
うした発達をふまえ、保育の内容として5つの領域から示して
いる。保育者は、前述したように、個と集団としての活動の充
実をめざし、子どもが身近な環境に主体的に関わる具体的な活
動（遊びや生活など）を通して援助することが大切である。その

ためには、5つの領域の内容を総合的に展開し、幼児期にふさわしい経験と学びを生み出すように援助することが求められる。

　ただし、3歳以上児の保育のねらいと内容は、それまでの個としての発達と集団としての育ちの積み重ねの上にある。0歳児の3つの視点、1歳以上3才未満児の5つの領域の基礎、その続きとして3歳以上児の5つの領域を軸とした活動がある。指導計画では、そのことをふまえ、3歳以上児であってもアセスメントを行い、個としての育ちの個別性への配慮や援助が必要なこともある。3歳以上児の保育では、クラスという集団をとらえる指導計画の作成が必要となる。遊びとしてのコーナー環境やグループの活動への視点、子ども同士の関係性の育ちへの視点など、環境を通じた活動の育ちが求められる。保育者が子どもをコントロールするための集団ではなく、むしろ、集団のなかで個や主体性が発揮されるように環境構成や援助を行う。保育者は、クラス全体のようすをとらえつつ、個のようすを把握しなければならない。また、個と個の関係やグループにおける個の存在にも目を向けなければならない。どちらも大切な視点であることを忘れないよう意識してほしい。

保育所保育指針　第1章　総則
　3　保育の計画及び評価
⑵　指導計画の作成
イ　指導計画の作成に当たっては、第2章及びその他の関連する章に示された事項のほか、<u>子ども一人一人の発達過程や状況を十分に踏まえる</u>（…略…）。

（下線は筆者）

　また、留意しなければならない事項として、次の3点をあげている。

保育所保育指針　第1章　総則
　3　保育の計画及び評価

```
(2)　指導計画の作成

イ　（略）

（ア）　3歳未満児については、一人一人の子どもの生育歴、
　　　心身の発達、活動の実態等に即して、個別的な計画を作
　　　成すること。

（イ）　3歳以上児については、個の成長と、子ども相互の
　　　関係や協同的な活動が促されるよう配慮すること。

（ウ）　異年齢で構成される組やグループでの保育において
　　　は、一人一人の子どもの生活や経験、発達過程などを把
　　　握し、適切な援助や環境構成ができるよう配慮すること。

（下線は筆者）
```

　ここでも、3歳以上児は「個の成長と、子ども相互の関係や協同的な活動が促されるよう配慮すること」と記載されている。

　3歳以上児のクラス集団づくりを考えるステップとしては次のことが考えられる。

①子ども理解（保育課題の明確化）
②ねらい（めざす集団像・育てたい価値観と各時期のねらいを考える）
③保育内容を考える
④保育者の関わりを考える（直接的関わりと間接的関わり）

活動：どのように活動しているのか。どのような知識やイメージを
　　　もっているのか。どのようなおもしろさ・楽しさ・喜びを感
　　　じている（あるいは感じていない）のか。
　　　→遊びの発展の流れの中で、一人ひとりの子どもの姿をとら
　　　　える。
関係：どのように人と関わっているのか。どのような自己認識や他
　　　者認識があるのか。
　　　→遊びのなかでの自信、自分の思いが受け止められるという
　　　　ことへの見通しがあるか。
　　　周囲の子どもはその子をどのように見ているのか。クラスの
　　　なかにある雰囲気・価値観をつかむ。

①子ども理解とは、個としての「行為」と「関係」、個としての「外的側面」と「内的側面」の視点から子どもを見ること、同時に、集団としての「行為」と「関係」、個としての「外的側面」と「内的側面」の視点から子どもを見ることが大切である。

②「ねらい」とは、めざす集団像・育てたい価値観と各時期のねらいを考えることである。

③「保育内容」では、ねらいを達成するためにどのような活動

を取り上げるのかを考え、クラスのなかでの中心の活動とする。ねらいの達成を可能にするような活動が選択できているかがポイントとなる。中心となる活動が明確になったら、活動の発展の流れから、活動の「今」をとらえ「目標」を見据える。クラス全体の遊びの傾向は、この流れのどこに位置しているか、クラスのなかで気になる姿がある子どもの遊びはこの流れのどこに位置しているか、特に気になる姿がある子どもの遊びをどの位置まで育てていきたいのかを明らかにすることで、遊びをどう育てるかが明確になる。その際、「おもしろさ」を育てることが中核となる。この検討のためにも、活動の分析は重要である。

④「保育者の関わり」では、3歳以上児が、集団生活のなかで自分をあたたかく受け入れてくれる保育者と信頼関係を築き、それを基盤に自分の居場所を確保していく。そうすることで、安心感をもってやりたいことに取り組むようになる。また、友だちとの関わりも増し、その関わりのなかでさまざまな自己主張のぶつかり合いによる葛藤を経験したり、保育者や友達と共にいる楽しさや充実感を味わったりして、次第にみんなと生活をつくり出していくことの喜びを見出していく（事例参照）。

事例 「ドッジボールを通して育つ子どもたち」 5歳児の記録より

○5月、ドッジボールをすると必ずボールの取り合いでトラブルが発生。なぜか同じグループの子ども同士で取り合いをする。最後はほかの友だちに言われてジャンケンで決めるが、負けた子どもは葛藤しながらもおもしろくなくなり、ドッジボールをやめてどこかへ行ってしまう姿がみられた。

○6月、同じ地域のこども園3か所の5歳児クラスが集まり、ドッジボールで交流することになった。子どもたちは張り切ってルールを決め、そのなかで「先におとなとやろう。先生（保育者）とやってみよう。そうしたら強くなれるよ」という話になる。子どもたちは、保育者に「ドッジボール試合がしたい」という。子ども30人に対して保育者10人が「ドッ

ジボール試合をする」ということになった。保育者対子どもだが、「正々堂々と試合をする。負けても最後まで泣かずに頑張る」ということを両者の誓いの言葉にした。

子どもたちはすぐに当てられてどんどん外野に出ることになる。それでも最後まで残った2人の子どもは、当てられないように最後まであきらめず逃げ回った。

結果は、保育者も何人か外野へ出たが、保育者が勝つ。負けて葛藤しながら悔し泣きをする子どももいたが、ほかの子どもに言われて泣くのをやめた。自分の気持ちを調整できる姿がみられた。

このときの経験が生かされ、交流試合では、最後まであきらめず頑張った結果、ほかの2園に勝つことができた。

3歳以上児の保育は、「資質・能力」の視点を個と集団で根付かせ、子どもの育ちにつなげていく。平成29(2017)年3月の保育指針の改定では、幼児教育を行う施設として共有すべき事項が示された。育むべき「資質・能力」の3つの柱が示され、就学前の基盤となる幼児教育において、その力の基礎を幼児期にふさわしい生活を通してしっかりと育んでいくことが大切とされた。そのためには、未来を切りひらくための「資質・能力」の一層確実な育成と、子どもたちに求められる「資質・能力」とは何かを社会と共有し、連携する保育実践が求められる。3歳以上児の保育の質向上には、以下の視点が必要である。

第1は、平成30(2018)年に改定された保育指針と教育・保育要領の法令を園全体で十分理解し、協働性が発揮できているのかを確認することである。子どもの育ちと学びに有用な教育・保育のあり方を具体化した保育実践となっているか、見直しが必要で、子どもの遊び(活動)を通した「幼児教育(保育)の質」が問われる。さらに、各園の取り組みから何が育っているのか、「幼児教育(保育)とは何か」を保護者にも可視化し、わかりやすく伝える工夫が求められる。そのためには、写真やドキュメンテーション、ポートフォリオをつくって「保育の展開や流れ

第4章

保育の内容と方法

171

—初期段階からの変化の過程」を示す、「子どものようす—子どもがしていること、子どもの学び・気づき、子どもの育ちなど」を示すといった具体的な実践記録が必要になる。

　第2は、年度はじめに、日ごろの保育の質の向上をめざすところから「要録」をまとめるところまで、年間の流れを確認しよう。日々の記録から子どもの育ちの姿をとらえ、要録までつながったのか、年度末の反省は年度はじめに生かしてこそ意味がある。

　平成30(2018)年、要録の様式が改定された。要録は、幼稚園と幼保連携型認定こども園では教育課程の修了を証明するものであり、同時に、園での保育の見直しに役立てること、そして小学校の特にはじめの段階で子どもの指導を適切に行うための参考資料にすることをめざしている。そのため幼児教育(保育)として今回の改定で基本をなすとされた、5つの内容領域と資質・能力の3つの柱、さらにその資質・能力が各領域でどのような育ちの姿を示すか、特に「幼児期の終わりまでに育ってほしい姿(10の姿)」を参考にして、要録を記述する。記録もまた、保育における一つひとつの遊び(活動)場面の見方や考え方に、「資質・能力」や10の姿の具体的なキーワードを参考にすれば書きやすくなるかもしれない。

　第3は、記録から指導計画作成への創意工夫である。子どもの思いを大事にしながら、「気づく・考える・試す・工夫する・表現する」といった力を育むための保育である。5領域の「ねらいと内容」「内容の取扱い」には、従来これらの言葉が記載されている。日々の保育における子どもの遊び(活動)のようすを「資質・能力」という3つの視点を生かして、具体的に記述した記録が必要になる。それを数か月、さらに1年とまとめて経過記録としていく。1人で抱え込まずに、"同僚性"を生かし、園において対話しながら指導計画を作成するようにしよう。全体的な計画と年間指導計画は、園の子ども理解に基づき、どのような経験が保育内容として必要か、いま、何が育とうとしているのか、そのためにはどのような環境構成が必要か、具体的活動を軸としながら対話すると園内研修にも役立つ。園内研修のあり方や協働性は今後の園運営にも影響するだろう。

　3歳以上児は、彼らの「探究する」姿から子ども理解につなげたい。個としてまた集団として、活動からとらえることが大

切である。幼児教育（保育）では「探究する」という言葉が使われるが、辞書では、「物事の意義や本質を探って見極めること」とある。物事を解明する・理解するといった意味も含まれ、「あるものを探し求めること、手に入れようとすること」を意味するが「探求する」とは異なる。

　前述してきたように、今回の保育指針改定では、育ちの連続性を明確にしている。3歳以上児が個として、集団としてどのように変化し、育っているか両面から気づくには、日常の保育のなかで記録が生かされること、記録から子ども理解につながるカリキュラム編成に生かすことが大切だ。記録は、記載するために試行錯誤するのではなく、むしろ、日常のカリキュラム編成に従って記録を記載し、整理する。例えば、記録から「①見て楽しんでいる段階」「②なんとなく遊んでいる段階」と気づいたら、「もっと遊びが楽しくなるにはどうしたらよいか」を考えて援助し、子ども同士の仲立ちをしながら遊びの楽しさを広げていくような援助が必要といえるだろう。「③楽しんで遊んでいる段階」と気づいたら、「遊びの楽しさや遊びのイメージ、子どもの『何かしたい』という思いが表出しやすい援助」が必要と言える。「④夢中になって遊んでいる段階」と気づいたら、「直接的な関わり、言葉がけ、保育環境の工夫などの援助」が必要かもしれない。幼児教育（保育）は「〜を楽しむ」といった「ねらい」が多用されるが、子どもは「楽しい」と繰り返し、反復する。繰り返しながら、気づいたりできるようになり、さらに、前の経験を生かして試したり、工夫したり、積極的に最後まで粘り強く取り組もうとする姿が見られるようになっていく。「遊びながら新たなイメージが広がっていく（深まっていく）姿」「やりながら気づいたり、試す姿」「他児のようすを見て、気づいたり、試す姿」「気づいたことを生かして、新たな試行錯誤が生まれる姿」などである。「次はこうしたい」「もっと○○したい」というような「新たな思いが生まれている姿」も見えてくる。

　遊び（活動）に夢中になる子どもは、「探究」しながら学んでいるが、何を学んでいるのか、気づきの視点が保育者には求められる。

6 幼児期の終わりまでに育ってほしい姿（10の姿）と子どもの育ち

　幼児教育は、「環境を通して」の保育であることに変わりはない。5つの領域は従来、「ねらいと内容」で構成されているが、今回示されている「幼児期の終わりまでに育ってほしい姿（10の姿）」は、小学校生活との接続のために各領域のなかで経験すべき事項から、抽出されている。したがって、幼児期の終わりの姿として示されている「10の姿」は、日々の教育課程を土台としている。まず、自分の園の子ども像、教育目標（保育目標）を確認しよう。「幼児期の終わりまでに育ってほしい姿」とは、各園の目標とコインの裏表の関係であると考えてみてほしい。さらに、「遊び（活動）を通して」という日常は変わらず、各園のカリキュラム編成における遊び（活動）の位置づけ、そのなかで経験してほしいことと5つの領域で経験してほしいことも、コインの裏表の関係であると考えてほしい。要録にある5つの領域は新しいことではなく、むしろ小学校という就学前の保育における終わりの姿として、子ども一人ひとりはどのような遊び（活動）を「好きな遊び」として選択してきたのか、記録し振り返る。

　まずは各学年でクラスとして、集団として日常から振り返り、記録していることが大切である。さらに、その遊びがどのように変化してきたのか、年齢による違いは何か。子どもの育ちは、必ずしも右肩上がりではなく、逡巡したり、葛藤したり、乗り越えたり、また、同じ遊びに夢中になることもあり、その過程を記録することも大切である。

　次に、その遊びのなかで何を経験しているのかという内面性を観察し、読み取りながら記録することが大切である（ドキュメンテーション、フォトカンファレンス、エピソード記録など）。単に何をしていたかではなく、遊びのなかでの経験をより可視化していくことが記録となる。

　今回の改定において記載された「資質・能力」は、このような遊び（活動）のなかで経験してきたことを積み重ね、一人ひとりの子どもに何が育ったのか、育つ力を示したものである。「資質・能力」という考え方は、日々の保育における育ちの目安となる。またカリキュラム編成においても今は何を育てる時期か、

集団として、個としてそれぞれ考える目安になる。また、遊び（活動）を通じて、そのような育ちの力が本当に育っているのかを確認する視点のポイントにもなる。保育のなかで、育つ力という見えない内容を整理し、見やすく概念整理したものが「資質・能力」の3つの柱と考えられる。この枠組みは、保育をしながらいつも振り返って見直し、改善するという評価のプロセスにもなる。保育は、子どもが環境に関わり、その時々に保育者が援助（環境構成含む）していくことである。

　保育を行ううえでは、特に「資質・能力」の3つの柱に示されている力が発揮されることに着目して記録をとろう。記録は、振り返り、何がどう変化したかを確認し、さらに必要な援助を保育者が行うためにある（環境構成含む）。これはやらせ保育ではなく、子どもの遊び（活動）のなかで、「子どもが気づいたり、できるようになること→また試したり、工夫したり考えたりすること→意欲をもってさらに粘り強く取り組むこと」とつながっていくにはどうすればよいかを考えることである。まず事実として今何が起こっているのかをていねいに読みとり、後で振り返ることができるようわかりやすくポイントを記載しておこう。

学習のふりかえり

1 子どもの主体性の尊重と乳幼児期の発達をふまえた保育の関係について、事例などから理解する。

2 指導計画作成において、保育のねらいと内容、活動の関係が理解できたか。

3 子どもの主体性を尊重した保育は「環境による保育」につながることを理解できたか。

4 保育における個の育ちと集団の育ちは相反するものではないという考えを深めることができたか。

引用文献：

＊1　北野幸子「研修と研究の一体化の試み(1)」『遊育』№ 14、遊育、2018 年、26 頁。

参考文献：

2. 千葉武夫・那須信樹編著『新 基本保育シリーズ 13　教育・保育カリキュラム論』中央法規出版、2019 年。
3. 『保育士等キャリアアップ研修テキスト 1　乳児保育』阿部和子編、秋田喜代美・馬場耕一郎監、中央法規出版、2018 年。
4. 阿部和子・寺田清美・山王堂恵偉子・小山朝子『演習　乳児保育の基本〈第 3 版〉』萌文書林、2016 年。
5. 定行まり子編著『保育環境のデザイン』全国社会福祉協議会、2014 年。
6. 新 保育士養成講座編纂委員会『改訂 1 版　新 保育士養成講座　第 7 巻　子どもの保健』全国社会福祉協議会、2013 年。
7. 網野武博・阿部和子編著『0 歳児のすべてがわかる！ 保育力がグーンとアップする生活・遊び・環境づくりの完全ナビ』明治図書、2012 年。
8. 阿部和子編著『改訂第 1 版　乳児保育－子どもの豊かな育ちを求めて』萌文書林、2009 年。
9. 阿部和子『子どもの心の育ち－0 歳から 3 歳－』萌文書林、1999 年。
10. 『認識と文化 8　〈わたし〉の世界の成り立ち』岩田純一・田島信元・無藤隆編、金子書房、1998 年。
11. 浜田寿美男『「私」というもののなりたち　自我形成論のこころみ』ミネルヴァ書房、1992 年。
12. 浜田寿美男・山口俊郎『子どもの生活世界の始まり』ミネルヴァ書房、1984 年。
13. 津守真『保育の一日とその周辺』フレーベル館、1989 年。

第5章

保育の法制度

学習のポイント

　保育という営みは、子どもや保護者との関わりのなかで、その育ちや子育てを支えることを通して子どもや家庭の幸せに寄与するものである。一人ひとりの子どもの発達過程やその心持ちに寄り添い、保護者の意向を尊重しながら直接、間接に支援する行為は一様ではなく、子どもや保護者一人ひとりへの個別な関わりが求められる。

　一方、保育は、法的な基盤をもち、法に規定され、法に裏打ちされた公的な営みである。保育に関するさまざまな法律や制度的な位置づけがあるからこそ、日々の保育実践が保障され、子どもや保護者と関わることが正当なこととしてみなされる。

　このように保育所は公的な施設であり、常に社会的な役割や責任が求められる。また、法や制度にのっとって保育を実施することにより継続的かつ日常的な営みが保証されていく。自らの仕事の立ち位置やその役割を認識し、保育を通して社会に貢献していくためにも、保育や保育士の法的枠組みや制度について学び、理解を深めていくことが重要である。

第 **1** 節

子ども家庭福祉の法体系と保育の位置づけ

1 子ども家庭福祉について

　現在、子どもや子育てをめぐる問題や課題は多岐にわたり、目の前の子どもはもちろんのこと、子どもの生活の場である家庭をも視野に入れた支援や対策が必要となっている。第2章第2節で子ども家庭福祉と乳児保育について概観したように、「福祉」のとらえ方が深化・拡大し、対象者の保護や救済を担うだけでなく、その自立までを見据えた長期的な支援や権利擁護が重要視されている。つまり、ウエルフェアからウエルビーイングへと福祉のとらえ方や価値観が変容し、一人ひとりの能動的な権利や自己実現を広く社会全体で支えることが求められているといえよう。

　さらに、今日では地域における問題や課題に継続的かつ包括的に取り組むための体制づくりや総合的な支援が模索されている。(第3巻「子ども家庭福祉」参照)

　こうした流れのなかで、これまでの「児童福祉」から「子ども家庭福祉」という用語が頻繁に使われるようになり、保育士養成課程の教科目名や保育士試験の科目も「子ども家庭福祉」に変更された。さらに、「子ども・子育て支援法」をはじめ、法律においても「子ども」という言葉が用いられ、「児童の権利に関する条約」も「子どもの権利条約」として広く浸透している。

　「子ども家庭福祉」を主に担う保育士には、子どもや子育て家庭の置かれた環境全体を視野に入れて子どもや子育て家庭を支えていくことが求められる。このためにも保護者や地域社会との連携や協働が必要であり、子どもと子育て家庭のウエルビーイングの実現のために他職種や関係機関との協力・連携は欠かせない。

　なお、本文においても「児童」に代えて「子ども」という表現を用いるが、法令上の表記によっては「児童」を用いる。ま

た、児童福祉法にある定義に従い「子ども」は原則として 18 歳未満の者をさすが、保育においては主に就学前の乳幼児をさすことが多い。

2 子ども家庭福祉の法体系

(1) 児童福祉法について

わが国の子ども家庭福祉は、「すべて国民は、健康で文化的な最低限度の生活を営む権利を有する」という日本国憲法第 25 条の規定を基本とし、児童福祉法はじめさまざまな法律、法令に基づき制度化されている。

児童福祉法は、日本国憲法の精神にのっとり昭和 22(1947) 年 12 月に公布、施行されたわが国の児童福祉についての法律であり、児童(18 歳未満)の健全育成と福祉の積極的推進を目的としている。今日に至るまで、時代の要請などにより複数回にわたり改正されているが、このなかで保育士の定義については、平成 13(2001)年の改正により「児童の保育に従事する」者から「児童の保育及び児童の保護者に対する保育に関する指導を行うことを業とする」者に改められた。また、この改正により保育士の国家資格化が図られている。

児童福祉法においては、担当する公的機関や各種施設および事業についての諸原則などを規定し、その内容や方法について明記している。さらに「児童福祉施設における施設及び運営に関する基準」を規定し、それぞれの施設の面積基準や人的配置基準等の設置基準を示し、子どもの最善の利益を考慮した運営を担保している。

(2) 児童福祉法の理念

平成 28(2016)年の児童福祉法改正において、権利の主体は子どもであるということがより強調された。児童福祉法の第 1 条では以下のように定められている。

児童福祉法
第1条
　すべて児童は、児童の権利に関する条約の精神にのっとり、適切に養育されること、その生活を保障されること、愛され、保護されること、その心身の健やかな成長及び発達並びにその自立が図られることその他の福祉を等しく保障される権利を有する。
第2条
　全て国民は、児童が良好な環境において生まれ、かつ、社会のあらゆる分野において、児童の年齢及び発達の程度に応じて、その意見が尊重され、その最善の利益が優先して考慮され、心身ともに健やかに育成されるよう努めなければならない。
○2　児童の保護者は、児童を心身ともに健やかに育成することについて第一義的責任を負う。
○3　国及び地方公共団体は、児童の保護者とともに、児童を心身ともに健やかに育成する責任を負う。

　ここには、生きる主体は子ども自身であるという基本理念に基づき、子どもはおとなによって愛され、その生活を守られ、健やかに育てられ、自立が図られ、福祉を保障される権利を有することが明確に示されている。また、同法第2条第2項には「児童の保護者は、児童を心身ともに健やかに育成することについて第一義的責任を負う」こととされている。さらに「国及び地方公共団体は、児童の保護者とともに、児童を心身ともに健やかに育成する責任を負う」（同法第2条第3項）とあり、保護者の養育責任とともに子どもの育成に対する公的責任について明記している。

(3)　子育ての私的責任と公的責任

　当然のことながら、子どもを育てることの第一義的責任は父母（保護者）にあり、民法（第820条）では、親権者の「監護及び教育の権利義務」について規定している。また、教育基本法

第10条や次世代育成支援対策推進法第3条、及び子ども・子育て支援法第2条においても、保護者の第一義的責任について次のように明記している。しかし、これらの法律は同時に、家庭教育や子育てを社会全体で支えていく公的責任について規定しており、子育ての私的・公的責任を共に明確にしている。

特に今日においては、子どもや家庭を取り巻く社会のありようや地域の実情をふまえた子育てと子育ちの視点をもつことや、福祉、保健、教育など、関連する分野のつながりや協働が求められる。また、私的、公的とくくれない「社会連帯」や「共生社会」といった概念が今後ますます重要になってくると考えられる[注1]。

注1・・・・・・・・・・・・・・
柏女霊峰は、著書『これからの子ども・家庭支援を考える』において、「共生社会創出のための子ども家庭福祉の地域における包括的・継続的支援体制の整備」について提言している。

> 次世代育成支援対策支援法
>
> 第2条　この法律において「次世代育成支援対策」とは、次代の社会を担う子どもを育成し、又は育成しようとする家庭に対する支援その他の次代の社会を担う子どもが健やかに生まれ、かつ、育成される環境の整備のための国若しくは地方公共団体が講ずる施策又は事業主が行う雇用環境の整備その他の取組をいう。
>
> 第3条　次世代育成支援対策は、父母その他の保護者が子育てについての第一義的責任を有するという基本的認識の下に、家庭その他の場において、子育ての意義についての理解が深められ、かつ、子育てに伴う喜びが実感されるように配慮して行われなければならない。
>
> 子ども・子育て支援法
>
> 第2条　子ども・子育て支援は、父母その他の保護者が子育てについての第一義的責任を有するという基本的認識の下に、家庭、学校、地域、職域その他の社会のあらゆる分野における全ての構成員が、各々の役割を果たすとともに、相互に協力して行われなければならない。

（4）　子ども家庭福祉に係る法律

　児童福祉法を基盤として、このほかにも、子ども家庭福祉に関わる法律が整備されている。

　昭和40(1965)年に制定され、翌年から施行された「母子保健法」は、母子に対する保健指導や健康診査、母子健康手帳の交付や養育相談などについて規定している。また、「母子及び父子並びに寡婦福祉法」は昭和39(1964)年に母子福祉法として制定・施行されたが、平成26(2014)年の改正において、父子家庭が加えられ法律名が変わった。主にひとり親家庭の生活の安定と向上のための必要な措置を講じ、福祉の向上を図ることを目的としている。さらに、ひとり親家庭の子どもに対しては、昭和36(1961)年に制定された児童扶養手当法に基づき、子どもを養育する父または母に対して手当てが支給されている。

　児童虐待の増加やその対策の必要性から、「児童虐待の防止等に関する法律」（児童虐待防止法）が平成12(2000)年に制定、施行されている。同法には児童虐待の定義や国および地方公共団体の責務などが明記され、児童相談所や市町村による適切かつ迅速な対応や子どもの安全確保などについて規定している。また、保育所やさまざまな場における虐待の早期発見と通告義務についても示している。

　平成15(2003)年に制定され、平成17(2005)年度より施行された「次世代育成支援対策推進法」は、急速な少子化の進行などをふまえ、次代の社会を担う子どもが健やかに生まれ、かつ、育成される環境の整備を図るための理念などについて規定している。また、本法律により、各都道府県市町村において次世代育成対策に係る「行動計画」が策定され、地域の実情に応じた取り組みが推進されている。

　さらに、社会保障・税一体改革の一環として「子ども・子育て新システム基本制度案要綱」に基づく検討が重ねられ、平成24(2012)年8月に「子ども・子育て関連3法」が成立し、平成27(2015)年度より施行された。「子ども・子育て関連3法」は、幼児期の学校教育、保育、地域の子ども・子育て支援を総合的に推進することをめざしている。制度ごとにバラバラだった教育、保育、子育て支援を政府が一体的に推進し、社会全体で子

どもと子育てを支える体制を整えるとともに、その費用の負担や給付などについて明記している。

　障害福祉分野においては、平成23(2011)年に改正された「障害者基本法」、平成16(2004)年に制定され平成28(2016)年に改正された「発達障害者支援法」、平成24(2012)年に制定された「障害者総合支援法」、平成25(2013)年制定の「障害者差別解消法」と、この間、障害者福祉に関する法整備が進んだ。これらの法律には、障害者の基本的人権や社会参加、地域社会における共生や差別の解消などについて規定されている。

　障害者福祉に係るこうした機運は、2006年に国連が採択した「障害者の権利に関する条約」（日本は平成26〔2014〕年に批准）によるところが大きい。なお、本条約や各法律を受けて、子ども家庭福祉の分野においても、障害児の人権および基本的自由の保障や地域生活支援などについて検討が重ねられ、児童福祉法が改正されている。また、「障害者基本法」において、国・地方公共団体は、障害のある子どもが身近な場所で、療育、保育、教育などを受けられるための施策を講じることとされている。

3　子ども家庭福祉の実施体制

(1)　子ども家庭福祉を担う行政機関

　先にみたように、国および地方公共団体は、子どもを健やかに育成する責任を負っている。

　このうち国においては、子ども家庭福祉に関する福祉行政全般について、係る事業に要する予算措置や施策の立案・決定などのほか、保育所保育指針（以下、保育指針）の告示や保育士養成施設の設置・運営などについて、主に厚生労働省が所管している。また、子ども・子育て支援のための基本的な政策や少子化対策などについては内閣府子ども・子育て本部が所管している。認定こども園法に基づく事務や認定こども園教育・保育要領の告示は、内閣府、文部科学省、厚生労働省の3者の所管である。

　地方自治体のうち都道府県は、児童福祉施設の認可並びに指

導監査を担うとともに児童相談所や福祉事務所、保健所の設置を行う。また、国からの助言を受け、市町村への助言や情報提供を行い、連絡調整を担う。なお、指定市および中核市は都道府県とほぼ同様の権限をもっている。

　基礎的な地方自治体としての市町村は、地域住民に密着した行政事務全般を担い、このなかで保育所などの設置や実施、保健所における乳幼児健診、乳児家庭全戸訪問事業などを行っている。近年、特にその権限が拡大・強化され、市町村が担う役割が大きくなっている。

　児童福祉法において、子ども家庭福祉の観点が明確になったのは、平成15(2003)年の児童福祉法の改正により「子育て支援事業」が新たに規定されたことと関連するだろう。子育て支援事業を担うのは市町村であることを明確にするとともに、その権限や業務内容を拡大させながら市町村における子育て支援の場を整備した。さらに、平成24(2012)年に制定された「子ども・子育て関連3法」では、市町村が子ども子育て支援新制度の実施主体とされ、地域のニーズを盛り込んだ「市町村子ども・子育て支援事業計画」を策定することとしている。

　このように、子ども家庭福祉は国、都道府県(指定都市・中核都市)、市町村の主に3つの機関が担い、連携を図りながら進めている。特に、市町村には地域のニーズに沿った施策や地域住民との連携・協働がより求められているといえよう。

(2)　社会的養護

　児童福祉法に基づく子どもの権利擁護をふまえた制度として「社会的養護」があり、要保護児童に対して適切な措置が行われる。社会的養護は施設養護(主に乳児院と児童養護施設)と家庭的養護(里親制度)に大別される。

　近年、児童虐待や保護者の不適切な養育、家庭崩壊などの増加にともない、乳児院や児童養護施設に入所する子どもが増えている。このため、施設養護においては保護者の問題解決など家庭支援の役割が大きくなり、保育士のほか、医師や看護師、ケースワーカーやソーシャルワーカー、心理担当者などが連携して子どもと保護者を支え、個別の対応を行っている。また、家庭復帰を果たさず、施設から社会へ巣立つ者に対して、その

自立を助けるための「社会的養護自立支援事業」が平成29(2017)年より実施されている。

施設養護から家庭的養護、すなわち里親へと養育委託が変更される場合もある。家庭養護の保障という意味からも里親制度は大変重要であり、子どもの心身の状態に十分に考慮した里親への委託が求められる。里親については、児童福祉法の規定に基づき「里親制度運営要綱」が定められ、制度の充実が図られている。さらに、里親を支援する体制も重要であり、児童相談所を設置する自治体においては、里親支援を行うことが求められ、里親家庭への訪問支援や里親研修などが行われている。

(3) 保育制度

保育所は、「保育を必要とする乳児又は幼児を日々保護者の下から通わせ保育を行うことを目的とする」(児童福祉法第39条)児童福祉施設の一つである。また、社会福祉法においては、第二種社会福祉事業に位置づけられている。なお、保育所の設備基準、職員配置、保育時間、保育の内容などについては「児童福祉施設の設備及び運営に関する基準」に規定され、これに基づき、保育内容の基準である保育指針が厚生労働大臣より告示されている。各保育所はこの保育指針をふまえて保育しなければならない。

保育所の中心は認可保育所であり、その数は全国に約2万3500か所、0歳から6歳までの子ども約209万人が保育されている。従事する保育士は約35万人である。(第3章第2節表3-3の②参照)

子ども・子育て支援新制度において、認可保育所は幼稚園、認定こども園ともに施設型給付を受ける施設とされ、市町村が行う保育の必要性の認定により保育が実施されている。 なお、保育所、幼稚園、認定こども園ともに国の基準により都道府県が設置を認可する。

一方、地域型施設給付を受ける地域型保育事業として、小規模保育、家庭的保育、事業所内保育、居宅訪問型保育があり、市町村が基準を設けて設置を認可する。地域型保育は主に3歳未満児の保育を少人数で行うケースが多く、待機児童の多い都市部において設置が進められるとともに、認可外保育施設から

の移行も進んでいる。

　しかしながら、基準を満たさない認可外保育所も全国に約1万4000か所と依然として多く、このなかには、自治体が独自に運営費補助などを行う認証保育所、国が主導して設置を進める企業型保育、その他、ベビーホテルも含まれる。平成13(2001)年の児童福祉法の一部改正により認可外保育施設の届出制が義務化され、監督強化が図られているが、子どもの事故やトラブルは依然としてなくならない。

　新制度により、保育所の認可制度がやや変容し、保育の場が多様化している。待機児童解消のため企業が運営する保育施設も増え、その保育内容や質が懸念されるケースもある。自治体による指導監査や第三者評価など、保育の質を担保する仕組みはあるが、子どもの最善の利益を考慮し、子ども家庭福祉の充実に寄与する保育制度であることが望まれる。

(4)　子育て支援

　平成15(2003)年の児童福祉法改正において、子育て支援事業が児童福祉法に位置づけられ、その後の改正においても子育て支援事業の充実が図られ、国も積極的に子育て支援に関わる施策を推し進めていった。保育所の地域子育て支援について、児童福祉法第48条の3において、「地域の住民に対する保育に関する情報の提供や相談・助言に努める」ことが明記され、そのための知識・技術の修得を求めている。

　平成27(2015)年に施行された子ども・子育て支援法においては「地域子ども・子育て支援事業」として、地域子育て支援拠点事業、利用者支援事業、乳児家庭全戸訪問事業、一時預かり事業、病児保育事業、放課後児童クラブなど13の事業が示され、各地で事業が展開されている(表5-1)。このうち地域子育て支援拠点事業は平成30(2018)年には全国で7431か所となり、子育て家庭の交流の場として機能するとともに、子育てに関する相談・援助や講習などが行われている。また、利用者支援事業は、利用者のニーズに応じて保育、保健、その他の子育て支援を円滑に利用できるよう支援するものであるが、このための利用者支援専門員の養成が子育て支援員研修制度に位置づけられた。

表 5-1　地域子ども・子育て支援事業の箇所数等

事業名	箇所数	利用状況
①利用者支援事業	1,897	
②延長保育事業	26,937	101 万 3000 人
③実費徴収に係る補足給付事業		
④多様な主体の参入促進事業		
⑤放課後児童クラブ	25,328	123 万 5000 人
⑥子育て短期支援事業	1,150	ショートステイ（764 か所） トワイライトステイ（386 か所）
⑦乳児家庭全戸訪問事業	1,733	
⑧養育支援訪問事業	1,469	
⑨子どもを守る地域ネットワーク強化事業	462	
⑩一時預かり事業	9,732	495 万人（延べ利用数）
⑪地域子育て支援拠点事業	7,259	
⑫病児保育事業	2,572	61 万人（延べ利用数）
⑬ファミリー・サポートセンター	863 市区町村	依頼会員 59 万人 提供会員 13 万人

出典：内閣府ホームページ「子ども・子育て支援制度」および厚生労働省「行政説明資料」をもとに天野作成。

このように子育て支援に関わる制度においては、妊娠、出産、子育て、保育、学童保育と継続的かつ包括的な支援が行われることをめざすとともに、市町村を中心に関係機関や事業者が連絡調整を行い、必要なサービスにつなげることが重要である。そのためにはコーディネートする人の存在が重要であり、国は平成 21(2009)年に「次世代育成支援人材養成事業」を創設し、質を確保した子育て支援スタッフの養成を行っている。

なお、国においては平成 29(2017)年度より「子育て世代包括支援センター」を法定化し、妊娠期から子育て期にわたる切れ目のない支援を行うこととした。母子保健サービスと子育て支援サービスを一体的に提供できるよう、保健師やソーシャルワーカーなどを配置し支援にあたる。国では 2020 年度末までに各市町村に広げ、全国展開をめざすとしている。

4　「児童の権利に関する条約」と保育

(1)　児童の権利に関する条約

第 2 章第 1 節でもみたように、1989 年に国際連合が採択した「児童の権利に関する条約」（子どもの権利条約）は、世界の

図 5-1 「児童の権利に関する条約」（子どもの権利条約）

1989 年国際連合採択・1990 年発効・1994 年日本政府批准

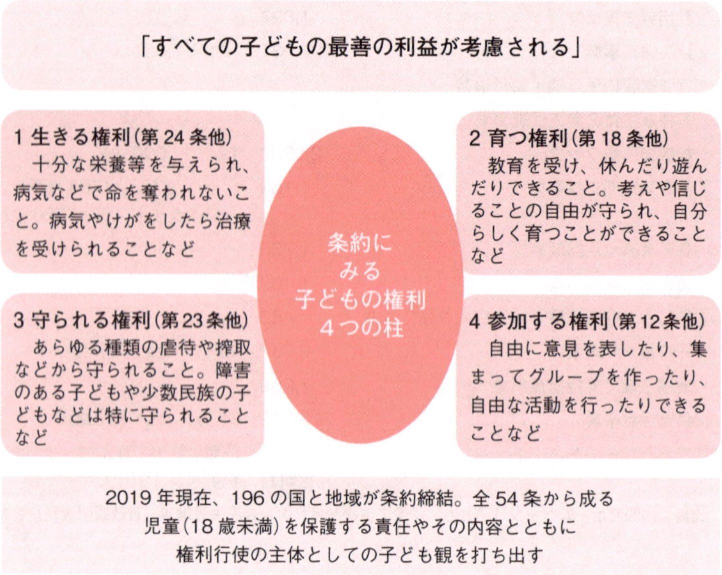

「すべての子どもの最善の利益が考慮される」

1 生きる権利（第 24 条他）
　十分な栄養等を与えられ、病気などで命を奪われないこと。病気やけがをしたら治療を受けられることなど

2 育つ権利（第 18 条他）
　教育を受け、休んだり遊んだりできること。考えや信じることの自由が守られ、自分らしく育つことができることなど

条約にみる子どもの権利 4 つの柱

3 守られる権利（第 23 条他）
　あらゆる種類の虐待や搾取などから守られること。障害のある子どもや少数民族の子どもなどは特に守られることなど

4 参加する権利（第 12 条他）
　自由に意見を表したり、集まってグループを作ったり、自由な活動を行ったりできることなど

2019 年現在、196 の国と地域が条約締結。全 54 条から成る
児童（18 歳未満）を保護する責任やその内容とともに
権利行使の主体としての子ども観を打ち出す

出典：「子どもの権利条約」をもとに天野作成。

すべての児童の尊厳を守り、その権利を保障することを目的としている。日本は平成 6(1994)年に批准し、その理念をふまえた児童福祉法の改正や制度の構築を進めてきた。

　子どもの権利条約は、「父母又は場合により法定保護者は、児童の養育及び発達についての第一義的な責任を有する」（第 18 条第 1 項）とし、保護者の責任について規定している。また、同第 2 項で、締約国は、「父母及び法定保護者が児童の養育についての責任を遂行するに当たりこれらの者に対して適当な援助を与える」とし、保護者の養育を支援する公的責任について言及している。

　また、第 3 条の第 1 項には「児童に関するすべての措置をとるに当たっては…（中略）…、児童の最善の利益が主として考慮されるものとする」とある。この「児童の最善の利益」は子どもの権利を象徴することばとして国際社会でも広く浸透しており、子どもの人格・人権を尊重することの重要性を象徴している。

　さらに、第 12 条第 1 項には、「締結国は、自己の意見を形成する能力のある児童が…（中略）…、自由に自己の意見を表明する権利を確保する」とあり、児童の意見表明権について規定

している。また、児童の表現の自由についての権利（第13条）や教育についての権利と機会の平等（第18条）、さらには障害児の権利（第23条）などについても定めている（図5-1）。

このように、同条約は、児童を保護する責任やその内容とともに、権利行使の主体としての子ども観を打ち出している。また、すでに国際連合で採択された「児童権利宣言」（1959年）や「世界人権宣言」（1948年）の内容がふまえられている。

(2)　児童の最善の利益をふまえた保育

子どもの権利条約の理念は、わが国における子ども家庭福祉や保育の理念でもある。

すなわち、子どもの人権を尊重し、子どもの最善の利益を考慮することは、子ども家庭福祉の理念そのものであり、それは保育所の保育理念でもある。保育所のみならずすべての保育現場において、子どもの最善の利益をふまえた保育がなされなければならない。そして、生きる主体としての子どもの存在や一人ひとりの子どもの人権を尊重して保育することが求められる。

特に、保護者を含むおとなの利益が優先されたり、おとなの都合により子どもの生活が脅かされたりしないよう、保育士は子どもの**代弁**者としての役割を担うことが必要である。また、子どもの最善の利益をふまえた保育がなされているか、自らの保育を客観的に振り返り、倫理観や人間性を磨いていかなければならないだろう。

子どもの最善の利益をふまえた保育の保障については、児童福祉法および保育指針にも明記されている。保育指針の「第1章　総則」では、保育所は、「入所する子どもの最善の利益を考慮し、その福祉を積極的に増進することに最もふさわしい生活の場でなければならない」としている。また、子どもの人権を尊重したり守ったりしながら、養護と教育を一体的に行っていくことが求められる。また、保育指針では、子ども自身を生きる主体として受け止め、その自主性や意欲、自ら環境に関わり自発的に活動することの重要性などについて示している。

> **代弁**
> 当人以外の人物や機関による権利擁護のための代理・代弁活動をアドボカシー（Advocacy）とよぶ。特に「発達障害者の権利を保障し、生活の質を高める立場で発達障害者を代弁する一連の活動」とされるが、障害者にとどまらず、子どもの権利擁護のために代弁する保育者もアドボケイト（アドボカシーの実行者）ととらえられる。

図 5-2　子ども家庭福祉と保育等

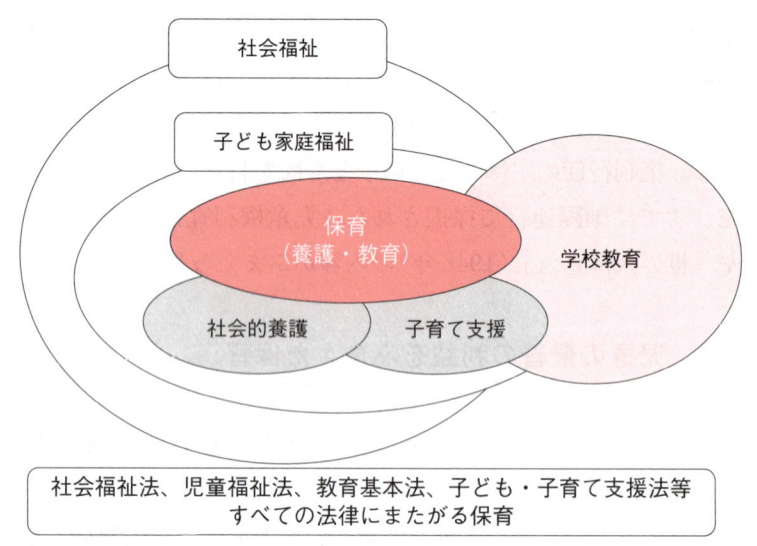

天野作成

（3）　子ども家庭福祉を総合的に担う保育

　今日においては、子ども家庭福祉を担う重要な施設として保育所への期待や要望が増大している。保護者や家庭を視野に入れ、保護者の意向や家庭の状況を考慮して支援していくことは重要な役割であり、保育士には子どもの養護と教育を担う専門性とともに子育て支援の専門性が求められる。

　一方、保育所は、「幼児教育を行う施設」であるとともに、子育て支援を担う役割があることを保育指針は明らかにしている。保育は福祉、教育、子育て支援にまたがる総合的な営みであり、各分野に係る法律や制度にもさまざまな規定がある。（図5-2）

　子ども家庭福祉もまた、児童福祉を基盤に、社会福祉、医療・保健、教育、保護者の労働や社会保険といった法律などと連動し、多岐にわたる施策や制度が構築されている。さらに、今日では、保育を含む子ども家庭福祉において、社会的なネットワークや地域社会との連携・協働が求められ、社会連帯が模索されているといえよう。

子ども・子育て支援制度

1　「少子化対策」から「子ども・子育て支援施策」へ

　急激な**少子高齢化**の進行（図5-3）は重要な社会問題であり、これまで「少子化対策」としてさまざまな施策が講じられてきたが、十分な成果が得られていない。一方、家庭における養育力の低下や児童虐待の増加が指摘されているわが国では、保護者の子育てをさまざまに支える社会的支援が必要となっている。さらに、保育所への入所を希望してもかなえられない、いわゆる待機児童の増加が都市部を中心に大きな問題となっている。

　このように、少子化や核家族化の進行、地域のつながりの希薄化や共働き家庭の増加などを背景にさまざまな課題が顕在化するなか、国においては、子どもと子育てのおかれた状況をふまえ、「少子化対策」から「子ども・子育て支援施策」へと視点を移し、より総合的な施策についての検討が重ねられてきた。平成15（2003）年に「次世代育成支援対策推進法」を制定するとともに、「子ども・子育て応援プラン」（平成16〔2004〕年）、

> **少子高齢化**
> 出生数の低下にともない子どもの数が減少するとともに、平均寿命が延び、高齢者（65歳以上）の人口が増えている。人口構造も変化し、平成9（1997）年には子ども（14歳以下）の人口の総人口に占める割合が、65歳以上を初めて下回り、さらにその差は広がっている。平成30（2018）年には15歳以下の割合は総人口の12.5％、16歳から64歳の人口は59.5％、65歳以上の割合は約28.0％となり、少子高齢化がさらに進んでいる。

図5-3　少子高齢化の進行とわが国の人口：年齢構成の推移（単位％）

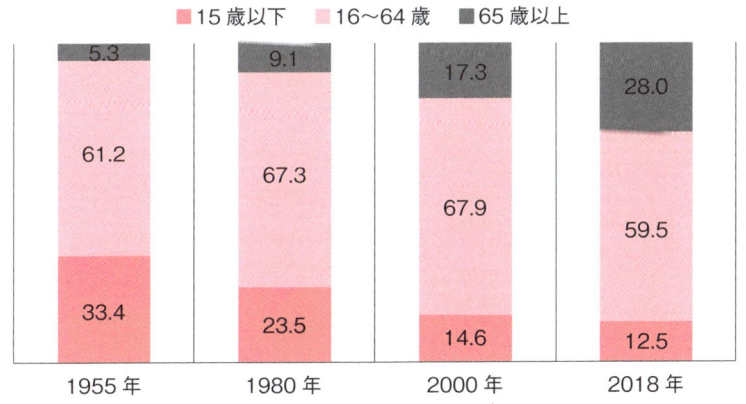

出典：厚生労働省「平成30年（2018）人口動態調査」をもとに天野作成。

「子ども・子育てビジョン」（平成22〔2010〕年）などを策定した。

　子ども・子育てビジョンは、平成15（2003）年に制定された「少子化社会対策基本法」に基づく大綱であるが、「子どもが主人公である」（チルドレン・ファースト）という基本的考えのもと、個人の希望する結婚、出産、子育てを実現する視点から、生活、仕事、子育てを総合的に支えることをめざすとしている。

　子ども・子育てビジョンおよび平成21（2009）年に取りまとめられた社会保障審議会少子化対策特別部会の報告に基づき、平成22（2010）年には「子ども・子育て新システムの基本制度案要綱」が定められた。ここには、利用者（子どもと子育て家庭）本位を基本とし、地域による多様なサービスの提供とともに、政府の推進体制や財源の一本化などについて明記されている。また、幼稚園、保育所の一体化について触れている（図5-4）。

　「子ども・子育て新システムの基本制度案要綱」の内容をふまえ、平成24（2012）年には「子ども・子育て新システムに関する基本制度とりまとめ」が公表された。これを受けて、基本制度案が国会に提出され、新たな法律や制度に関する審議を経て、「子ども・子育て関連3法案」が社会保障・税一体改革関

図5-4　子ども・子育て新システムの基本制度要綱

【目的】 子ども・子育て新制度では、以下のような社会を実現

- ◆ すべての子どもへの良質な成育環境を保障し、子どもを大切にする社会
- ◆ 出産・子育て・就労の希望がかなう社会
- ◆ 仕事と家庭の両立支援で、充実した生活ができる社会
- ◆ 新しい雇用の創出と、女性の就業促進で活力ある社会

【方針】 以下の方針のもとに、制度を構築

- ◆ 子ども・子育てを社会全体で支援
- ◆ 利用者（子どもと子育て家庭）本位を基本とし、すべての子ども・子育て家庭に必要な良質のサービスを提供
- ◆ 地域主権を前提とした住民の多様なニーズに応えるサービスの実現
- ◆ 政府の推進体制の一元化

【新制度とは】 以下のような新制度を実現

- ◆ 政府の推進体制・財源の一元化
- ◆ 社会全体（国・地方・事業主・個人）による費用負担
- ◆ 基礎自治体（市町村）の重視
- ◆ 幼稚園・保育所の一体化
  （幼保連携型認定こども園の増設）
- ◆ 多様な保育サービスの提供
- ◆ ワーク・ライフ・バランスの実現

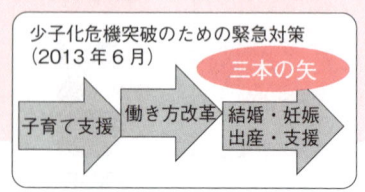

少子化危機突破のための緊急対策
（2013年6月）　三本の矢

子育て支援　→　働き方改革　→　結婚・妊娠・出産・支援

出典：内閣府「行政説明資料」より天野作成。

連法案として国会に提出されたのである。

2 「子ども・子育て関連3法」の成立

　平成24(2012)年3月に国会に提出された「子ども・子育て関連3法案」は同年8月10日に可決・成立し、同8月22日に公布された。

　この3法とは、「子ども・子育て支援法」「就学前の子どもに関する教育、保育等の総合的な提供の推進に関する法律の一部を改正する法律」「子ども・子育て支援法及び就学前の子どもに関する教育、保育等の総合的な提供の推進に関する法律の一部を改正する法律の施行に伴う関係法律の整備等に関する法律」であり、その趣旨や主なポイントは図5-5のとおりである。

　この3法の成立とともに、子ども・子育て支援の総合的な推進をめざす「子ども・子育て支援新制度」が創設され、平成27(2015)年より施行されている。この新制度は、すべての子どもと子育て家庭を社会全体で支えることを基本とし、地域の実情に応じた子育て支援の内容やその整備、保育ニーズに対応した保育サービスの拡充などがめざされ、財源を確保して質・量の双方の充実を図るとしている。

図5-5　子ども・子育て関連3法の成立（2012年8月）

○「子ども・子育て支援法」
　◆すべての子どもに良質な生育環境を保障する
　◆こども・子育て支援のため給付を創設〜包括的で一元的な制度を構築
　◆市町村における「子ども・子育て支援事業計画」の策定
　　・「子ども・子育て会議」の設置
　◆国と地方の費用負担や交付金のあり方
　◆指導監査など

　　　　　　　　　　　　　市町村の公的関与
　　　　　　　　　　　　　公的責任の強化

○「就学前の子どもに関する教育、保育等の総合的な提供の推進に関する法律の一部を改正する法律」（改正認定こども園法）
　◆幼児期の学校教育と保育及び子育て支援を総合的に提供する
　◆幼保連携型認定こども園の設置・運営基準及び目標
　◆保育者(保育教諭)の資格　など

○「子ども・子育て支援法及び就学前の子どもに関する教育、保育等の総合的な提供の推進に関する法律の施行に伴う関係法律の整備等に関する法律」（関連整備法案）

　　　　　　　　子ども・子育て関連3法に基づく新制度
　　　　　　　　→平成27(2015)年度より施行

　　　　　　　　出典：内閣府「行政説明資料」より天野作成。

　「子ども・子育て関連３法」のうち、「子ども・子育て支援法」には、子育てや保育・教育に係る公的な給付について規定されている。これによると、これまで別々だった幼保の財政支援を一本化した①施設型給付（保育所、幼稚園、認定こども園への給付）と②地域型保育給付（家庭的保育や小規模保育などへの給付）があり（図 5-6）、保護者からの申請により、市町村が保育の必要性の認定を行い、利用できるものとしている。

　さらに、市町村は地域の子育てニーズに基づき「子ども・子育て支援事業計画」を策定し、必要な保育を確保するための措置を講じることとし、市町村の責任を明確にしている。また、国においては「子ども・子育て会議」が設置され、具体的な事業や給付に係る基準などについて協議が進められた。さらに、地方版「子ども・子育て会議」が都道府県および市町村において設置され、関係者による活発な論議が行われている。

　各自治体においては、子ども・子育て会議の議論をふまえ、子どもや子育て家庭の状況に応じた子ども・子育て支援の提供が可能となるよう、地域の実情やニーズに応じたきめ細かい施策とその実施が望まれる。

図 5-6　子ども・子育て支援新制度における施設型給付と地域型保育給付

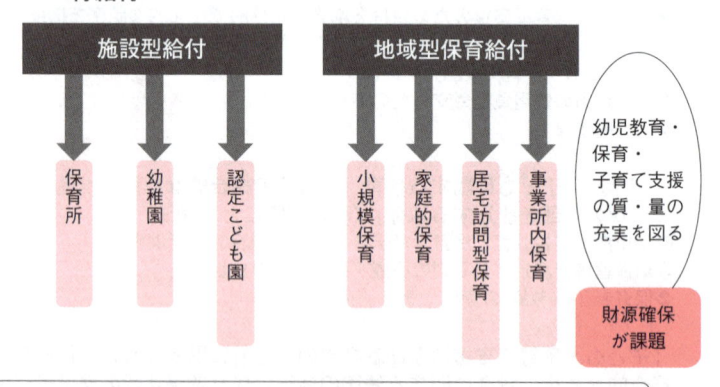

天野作成

4　子ども・子育て支援新制度の概要

　「すべての子どもへの良質な成育環境を保障し、子どもを大切にする社会の実現をめざす」とする子ども・子育て支援新制度は、児童虐待の増加や保育所**待機児童**の問題、保育の量と質の確保、子育て支援の場とそれを担う人の育成等、子育てや保育に係る課題や問題を総合的に解決しようとする意図がある。

　新制度の主なポイントは、①認定こども園制度の改善、②施設型給付とともに地域型施設給付を創設し、小規模保育、家庭的保育などに対する財政支援を行う、③地域の実情に応じて実施する 13 の子育て支援事業の法定、④市町村が実施主体となり子育て支援の財源と権限を一元化する、⑤社会全体の費用負担（消費税率引き上げによる財源確保）である。

　これにより、新制度では、認可保育所以外にも保育の場を広げ、小規模保育などにも財源が行き届くようにするとともに、幼保一体型施設である認定こども園の設立を促進している。自治体によっては、多くの保育所、幼稚園が認定こども園に移行し、保育と教育および子育て支援を一体的に提供している。

　また、新制度では「地域子ども・子育て支援事業」を創設し、地域子育て支援拠点事業や一時預かり事業、病児保育事業など、子育て支援に関する 13 の支援メニューを創設・再編した（第 5 章第 1 節表 5-1 参照）。地域の実情をふまえた「市町村子ども・子育て支援事業計画」に従い、さまざまな支援が実施され、地域社会の活性化につながることが期待される。特に地域における保育や子育て支援に関するネットワークや人材の育成が求められるだろう。

　このように、新制度は、保育、幼児教育、子育て支援などを総合的に推進するものであり、その具体的な内容については国や自治体の「子ども・子育て会議」において、地域の実情に応じた内容が検討されている。

5　子ども・子育て支援新制度と保育

　子ども・子育て支援新制度においては、財源を確保しながら、保育の場を広げて待機児童の解消をめざすとともに、少子化に歯止めをかけることがねらいとされる。

待機児童
　認可保育所などへの入所申請をしても入所がかなえられない状態にある保育を必要とする児童のことで、国では「新待機児童ゼロ作戦」（2008）、「待機児童解消加速化プラン」（2013）などを策定し解消に取り組んできたが、それを上回る保育所利用申請があり、都市部において待機児童は解消されていない。しかし、全国の 8 割の市町村は待機児童ゼロであり、待機児童問題は都市部に人口が集中していることにも要因がある。

新制度のもと、保育所、幼稚園、認定こども園は「特定教育・保育施設」として共通の給付を受けるなど、仕組みの上から整合性が図られたといえよう。一方で、新制度では、幼保一体型施設である認定こども園の設立を促進している。また、認可保育所以外にも保育の場を広げ、小規模保育や家庭的保育などにも財源が行き届くようにしながら、保護者の保育料の負担を軽減しようとしている。

　このため、国は、幼児教育の無償化やその対象範囲について検討を重ね、平成30(2019)年5月に「子ども・子育て支援法」の一部を改正した「幼児教育・保育の無償化」が実現の運びとなった。無償化の対象は幼稚園、保育所、認定こども園等に通う3歳から5歳までのすべての子どもで、0歳から2歳児は住民非課税世帯を対象としている。また、地域型保育、企業主導型保育も同様に無償化の対象となり、認可外保育施設は都道府県に届け出を行い国が定める基準を満たしていれば無償化の対象となる。さらに、幼稚園の預かり保育についても、上限額を設けて無償化の対象としている。

　幼児教育・保育の無償化は令和元(2019)年10月より全面実施となる。各保育現場や自治体では、保育の必要性および公平性の観点からさらなる検討を重ねている。給食費等の実費徴収、人材の確保や保育者の待遇の向上などさまざまな課題もあり、無償化の費用は年間約7億8千万円と言われている。

　国では、社会保障・税一体改革の1項目として、消費税率の引き上げによる財源を充てる予定だが、財源は十分とはいえず、これまで以上に保育の重要性や子育て支援の意義とその必要性を広く社会に訴え続けていくことが必要だろう。それとともに税金の使途等、社会に対する説明責任、保育施設等の運営の透明性が求められる。

　さらに、保護者の負担の軽減や保育の量的拡充のみならず、その質の確保と向上のために財源が十分に確保されることが重要である。研修制度のさらなる充実や保育の質を評価する仕組み、さらには保育環境の改善・充実のための財源も必要である。保育士においては、時代や社会の状況により変化し変容していくことと、変わらずに守り、ふまえるべき保育の基本や普遍性といったものの両方を見据えながら、保育を再構築していかなければならないだろう。

保育の実施体系

1　保育所、幼稚園、認定こども園

（1）　保育と教育

　歴史的にみて、わが国では、学校教育前の乳幼児の教育を「保育」と呼んでおり、幼稚園の根拠法令である学校教育法第22条には「幼稚園は、義務教育及びその後の教育の基礎を培うものとして、幼児を保育し、幼児の健やかな成長のために適当な環境を与えて、その心身の発達を助長することを目的とする」と規定している。

　一方、保育所は児童福祉法第39条の規定に基づき、「保育を必要とする子どもの保育を行い、その健全な心身の発達を図ることを目的とする」と、保育指針「第1章　総則」に規定されている。

　こうしてみると、幼稚園も保育園も子どもの心身の発達を図る（助長する）ことを目的とする施設であり、ともに保育ということばを用いている。乳幼児にとって、保護・養護の意味合いを包含した保育ということばがふさわしいと考えられたからである。また、乳幼児への関わりとしておとなが意図的に教え込んだり、知識を一方的に与えたりするのではなく、子どもが育つ環境を整え、子ども自らが遊びや生活をとおして成長することを大切にしてきたといえる。さらに、幼い子どもの生命を保護し、その育ちを守り、支えるといった養護的関わりが土台にあってこそ成り立つのがこの時期の教育的営みであり、小学校以降の教科学習を中心にした教育とは内容も方法も異なることが早くから認識されていたのである。

(2) 指針、要領に基づく保育

就学前の子どもが通う施設として、0〜6歳の子どもが入所する保育所、3〜6歳の子どもが在園する幼稚園がある。さらに、平成18(2006)年に制定された「就学前の子どもに関する教育、保育等の総合的な提供の指針に関する法律」（以下、認定こども園法）により幼保一体型施設である認定こども園が創設され、0〜6歳の子どもが在園している。

保育所は厚生労働省が管轄する児童福祉施設であり、幼稚園は文部科学省が管轄する学校であることから、保育所では「保育」、幼稚園では「学校教育」を行うとされ、認定こども園では、認定こども園法に基づき「教育及び保育」を行うとしている。

また、認定こども園の4つの類型（保育所型・幼稚園型・幼保連携型・地方裁量型）のうち、特に幼保連携型認定こども園は児童福祉法および学校教育法に位置づけられ、保育教諭が「園児の教育及び保育をつかさどる」（認定こども園法[注2]第14条10）としている。さらに、認定こども園法に基づき、平成26(2014)年4月には認定こども園教育・保育要領が制定され、認定こども園における教育及び保育の内容が定められた。教育・保育要領はその後、平成29(2017)年3月に保育指針、教育要領とともに改訂されている。

表5-2は保育所・幼稚園・認定こども園についての一覧であるが、根拠法令や管轄の違いはあるが、ともに子どもの心身の健やかな育ちを支え、助長する施設であることは、それぞれの「目的」を見ても明らかである。また、それぞれの目標として、5つの領域（健康・人間関係・環境・言葉・表現）が同様に規定されるとともに、保育所の場合は5領域の前に養護に関する目標を定めている。また、認定こども園では5領域の目標の後に養護に関わる目標を規定している（図5-7）。

さらに、平成29(2017)年に改定（改訂）された保育指針と教育要領、および教育・保育要領の「第1章　総則」において、「幼児教育を担う施設として共有すべき事項」が新たに明記され、「育みたい資質・能力」と「幼児期の終わりまでに育ってほしい姿」が共通に示された。これらは小学校とも共有され、保育・幼児教育・学校教育の橋渡しをするものとして、子どもが育ちゆく方向性やその意義を明確にしている。

注2
正式には「就学前の子どもに関する教育保育等の総合的な提供の推進に関する法律」といい、平成18(2006)年に制定された。その後、平成24(2012)年に子ども・子育て支援法の制定にともない改正されている。この法律の第1条には認定子ども園の目的、第9条においては教育および保育の目標が規定されている。

表 5-2　保育所・幼稚園・認定こども園

	保育所（保育園）	幼稚園	認定こども園
管轄	厚生労働省	文部科学省	内閣府、厚生労働省、文部科学省
対象年齢	0〜5歳	3〜5歳	0〜5歳
保育者の配置基準	0歳：子ども3人対1人 1、2歳：6対1 3歳：20対1 4、5歳：30対1	3〜5歳：35対1	3歳未満児は保育所 3歳以上児は幼稚園に準じる
保育時間	8時間（短時間利用） 11時間（長時間利用） （開所時間は主に7時から19時又は20時）	4時間 預かり保育は＋4時間程度	4時間（幼稚園利用） 8時間（短時間利用） 11時間（長時間利用）
開所日数	約300日	39週以上	保育所、幼稚園に準じる
目的	子どもの健全な心身の発達を図る	幼児の健やかな心身の発達を助長する	こどもの健やかな心身の発達を助長するとともに保護者に対する子育ての支援を行う
ねらい・内容	乳児保育は3つの視点で1歳以上は5領域で示される	5領域で示される （保育所、認定こども園も同様の規定）	乳児、1、2歳児は保育所と同様、3歳以上児は保育所、幼稚園と同様

天野作成

図 5-7　保育所・幼稚園および認定こども園の目標

保育所保育指針
第1章「総則」1－(2)

ア　（前略）　保育所の保育は、子どもが現在を最も良く生き、望ましい未来をつくり出す力の基礎を培うために、次の目標を目指して行わなければならない。

（ア）養護 → 第1章「総則」2養護に関する基本的事項
（イ）健康
（ウ）人間関係
（エ）環境　　第2章「保育の内容」
（オ）言葉　　「保育のねらい及び内容」
（カ）表現

イ　保育所は、入所する子どもの保護者に対し、その意向を受け止め、子どもと保護者の安定した関係に配慮し、保育所の特性や保育士等の専門性を生かして、その援助に当たらなければならない。

学校教育法第23条

幼稚園における教育は、前条に規定する目的を達成するため、次に掲げる目標を達成するよう行われるものとする。

1. 健康
2. 人間関係　　幼稚園教育要領
3. 環境　　　　第2章
4. 言葉　　　　「ねらい及び内容」
5. 表現

認定こども園法第9条

認定こども園においては、第2条7項に規定する目的を実現するため、子どもに対する学校としての教育及び児童福祉施設としての保育並びにその実施する保護者に対する子育て支援事業の相互の有機的な連携を図りつつ、次に掲げる目標を達成するよう当該教育及び当該保育を行うものとする。

1. 健康
2. 人間関係　　認定こども園教育・保育要領
3. 環境　　　　第2章
4. 言葉　　　　「ねらい及び内容並びに配慮事項」
5. 表現
6. 心身の健康の確保及び増進

天野作成

このように保育所は保育指針、幼稚園は教育要領、認定こども園は教育・保育要領をふまえ、保育および教育を行うことが求められる。なお、保育指針、教育要領、教育・保育要領の構成は表5-3のとおりである。

　一方、小規模保育や家庭的保育などの地域型保育においても、保育指針に準じて計画的に保育することが求められ、保育内容の充実や子育て支援の役割が期待されている。

2　保育所の制度

(1)　入所の仕組み

　保育所は、「保育を必要とする乳児又は幼児を保育することを目的とする」（児童福祉法第39条）施設であり、同法施行令第27条において、「保育を必要とする」入所基準が示され、保護者の就労や疾病などが保育の実施の要件となっている。

　なお、平成27(2015)年度から施行された子ども・子育て支援新制度にともなう児童福祉法の改正により「保育に欠ける」ではなく「保育を必要とする」に改められた。つまり、子ども・子育て支援新制度における「施設型給付」の対象となる保育所、幼稚園、認定こども園の利用に関しては、市町村が客観的基準に基づき、保育の必要性を認定し、その区分に応じて保育に係る費用が算定され、給付が支給される仕組みとなったのである。

　保育所などへの入所を希望する保護者は市町村に申請し、市

表5-3　保育指針、教育要領、教育・保育要領の構成　　　（平成29年改定（訂））

	保育所保育指針	幼稚園教育要領	幼保連携型認定こども園 教育・保育要領
告示日 施行日	平成29年3月31日 平成30年4月1日	平成30年4月1日 平成29年3月31日	平成29年3月31日 平成30年4月1日
位置づけ	保育の内容及び内容に関連する運営に関する事項	教育課程その他の保育内容の基準	教育課程その他の教育及び保育の内容の基準
構成	第1章　総則 第2章　保育の内容 第3章　健康及び安全 第4章　子育て支援 第5章　職員の資質向上	第1章　総則 第2章　ねらい及び内容 第3章　教育課程に係る教育 　　　時間の修了後等に行う教育 　　　活動などの留意事項	第1章　総則 第2章　ねらい及び内容並びに配慮事項 第3章　健康及び安全 第4章　子育ての支援

天野作成

町村は子どもの年齢や就労時間といった保護者の状況に合わせて保育の必要量の認定を行い、認定証を交付する。認定を受けた保護者は、市町村の関与のもと、施設・事業などを選択し、施設と契約を行うことになる。ただし、私立保育所については児童福祉法第24条第1項に市町村の保育の実施義務が明記されていることから、市町村と保護者の契約となり、利用児童の選考や保育料の徴収は市町村が行うこととなる。また、必要に応じて市町村が利用調整を行ったり、利用可能な施設をあっせんしたりして、保護者の希望にできる限り応えていく。

保育の必要度の認定については、従来よりその事由を広げ、保護者の求職活動、就学、虐待やDVの恐れがあることなど、保護者の多様なニーズに対応できるものとしている。

(2) 保育の実施にかかる費用

子ども・子育て支援新制度において、保育所、幼稚園、認定こども園を通じた共通の給付である「施設型給付」、および小規模保育などに対する「地域型保育給付」が創設された。「施設型給付」および「地域型給付」は「内閣総理大臣が定める基準により算定した費用の額」いわゆる「公定価格」から市町村が定める「利用者負担額」を控除した額であり、基本的には、保護者に対する個人給付として支払われる。ただし、私立保育所については、前述のとおり市町村が施設に対して保育に要する費用を委託費として支払う。

新制度における公定価格は、保護者のニーズに応じた「認定の区分」「保育必要量」「施設の所在する地域」などの事項を勘案して算定される。当然のことながら人件費、事業費、管理費といった運営コストの確認・検討が必要であり、遵守すべき基準をふまえなければならない。また、施設運営の情報公開により施設運営の透明性を確保しようとしている。

(3) 保育所の設備および運営の基準

児童福祉法第45条は、「児童の身体的、精神的及び社会的発達のために必要な生活水準を確保するもの」として児童福祉施設の設備および運営について基準を定めている。そして、第

46条で基準の遵守状況などに関する指導監査を都道府県に義務付けている。

　設備や運営に関する基準に示されている保育所の基準には、2歳未満と2歳以上それぞれの保育室の面積などの基準（第32条）や職員の配置基準（第33条）、また、保育時間（第33条）や保育の内容（第35条）について明記されている（表5-2参照）。

　このうち、職員の配置基準は、保育士1人につき、0歳児が3人、1・2歳児が6人、3歳児は20人、4・5歳児が30人となっている。また、保育時間は「1日につき8時間を原則とし」「家庭の状況等を考慮して、保育所の長がこれを定める」としている。保育の内容については、「養護と教育を一体的に行うことをその特性とし、その内容については厚生労働大臣がこれを定める」とあり、これに基づき保育指針が保育内容の最低基準として位置づけられ、保育指針の遵守状況に関する指導監査が行われている。

(4)　社会福祉法にみる福祉サービスの基本

　保育所は、児童福祉法に規定されている児童福祉施設であるとともに、**社会福祉法**第2条に規定されている第二種社会福祉事業である。これにより保育所は、社会福祉の増進に資する福祉サービスを総合的に提供することが求められる。

　また、社会福祉法では、福祉サービスの質の向上および事業運営の透明性の確保を図ること（第24条）や、利用者への情報提供（第75条）に努めることについて規定している。さらに、サービスの質の向上のための自己評価（第78条）や、利用者からの苦情の解決（第82条）についても規定している。

(5)　保育サービスの基本と公的責任

　児童福祉法第48条の3は、保育所が地域の住民に対して、保育に関する情報の提供を行うとともに、「保育に関する相談に応じ、及び助言を行う」ことを求めている。また、「児童福祉施設の設備及び運営に関する基準」第14条の3には保護者からの苦情解決に迅速かつ適切に応えるために必要な措置を講ずること、児童福祉法第18条の22には、子どもや保護者に

関する情報の秘密保持義務について規定している。

児童虐待の防止等に関する法律の第5条および第6条では、保育所を含む施設などの児童虐待の早期発見とその通告について規定しているが、この通告義務は秘密保持義務より優先されることに留意しなければならない。また、虐待を受けた子どもをはじめとする要保護児童の早期発見や保護を図るための**要保護児童対策地域協議会**（子どもを守る地域ネットワーク＝児童福祉法第25条に規定）への参画が求められる。

このように、保育所は子どもの福祉を積極的に増進するとともに、保護者などが適切かつ円滑に利用できるよう努めていかなければならない。また、法令遵守はもとより、子どもの最善の利益を図りながら、その公的責任を果たしていくことが求められる。

3 保育士と保育士養成

(1) 保育士の国家資格化

昭和22(1947)年に児童福祉法が制定されて以来、保育所を含む児童福祉施設の保育者は、長らく「保母」と規定されていた。その後、時を経て平成11(1999)年、その名称が「保母」から「保育士」に改められた。実際にはすでに男性にも保母資格取得の道が開かれており、保母というジェンダー的な表現に課題があったが、「保育士」とされたことにより専門職としての位置づけが明確になったといえる。平成13(2001)年には保育士の国家資格化が実現し、保育士資格が児童福祉法に規定される名称独占資格となった。

保育士の国家資格化は、保育の重要性が社会的に認識されるなか、それを中心的に担う保育士に対し、期待とともに社会的責任の自覚と専門性の向上を求めたのである。

(2) 保育士の定義

児童福祉法において、保育士は、「専門的知識及び技術をもって、児童の保育及び児童の保護者に対する保育に関する指導を

児童虐待の防止等に関する法律
平成12(2000)年に児童の虐待を防止することを目的に制定された法律。児童虐待の定義や虐待の早期発見、通告義務、立ち入り調査、虐待を行った保護者に対する指導等について規定している。

要保護児童対策地域協議会
平成16(2004)年の児童福祉法の改正を受け、児童の虐待防止やその対策のため市町村の体制強化を図ることを目的に設置された協議会で、全国の市町村に設置されている。児童相談所、教育機関、警察、医師会などとともに保育所も協議会に参加し、個別ケースの検討を行うなど地域との連携に努めている。

行うことを業とする者」（第18条の4）と定義されている。また、第18条の23において、「保育士でない者は、保育士又はこれに紛らわしい名称を使用してはならない」としている。

平成20（2008）年に改正された「児童福祉施設の設備及び運営に関する基準」において、保育所の保育の内容は「養護と教育を一体的に行うことをその特性とし、その内容については、厚生労働大臣が定める指針に従う」と規定されている。子どもの保育（養護と教育）を担う専門性を身に付け、保育指針の内容をふまえて保育するとともに保護者への保育に関する指導を行うことが保育士の業務として求められているのである[注4]。さらに、児童福祉施設の設備及び運営に関する基準では、保育所の保育内容などの自己評価、第三者評価の実施やその公表および評価に基づく改善を求めている。

(3) 守秘義務および信用失墜行為の禁止

児童福祉法第18条の22において、「保育士は、正当な理由がなく、その業務に関して知り得た人の秘密を漏らしてはならない。保育士でなくなった後においても同様とする」と規定されている。また、第18条の21では、「保育士は、保育士の信用を傷つけるような行為をしてはならない」としている。いずれも、第18条の19で、都道府県知事は違反した者の「登録を取り消し、又は期間を定めて保育士の名称の使用停止を命ずることができる」としている。

保育士の社会的信用と**職業倫理**は大変重要であり、保育士が専門職として立つ基盤となることを認識しなければならない。

(4) 資格の取得および登録

児童福祉法第18条の18において、保育士資格は「保育士となる資格を有する者」が、都道府県知事の登録を受けることにより「保育士」となることとされている。

「保育士となる資格を有する者」は、厚生労働大臣の指定する保育士を養成する学校その他の施設（以下、**指定保育士養成施設**）を卒業した者、または、都道府県が行う**保育士試験**に合格した者である。これらについては、児童福祉法施行令および

注4
幼保連携型認定こども園で働く保育者は「保育教諭」と呼ばれるが、保育教諭は保育士と幼稚園教諭の両方の資格、免許を持っていなければならない。認定こども園法第14条10では「保育教諭は、園児の教育及び保育をつかさどる」と明記されている。

職業倫理
特定の職業に従事する場合に求められるモラルであり、職業人としての自覚と責任とともに、その職種のプロとしての行動規範を示すものである。保育士については、平成15（2003）年、保育士資格の法定化を機に全国保育士会において「全国保育士会倫理綱領」が定められている。

指定保育士養成施設
指定保育士養成施設は、大学、短期大学、専修学校など全国に684か所あり、毎年、約5万人の保育士資格取得者を輩出している。指定保育士養成施設におけるカリキュラム編成の基準である保育士養成課程については、厚生労働大臣告示として教科目と取得単位数などが明示されている。

児童福祉法施行規則に、指定保育士養成施設の設置や運営などに関する基準および保育士試験の実施に関する方法や内容について詳しく規定している。

(5) 保育士養成に関わる今後の課題

現在、保育士養成についてはさまざまな課題があり、保育需要の拡大のなかで、その質と量の確保や専門性の構築についてさらなる検討が必要となっている。養成施設における養成年限や教育方法、効果的な保育実習や保育士試験のあり方などについても、関係者で十分論議することが必要である。また、保育士と幼稚園教諭の両方の資格免許を同時に取得できる養成施設が大半であることをふまえ、保育教諭養成課程の検討が進められている。

平成29(2017)年4月には「**保育士等キャリアアップ研修**ガイドライン」が国において示された(図5-8)。これに基づき各都道府県で研修体系に基づくキャリアアップ研修が実施されている。この研修内容や保育士のキャリアアップの道筋を視野に入れながら、保育士養成のあり方や人材育成についてさらに議論を深めていく必要がある。保育士資格を取得した後もその専門性を高めていくために学び続けていくことが肝要である。

図5-8 保育士等キャリアアップ研修ガイドライン

【目的】
保育現場におけるリーダー的職員の育成に関する研修を計画的に実施し、処遇改善につなげる

各研修分野ごとに「ねらい」「内容」が示される

保育士がキャリア形成していくための道筋とその仕組みを示す

【専門分野研修】
①乳児保育　②幼児教育　③障害児保育
④食育・アレルギー対応　⑤保健衛生・安全対策
⑥保護者支援・子育て支援

【マネジメント研修】　【保育実践研修】

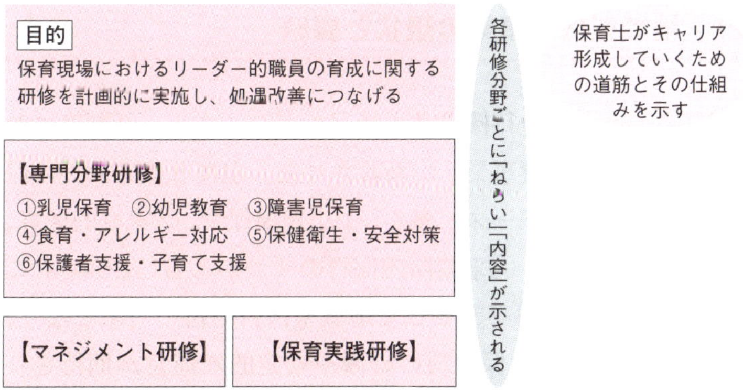

※研修の実施主体は都道府県または都道府県が委託した実施機関
※1分野15時間以上受講者の要件あり
※研修修了の評価および研修修了証の交付
※全国で有効

出典：厚生労働省資料(2017〔平成29〕年4月)より天野作成。

保育士試験
　保育士試験は、各都道府県が年2回実施するもので、保育士試験に合格し保育士資格を取得する者は年々増えている。試験科目は、保育原理、教育原理および社会的養護、子ども家庭福祉、社会福祉、保育の心理学、子どもの保健、子どもの食と栄養、保育実習理論である。これらの科目の筆記試験にすべて合格した者が実技試験を受け、合格した者に資格が授与される。幼稚園教諭免許を有する者については、試験科目が一部免除されている。

保育士等キャリアアップ研修
　平成29(2017)年度に開始された「保育士等キャリアアップ研修」に関しては、研修内容の「ア　専門分野研修」として、①乳児保育、②幼児教育、③障害児保育、④食育・アレルギー対応、⑤保健衛生・安全対策、⑥保護者支援・子育て支援のほか、「イ　マネジメント研修」「ウ　保育実践研修」が示され、それぞれのねらいや内容が厚生労働省より通知されている。

4　さまざまな保育の場とその課題

(1)　認可保育所の現状と課題

　乳幼児を保育する施設のなかで、児童福祉施設の設備や運営に関する基準（保育所）を満たし都道府県の認可を受けて運営している保育所を認可保育所という。主に自治体が設置する公立保育所、社会福祉法人が運営する私立保育所のほか、近年では都市部を中心に企業が経営する認可保育所が増えている。平成30(2018)年現在、全国には約3万4000か所の認可保育所があり、約261万人の子どもが入所している（図5-9）。

　この間、3歳未満児の入所が増え続け、保育所数も増えている。母親の就労などにともなう入所希望はさらに増え続け、入所がかなえられない待機児童は約2万人にのぼり（図5-10）、このうち、3歳未満児の待機児童が全体の約89％と高くなっている。

　待機児童の解消のために、認可保育所においては3歳未満児の受け入れ枠を増やしたり、保育所の分園を設置したり、**一時預かり事業**などに取り組んでいる。また、保護者の多様なニーズに応えるべく、延長保育、**病児保育**、休日保育などに取り組む保育所も増えている。こうしたなか、保育士の確保と就労支援が課題となっており、国においては平成27(2015)年に「保育士確保プラン」を公表したが、厳しい状況が続いている。

(2)　地域型保育事業の現状と課題

　保護者のニーズや待機児童の状況などをふまえ、新制度においては「地域型保育事業」が新設された。主に3歳未満児の保育を少人数で行うケースが多く、①小規模保育、②家庭的保育、③居宅訪問型保育、④事業所内保育の4つがある（表5-4）。これらは市町村の認可事業として地域型保育給付の対象となり、これにより保護者の保育料の軽減や安定的な運営が期待される。また、3歳からの保育所などへの入所が速やかに行われることが求められる。

　小規模保育は、0歳～2歳の子ども6～19人を保育し、保

図 5-9　保育所等利用児童数等の状況（保育所等定員数及び利用児童数の推移）

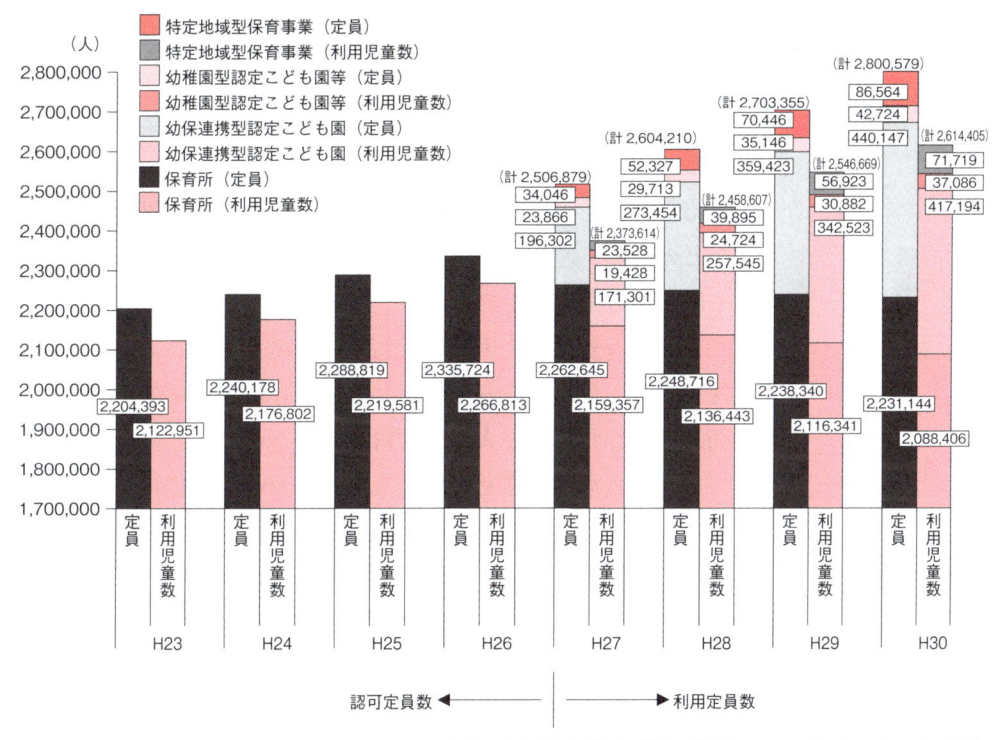

出典：厚生労働省「保育所等関連状況取りまとめ（平成 30 年 4 月 1 日）」。

図 5-10　保育所等待機児童数及び保育所等利用率の推移

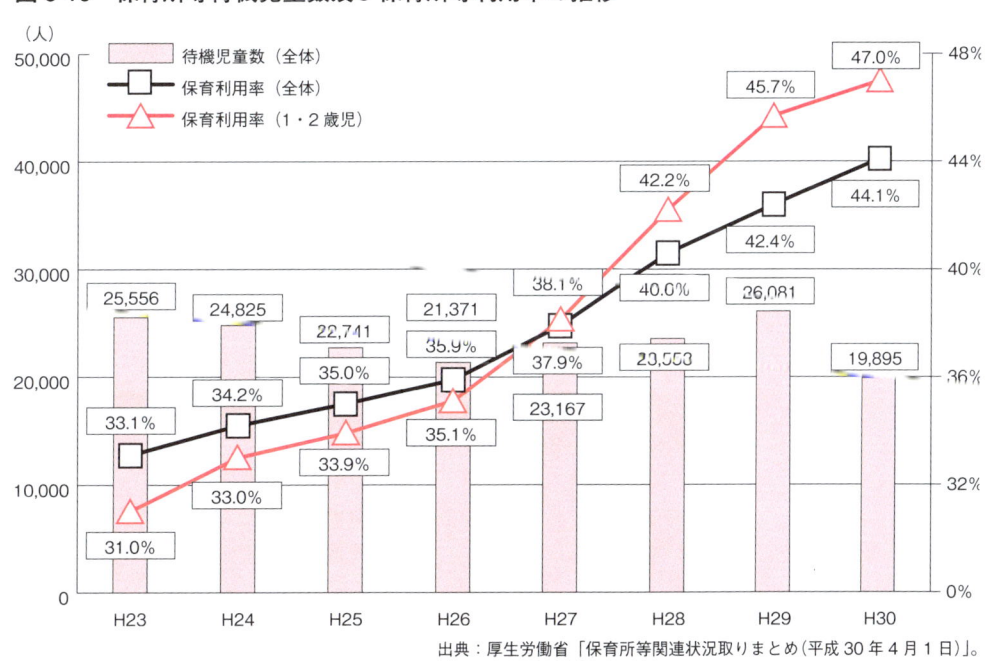

出典：厚生労働省「保育所等関連状況取りまとめ（平成 30 年 4 月 1 日）」。

育士の配置などの要件の違いからA型、B型、C型の3つの類型がある。新制度の施行とともに小規模保育所は確実に増え、平成28(2016)年4月現在、2429か所となり、さらに増え続けている。市町村の基準を満たし、認可外保育施設などから移行するケースも多くなっている。

市町村の認可事業として保育者の研修や地域の認可保育所などとの交流、連携が必要であり、保育指針に準拠した保育内容や保育士の確保が求められる。

家庭的保育は主に家庭的保育者の自宅などで行われ、1人の保育者が保育にあたる。保育する子どもは3人までだが、保育補助者が加わると5人まで保育することができる。

これまでも都市部を中心に市町村において継続的に行われてきたが、平成22(2010)年より、国の制度として家庭的保育事業が児童福祉法に規定され、保育者は「家庭的保育者」と明記された。新制度において地域型保育事業として給付の対象となったことで、都市部を中心にさらなる拡充が期待される。

現在、保育士または一定の研修を受講し市町村の認定を受けた「家庭的保育者」は全国に約2000人いるが、本事業としての家庭的保育の件数は平成28(2016)年4月現在958件である。

国においては家庭的保育事業の実施にあたって守るべき事項などを規定する「家庭的保育事業ガイドライン」(平成21〔2009〕年10月)を策定しており、新たに事業を進めようとする市町村や家庭的保育者育成などの指標となっている。また、家庭的保育者の基礎研修のためのシラバス案も関係者により作成されている。

市町村における研修や家庭的保育者同士の情報交換により、より社会に開かれた家庭的保育となることが期待される。

表5-4　地域型保育事業の状況

	認可件数	定員等	
小規模保育(A型・B型・C型)	2,429	0歳〜2歳児	6人以上19人以下
家庭的保育	958	0歳〜2歳児	5人以下
居宅訪問型保育	9	0歳〜2歳児	1対1で保育
事業所内保育	323	0歳〜5歳児	定員20人以上 定員19人以下
計	3,719		

出典：厚生労働省「地域型保育事業の認可件数について(平成28年4月1日現在)」を一部改変。

居宅訪問型保育は、保育を必要とする子どもの自宅に保育者が訪問し、1対1を基本とするきめ細かな保育を実施するものである。子どもの障害や疾病などにより集団保育が困難な場合など、子どもの状態に応じた適切な対応が求められる。平成28(2016)年4月現在、全国で9件実施されている。

事業所内保育は企業(事業所)の従業員の就労支援や福利厚生サービスの一環として行われる。従業員の子どもを保育するほか、地域において保育を必要とする子どもにも保育を提供している。平成28(2016)年4月現在、全国に323件あり、新たに設けられた基準により再整備し、認可外保育施設から移行したケースもある。

(3) 認定こども園の現状と課題

平成18(2006)年10月に施行された認定子ども園法において、幼稚園と保育所の一体型施設、認定こども園がスタートした。平成24(2012)年8月には「就学前の子どもに関する教育、保育等の総合的な提供の推進に関する法律の一部を改正する法律」により幼保連携型認定こども園が単一施設として規定され、国や自治体においては、その設置や幼稚園、保育所からの移行促進が図られた。平成26(2014)年4月には、教育・保育要領が告示されたが、教育・保育要領は保育指針、教育要領とともに平成29(2017)年に改訂され、翌年4月より施行されている。

なお、自治体により設置個所数はかなり異なるが、幼稚園や保育所から認定こども園への移行が増え、地域によっては幼稚園と保育所を統合して認定こども園として再編したところもある。平成30(2018)年4月現在、認定こども園は全国に6160か所となり、このうち幼保連携型認定こども園は4409か所となっている。

認定こども園には幼稚園利用の3〜5歳児(1号認定)、保育利用の3〜5歳児(2号認定)、保育利用の0〜2歳児(3号認定)の子どもたちが共に生活しており、保護者の就労状況や保育時間の異なる子どもの心身の状態などをふまえ、保育者間の協力・連携体制を図りながら取り組んでいくことが求められる。

（4） 認可外保育施設の現状と課題

　認可外保育所は、児童福祉施設の設備および運営に関する基準を満たさず、都道府県の認可を受けずに保育業務を行う施設で、現在、全国で約14,000か所あり、約22万人の子どもが保育されている（表5-5）。

　認可外保育施設は乳児を含む3歳未満児の入所が多く、比較的小規模な保育が行われている。また、自治体が独自に認証し助成を行っている認可外保育施設もあり、東京都の認証保育所、横浜市の横浜保育室などがこれにあたる。また、平成28(2016)年度より内閣府が直接助成を行う企業主導型保育が導入され、短期間にその箇所数を増やしている。

　認可外保育施設の運営主体はさまざまであり、保育にあたる者が全員保育士資格をもっているとは限らない。行政の指導や近隣の認可保育所などの協力を得て、保育環境の改善や保育内容の充実を図ることが望まれる。

　なお、認可外保育施設においても届出制が義務化され監督強化が図られている。児童の最善の利益の観点から、子どもがどこで保育されていても、その健康と安全が守られ、健やかな育ちが保障されなければならない。地域全体で認可外保育施設をサポートしたり、施設運営の透明性の確保が求められる。

（5） 在宅保育

　家庭的保育と類似するものとして、主にベビーシッターを派遣する会社などによる在宅保育がある。ベビーシッターによる保育は、利用者の居宅に出かけて行われることがほとんどであ

表5-5　認可外保育施設の状況

区分		施設数	児童数（人）
ベビーホテル		1,473	23,171
事業所内保育施設		5,626	77,296
	うち院内保育施設	2,867	49,959
認可外の居宅訪問型保育事業		1,998	3,051
その他の認可外保育施設		4,938	117,335
計		14,035	220,853

出典：厚生労働省「平成29年度　認可外保育施設の現況取りまとめ」より天野作成。

り、乳児にとっては自分の家庭で過ごせることにより不安が軽減されると考えられる。シッターになるためには乳児保育などに関する一定の研修を受けることが肝要である。

シッターとしての資質や専門性、インターネットなどを通した利用にともなう「危険性」などに留意することが必要である。厚生労働省は平成26(2014)年3月に「ベビーシッターなどを利用するときの留意点」を公表し、注意喚起を呼びかけている。

ファミリー・サポート・センターによる在宅保育は、育児の援助を受けたい会員(依頼会員)と援助を行いたい会員(提供会員)の橋渡しをする相互支援システムである。平成6(1994)年より進められており、市区町村または公益法人が設置している。提供会員の自宅で保育する場合が多く、保育所の保育終了後の時間帯に乳幼児を預かることや保育所までの送迎、保護者のリフレッシュや通院など比較的短時間での利用が多い。

新制度においてファミリー・サポート・センターは、地域子ども・子育て支援事業の一つとして位置づけられた。現在、全

図5-11　保育に求められる今日的役割

児童福祉施設として

・児童福祉法、設備及び運営に関する基準、子どもの権利条約等をふまえる
・子どもの最善の利益と子どもの人権、人格の尊重
・公的施設としての説明責任、苦情解決等
・格差でなく平等。互いに尊重する心を育てる

子育て支援を担う施設として

・保護者・家庭との連携・協力
・地域の関係機関等との連携・協働
・虐待の防止と早期発見・対応
・地域の子育て力の向上に寄与する
・保育の専門性を生かした相談・援助

幼児教育施設として

・保育指針等に基づく子どもの発達援助と個別支援
・子どもが体得する心情・意欲・態度(5領域)をふまえた計画的な実践
・「育みたい資質・能力」「育ってほしい姿」を幼稚園、認定こども園、小学校で共有する
・保育環境の構成及び再構成と実践の記録、評価をふまえた改善

生涯にわたる生きる力の育成

天野作成

国に769件あり、依頼会員は49万人、提供会員は13万人となっている。地域住民による子育て家庭へのサポートが地域における人々の結びつきを強め、子どもの成長を見守る人の輪が広がることが期待される。

　以上のように、現代において保育は子育て家庭にとってなくてはならないものであり、その役割や機能も多様化している。児童福祉施設として、子育て支援を担う施設として、さらには幼児教育を行う施設として、その役割や責任を果たし、地域社会に貢献していくことが求められる（図5-11）。

学習のふりかえり

1 児童福祉法に規定された児童福祉施設としての保育所の法的な枠組みや、その基準について理解することができたか。

2 子ども・子育て支援新制度における施設型給付および地域型保育給付について理解し、多様な保育の場や子育て支援について理解を深めることができたか。

3 国家資格としての保育士の社会的な責任について理解し、今日特に求められる役割やキャリアアップ等について考察できたか。

参考文献：
1.　内閣府「平成30年版　少子化社会対策白書」2018年。
2.　中央法規出版編集部『保育所運営ハンドブック』中央法規出版、2018年。
3.　『保育白書2018』全国保育団体連絡会・保育研究所編、ちいさいなかま社、2018年。
4.　新保育士養成講座編纂委員会『改訂3版　新　保育士養成講座　第3巻　児童家庭福祉』全国社会福祉協議会、2018年。
5.　新保育士養成講座編纂委員会『改訂2版　新　保育士養成講座　第1巻　保育原理』全国社会福祉協議会、2015年。
6.　柏女霊峰『子ども・家庭福祉・保育の幕開け』誠信書房、2011年。
7.　柏女霊峰『これからの子ども・子育て支援を考える－共生社会の創出をめざして－』ミネルヴァ書房、2017年。

第 6 章

保育の歴史

学習のポイント

　明治のはじめ、日本では欧米に学んだ新しい国づくりが進められた。その一環として、幼い子どもを日々預かり、特別なはたらきかけを行う施設がつくられた。

　モデルとなったのは、ドイツのフレーベルが創設したキンダーガルテン（Kindergarten）である。「幼稚園」がその定訳となり、また、そこで行われる営みには「保育」という言葉があてられた。今日、私たちが「保育者」と呼ぶ保育の心得を身に付けた職業人も、この時に誕生した。

　つまり、保育というのは、日本の伝統的な子育て習俗のなかから成立した営みではなく、外国から伝わったのである。では、保育はいつ、どこで始まり、どのようにして日本に伝えられたのか。保育という営みに出合った日本は、保育をどう受け止め、発展させていったのか。日本に保育を伝えた諸外国では、その後どのような展開をみたのか。

　本章では、先人たちの保育をめぐる思索と実践の軌跡をたどり、さまざまな保育施設の成立と普及、制度化の過程について学ぶ。

諸外国の保育の思想と歴史

1 近代社会と保育

(1) 近代社会の出現

　ヒトの子は、無防備な状態で生まれる。その子を守り、育て、共に暮らす仲間としての基本的な立ち居振る舞いを身に付けさせていく術は、暮らしを立てていくための他のさまざまな技や知恵と同じように、遠い昔から人々の間に培われ、親から子へ、世代から世代へと受け継がれてきた。しかし、そのような幼少期の子育てが、とりたてて施策の対象にされたり、組織的・計画的に行われたり、特別な方法として教え広められるようになったのは、そう遠い昔ではない。およそ 17、18 世紀の西欧キリスト教社会においてのことである。

　その頃、西欧の人々はまだ身分制の社会に暮らしていたが、新しい時代の到来を望む機運が高まっていた。その不自由や不公平から解放され、自らの才覚や器量、努力によって暮らしの豊かさを実現したい。そう願う者たちが現れたのである。彼らは個人を「自由で平等な人権の主体」とみる新しい人間観を育くみ、その生命や財産を保護する社会や政治の仕組みを構想するようになった。

　やがて、利害を異にする勢力の間に激しい対立や抗争が生まれ、17 世紀前半のイギリス清教徒革命、18 世紀後半のアメリカ独立戦争やフランス革命というように、身分制の社会に変革をもたらす戦争や革命が起きた。そうした激動の 17、18 世紀を通じて次第に形をあらわにしてきたのが、「近代社会」と呼ばれる新しい社会のあり方、「近代国家」と呼ばれる国の姿である。

　近代社会にあっては、人々は次第に身分制のさまざまな制約から解放され、富や権力を求める活動を活発に展開していく。

同時にまた、欲望を規制する力も弱まったことから、経済的な格差が広がっていった。

18世紀の後半にイギリスから産業革命が始まると、物の生産や流通が飛躍的に増大し、それによって人と物との関係や、人と人との絆が一変した。人々の働き方や生活の場も変わった。多くの人々が、それまでの自然相手の農民から、工場の機械の下で働く賃労働者となり、仕事を求めて農山漁村から鉱工業地帯へと移り住んだ。

19世紀を通じて生産活動はますます活発になり、西欧各地に工業都市が発達した。都市への人口集中が進み、そのスピードは20世紀初頭にかけて加速した。急速に肥大した都市では、上下水道や住宅などの生活基盤の整備が追いつかず、不衛生、犯罪、貧困などの社会問題が噴出した。

(2) 保育のはじまり

保育という、幼い子どもを日々家庭外の施設に委託する営みの誕生には、近代に生じた次のような変化が関係していた。

第1は、子どもへの関心の高まりである。それは、人々の「子どもを見るまなざし」（子ども観）の変化と結びついていた。キリスト教社会の子どもは、長い間、「**原罪**」にまみれた危うい存在とみなされ、幼いうちから鞭打ちをともなう厳しいしつけの対象であった。それが、慈しみの対象へと変わっていった。

子どもへの関心はまた、変動の時代にあって次世代をどう育てるべきかという問いや迷いとも関係していた。予測の困難な未来に備えるためには、子どもを知らなくてはならない。子どもに関する知識が蓄えられるにつれて、人々は子どもに内在する力を善きものとしてとらえ、その開花を期待してはたらきかけるようになった。

第2は、家族の変貌である。1組の夫婦とその直系からなる親密で排他的な血縁集団は、今日の私たちがふつうに思い描く家族像であるが、そのような家族が現れ、やがて多数を占めるようになった。

かつては人々のほとんどが、幾世代にもわたって住み継がれた農民の集落に生まれ、育った。集落には、強固な共同体が築かれており、人々は共同体の一員として生きた。血縁のない者

原罪
人が生まれながらにして背負っている罪（神の似姿として造られた最初の人間が、神の言葉に背いて「善悪を知る木」の実を食べたこと）。

も血縁集団と一つ屋根の下で暮らし、生計を共にした。集落には、誰もが利用できる共有の牧草地や資材もあれば、互いに頼みとすることのできる絆もあった。共同体には、日々の暮らしや子育て、病人や高齢者、寄る辺のない人々を下支えする規範や仕組みが、幾重にも張りめぐらされていた。しかし、集落を離れて都市に移り住んだ者には、家族だけがほとんど唯一のよりどころだった。家族は、互いに慈しみ合い、日々の安寧と将来とに絶対の責任を負う関係となった。

第3は、女性の家庭責任の強化である。西欧近代の新しい権力者たちは、身分制こそ廃止していくものの、すべての者に等しく人権をいきわたらせようとしたわけではなかった。成人男性だけを権利の主体として認め、女性と子どもをその保護・監督下に置いた。成人男性の社会的・政治的な権利は、時代を経るに連れて拡大されていくが、女性の地位は相対的に低下し従属性が高まったのである。また、肉体的・精神的な能力が欠けているという理由で、職業から遠ざけられたり、低い待遇で雇用されたりして、経済的な自立が妨げられた。19世紀後半に義務教育の整備が進むと、女子にだけ家庭科が施され、「家事・育児は女性本来の責務」という考え方が最下層の人々にまで浸透した。

(3) 保育施設の誕生

近代社会では、子育ては家族の負うべき責任となり、とりわけ母親に専心と献身を求める営みとなった。同時にまた子育ては、社会や国家が公的に支える必要のある営みとなった。急激な産業化のなかで貧富の差が拡大し、貧しさのあまりに満足な子育てができなかったり、子どもを害したりする家族が増えて、放置できなくなったからである。

したがって、近代を通じて欧米各地に誕生した保育施設には、2つの系譜を認めることができる。1つは、子育てに専念する母親や養育係の存在を前提とした「家庭教育を補完する」施設である。富裕層のための保育施設と言い換えてもよい。もう1つは、劣悪な成育環境から「幼児を保護する」施設、すなわち貧困層のための施設である。どちらの系譜の保育施設も教育的な役割を重視したが、そのあり方が異なっていた。

富裕層の幼児には、教育を受ける時間が十分にあった。また、「読み・書き・算術」（**3R's**）の教育ならば家庭でも十分に行えたから、家庭教育補完の保育施設には、家庭がどれほど恵まれていても果たせない役割が期待された。家庭だけでは不十分だと気づいた親だけが、費用を惜しまずわが子を保育施設に託したのである。したがって、家庭教育補完の施設の役割は、親の求めに左右されつつも、子どもに内在する最善のものの出現に向けて、最適な時期に、最良のはたらきかけをすることだった。

　3R's の教育に熱心だったのは、幼児保護の施設のほうである。保護的施設の幼児は、いつ親によって過酷な労働現場に送り込まれるかわからなかった。ならば、将来、一人前の働き手になるように、少なくとも社会の厄介者とはならないように、できるだけ早いうちに必要最低限の 3R's と社会道徳を身に付けさせなくてはならない。保護的な保育施設は、そのような使命感にかられた篤志家や宗教組織、慈善団体などの事業として始まり、やがて公的な制度のなかに位置づいていった。安上がりで効率のよい指導法が求められたことは、いうまでもない。

> **3R's**
> 英語では読み・書き・算術を reading, writing, arithmetic といい、R の文字が共通して含まれることからこのように表記する。産業化された社会では、社会生活を営むうえでの基本的な知識・技能である。

2　家庭教育補完の保育思想と実践 ―ルソー、フレーベル、幼稚園運動

(1)　ルソーの『エミール』

❶ 18 世紀半ばのフランス社会

　ルソー（Rousseau, J.J. 1712 ～ 1778）はスイスのジュネーブに生まれ、フランスで活躍した。直接に保育に携わった人ではないが、著書『エミール』をとおして、保育界に大きな影響を及ぼした。

　ルソーの時代、フランスでは啓蒙主義が全盛で理性の力に全幅の信頼を寄せ、これを鍛えることで社会改良を果たそうとする理論や事業が展開された。しかし、絶対王制のもとで対外戦争が繰り返され、宮廷の浪費も著しかった。重税を課された人々は困窮し、王や貴族ら特権身分に対する怒りと不満をつのらせていった。

　子育てについてみれば、都市に住む多くの家族が、生まれた

ばかりのわが子を乳母や里親に託して顧みることが少なかった。とりわけ社交界を通じて政治や学芸に才能を発揮していた上流階級の貴婦人たちは、授乳や幼子の世話を母親の責務とは考えなかった。子どもの遺棄も日常茶飯事だったが、拾い上げる施設も存在しており、世間に子どもの遺棄を罪悪視する風潮はなかった。ルソーも自分の子どもを捨て、のちに深く後悔している。

❷『エミール』－子ども発見の書－

　1762 年、ルソーは、身分制社会の崩壊を予言するかのように『エミール』を出版した。1 人の男性家庭教師が、貴族の男児エミールを、誕生から社会人になるまで育てる物語である。その中でルソーは、貴族や庶民といった身分制社会の身分ではなく、「人間という身分につく」ための教育を論じた。フランス革命(1789 年)の 25 年ほど前のことである。

　ルソーは『エミール』の冒頭で、「創造主の手から出る時には、すべてが善い*1」と述べ、人間の本性の善なることを宣言した。また、「子ども時代を愛しなさい。子ども時代の遊び、子ども時代のよろこび、子ども時代の愛すべき本能を育くみなさい*2」とよびかけた。『エミール』はベストセラーとなり、「原罪の申し子」というキリスト教社会に深く根付いた子ども観になじんだ人々に、最先端の小児医学的知識に裏付けられた新しい子ども像を示した。それゆえに、「子ども発見の書」として名高い。

❸子どもとしての完成と消極教育

　ルソーは子どもを善きものとしてとらえ、子どもが直接体験から学ぶことの重要性を説いた。また、人間の成長・発達には踏むべき順序・段階があることや、子どもを子どもとして成熟させ完成させることの大切さを強調した。

　ルソーによれば、誕生から 12、3 歳までは、書物を通して知識を習得させたり、教訓を垂れて道徳性・社会性を養ったりする時期ではない。子どもに徹底して活動の自由を与え、子ども自身が身体を動かして感覚や知覚を鍛え運動能力を高める時、自らの経験を通して判断力を養い必要を通して学ぶ時期なのである。

　　「室内のよどんだ空気の中で過ごさせる代わりに、毎日

野原のまん中で遊ばせたい。子どもはそこで駆けたり跳ねたりして、日に百ぺんもころぶだろう。それでよいのだ。彼は、それだけ早くおき上がることを学ぶだろう。自由であるという安楽さは、傷を償っても余りがある[*3]」

ルソーは、幼少期の教育については、純粋に「消極教育」であることを求めた。ルソーのいう「消極教育」とは何もしない教育ではない。人間を教育するのは「自然」と「事物」と「人」であるが、そのうち一番思い通りにならないのは「自然」なのだから、それに合わせなさい、というのである。それは今日いうところの「発達に即した教育」「環境による教育」の要求だが、ルソーにあっては、子どもが確実に教師の望む体験をするように物やことを整備し、人の振る舞いまで意図的に操作しようとする、実に積極的な教育だった。

❹女子教育

ところで、ルソーは、エミールの伴侶となる女性の教育についても述べている。その内容は、エミールの教育とは大きく異なる。当時の貴婦人の、社交生活に必要な教養と作法を中心とした教育とも違う。今日にも通じる良妻賢母の教育なのである。ルソーの主張は、およそ次のようだった。

女性よ、自然で神聖な母としての義務を果たしなさい。妻として賢明に振る舞いなさい。そうしてこそ、家庭に団欒が生まれる。家庭に団欒あってこそ、男親は父となり、「子どもの真の教師」としての役割を果たすのだから、と。

『エミール』は、「母性と家庭教育の伝道書」でもあった。

(2) フレーベルと幼稚園

❶19世紀前半のドイツ社会

フレーベル（Fröbel, F.W.A. 1782 ～ 1852）の時代、ドイツはまだ封建諸侯の治める小国や自由都市のつらなりで、フランス革命の影響を受けて激しい政治変動の最中にあった。産業革命も進み、ますます富裕化する少数の人々の陰で、生業を失い賃労働者に転落する者が続出した。生活苦や政治的な理由で、国外に移住する者も多かった。

❷遊び論

フレーベルは、1826年に『人間の教育』を著して、人間の教育は「受動的・追随的」でなければならないと述べた。万物のなかには神的なものが存在し、働いているのであるから、とりわけ人間ではそうなのであるから、善きものは子どもの内側から現れ出てくる。それに従いなさい、というのである。そして乳幼児期における遊びを、神の創造性にも通じる営みとして、次のように讃えた。

> 「遊びはこの時期の人間の発達の最高の段階である。…中略…すべての善いものの出てくる源でもある。だから身体の疲れるまで、あきずに落ちついて遊ぶ幼児は、成長ののちには、必ずや犠牲的に他人の安寧や幸福をはかり、ひいてはわが身の幸福をも増進するような、落ち着いた根気強い有能な人間になるであろう。幼児が熱心に遊びに没頭し、十分遊んでは疲れて眠っている様子は、この時期の幼児生活の最も美しい姿ではないであろうか[*4]」

❸恩物と幼稚園の創設

フレーベルは、50代の半ばで「恩物」（Gabe：神からの賜り物）の製作販売を始めた。恩物は、球・円柱・立方体・直方体・三角柱などの積み木（立体）、幾何学形の板（平面）、細い棒や輪（線）、豆状の物（点）などからなる玩具で、幼児に与えて自然界の正しい認識へと導き、美的感性を育み、生活の理解を促すことを目的としていた。

1839年、フレーベルはブランケンブルグの町に「幼児教育指導者講習科」と、幼児を集めた「遊びおよび作業教育所」（実習園）を開設した。恩物の使い方を心得た教師を養成しようというのである。最初の生徒は、数人の男性だった。実習園の開設には、母親によいモデルを与えて、家庭教育を変革しようという意図もあった。翌1840年、フレーベルは、この実習園を「Kindergarten（子どもの庭）」と名づけた。その名は、外出先から帰る途中、豊かな森に包まれた美しい村の光景を見たときに、天の啓示のように閃いたという。こうして、子ども時代の遊びを育むことを目的とする世界初の施設が誕生した。

フレーベルの幼稚園は、恩物指導に終始する場ではなかった。庭仕事や集団遊びを通して大自然や人間生活を理解し、社会性

や協働の精神を養う場としても構想されていた。フレーベルは、子どもを植物に、教師を庭師にたとえ、庭園の植物が腕のいい庭師によって整えられるように、幼児もまたすぐれた教師によって内在する諸力を開花させると説いた。

(3)　幼稚園の世界的な普及

　1851年、フレーベルの幼稚園は、反政府運動との関わりが疑われ、後にドイツ統一を果たすプロイセン政府によって禁止されてしまう。禁令が解かれたのは1860年のことであった。にも関わらず、幼稚園がこれほど広がったのはなぜだろうか。

　伝播を促した要因の一つは、19世紀半ばのドイツの政情だった。幼稚園禁令が発効されると、**マーレンホルツ・ビュロー夫人**ら支持者たちは幼稚園の理想を携えて周辺諸国を講演して回った。政治的迫害を逃れて国外に移り住んだ自由主義知識人層は、わが子のために幼稚園を設立した。**ロンゲ夫妻**によるイギリス初の幼稚園（1851年）や、**シュルツ夫人**によるアメリカ最初の幼稚園（1856年）はそうした事情から開設され、その評判が新天地に幼稚園を根付かせた。幼稚園設置をめざす世界各地の動きは、やがてフレーベルの名を冠した教育改革運動となった。

　女性たちの力も大きかった。フレーベルの好んだ「さあ、われらの子どもらに生きようではないか！」という呼びかけに応えたのは、女性の教育的役割に目覚めた富裕層、知識人層の女性たちだった。ベルリンに「ペスタロッチー・フレーベル・ハウス」を築いた**シュラーダー・ブライマン夫人**も、その一人だった。恵まれない幼児を集めた幼稚園を付設し、母性的な世話の行き届いた家庭生活のような保育を行った。ドイツの幼稚園は、1920年代以降、児童福祉施設として制度化されていくのである。

　また、アジアの国々に幼稚園を伝えたのは、キリスト教の女性宣教師たちだった。異教の地に渡り、女子教育、女性の地位向上をめざして女学校を開き、幼稚園を開設した。その活動は、日本にも及んだ。

　国際博覧会も幼稚園の普及に貢献した。19世紀は物が大量につくられ、消費される時代の幕開けだった。物を売るには視

マーレンホルツ・ビュロー夫人
（Marenholtz-Bülow, B.　1810～1893）
フレーベルを支援した男爵夫人で、幼稚園禁令後はドイツ内外を講演して回り、幼稚園の欧米への普及に貢献した。

ロンゲ夫妻
夫ヨハネス（Ronge, J. 1813～1875）、妻ベルタ（Ronge, B. 1813～1863）。妻はハンブルクの富豪マイヤー（Meyer）家の出身で、シュルツ夫人は妹。夫妻がロンドンに開いた幼稚園は、新しい幼児教育のモデルをもたらした。

シュルツ夫人
（Schurz, M.M. 1833～1876）
1856年ウィスコンシン州にドイツ語で保育する幼稚園を設立。後にアメリカの幼稚園運動の指導者となるピーボディ女史にフレーベルの教育思想を伝えた。

シュラーダー・ブライマン夫人
（Schrader, H. 1827～1899）
フレーベルの姪娘。フレーベルの指導を受け、幼稚園の普及に尽力。ハウスの事業はその後のドイツの幼児教育のあり方に多大な影響を及ぼした。

覚に訴えるのが一番とばかりに、さまざまな展示会が開かれた。その最たるものが、数年おきに各国の威信をかけて開催された万国博覧会だった。

第1回は、1851年にロンドンで開催され、それに合わせてロンゲ夫妻の幼稚園が公開され評判になった。その後、恩物はイギリスの幼児学校（庶民の保育施設）に取り入れられ、幼稚園は富裕層の女子が通う中等学校や教員養成校に付設されるようになった。保育の場としてだけでなく、将来の職場としても歓迎されたのである。

1873年のウィーン万博は、明治政府による幼稚園開設の契機となった。1876年フィラデルフィア万博では、幼稚園の保育室そのものが展示され、観客を魅了した。博覧会後、アメリカでは公立幼稚園の設置が進み、やがて就学準備課程として小学校に組み込まれた。

3　幼児保護の保育思想と実践
－オーベルラン、オーウェン、マクミラン

（1）　オーベルランとフランスの保育所

❶オーベルランの保育施設

西欧最初の保護施設は、1770年、フランスに誕生したとされる。創設者のオーベルラン（Oberlin, J.F. 1740 ～ 1826）は、強い使命感を持つ牧師であった。赴任地は、フランス北東部の寒村で、気候は厳しく、土地は痩せていた。啓蒙の光はいまだ届かず、因習に囚われた人々の暮らしは貧しかった。彼は村民の生活向上のために道路を整備し、農地改良などの事業を次々に起こした。

「編み物学校」もその一つだった。将来に備えて編み物を教えた施設に付設されたので、そう呼ばれた。そのようすは、次のようだった。

　　「オーベルランは、子どもたちがすることもなく村をうろついており、方言が唯一の言語として通用しているのを知って、そのような欠陥を根絶しようとした。…中略…暖かい広間には、あらゆる年齢の子どもたちが、女らしい母

親のような保護のもとで過ごし、小さい子は遊び、大きい子は紡ぎ、編み物、裁縫を学んでいた。方言を使ってはならなかった[*5]」

　幼児は、ここで、よい生活習慣や道徳・マナーが身に付くよう導かれ、歌や標準フランス語を指導された。指導には図絵や実物が用いられ、遊びや散歩、賞罰などが有効に取り入れられていた。保育者はオーベルラン夫妻が養成し、指導の徹底を図った。

❷フランスの保育所

　「編み物学校」は、公的補助を受けて運営される幼児保護施設の先駆けとなった。オーベルランの事業に感銘を受けたパストレ公爵夫人は、都市貧民の幼児保護のために、パリの貧民街にサーユ・ダジール(salle d'asile; 避難所の意)を設ける運動を展開していく。パリ12区の区長コシャンはこれを公費で設置し、その普及と国家制度化に尽力した。また、手引書を刊行して保育所の役割に対する行政関係者の認識を高めた。保育所は、1833年の初等教育法に「初等教育の揺りかご」として位置づけられ、満6歳までの貧民幼児を保護し教育するという、二重の機能をあわせもつ施設になった。その後、学校としての性格が強化され、名称も「母親学校(école maternelle)」と変更され、今日では3歳以上児のほぼ全員が通う無償の教育機関となっている。

(2)　オーウェンとイギリスの幼児学校

❶オーウェンの『新社会観』

　オーウェン(Owen, R. 1771 ～ 1858)は一店員から身を起こし、その才覚と勤勉で成功を手にした工場経営者であった。19世紀初め、イギリスでは、多くの年少児童が5、6歳のうちから工場労働などに駆り出された。劣悪な環境下での労働は1日15、6時間にも及び、子どもの心身を蝕んだ。過酷な条件で働き続けるおとなの生活もすさみ、一家総出で働く家庭は荒廃した。オーウェンは、労働者の悲惨をいぶかり、すべての人々が幸福に暮らせる社会の建設に挑んだ。

　1800年、スコットランドのニュー・ラナーク村に工場経営

者として赴任したオーウェンは、住宅、道路、共同家事施設、学校といった生活基盤を整備し、労働時間の短縮や共同購入、レクリエーション設備、年金制度などの福利厚生を充実した。

1813年に『新社会観』を出版したオーウェンは、冒頭で次のように述べている。

「特定な方法が用いられるならば、どのような地域社会でも広く世界全体でさえも（中略）どんな性格をも備えることができるようになるであろう[*6]」

これはどのような性格の社会でもつくり出せるという、オーウェンの信念の表明である。環境を改善すれば人間はよりよく形成され、よい人間からなる社会はおのずとよくなる。オーウェンは、理想的な社会の建設をそう展望した。その一方で、手厚い福利厚生は、生産性向上につながる投資であると見抜く、鋭い経営感覚を持ち合わせていた。実際、オーウェンの工場は、イギリス随一の高い生産性を誇った。

1816年、オーウェンは工場に働く労働者家族のために「性格形成学院」を開設し、そこに1〜6歳対象の「幼児学校（infant school）」を置いた。そこで衣食住にわたる快適な生活を保障し、両親の誤った教育から免れさせ、心身ともに健全で、仲間を尊重する子どもを育成しようというのであった。オーウェンは、大した教育はないが子ども好きで気のやさしい男女一組に世話を任せ、子どもを打たないことと親切に接することを求めた。幼児は、天候の許すかぎり戸外でのびのびと遊び、疲れれば室内で休み、午睡をとった。長じるにしたがって、そこに体育・ダンス・音楽・自然物の学習などが加わった。大事なのは環境の整備であったから、道徳や3R's の指導は施されなかった。

❷イギリスの幼児学校

オーウェンの幼児学校は篤志家の注目を集め、全英各地に貧しい労働者家庭の幼児を集めた施設の設置が進んだ。しかし広まったのは、**ウィルダースピン**（Wilderspin, S., 1792 〜 1866）流の幼児学校だった。ウィルダースピンはオーウェンとは異なった人間観・社会観のもとに、3R's と道徳を効率的に教授する幼児学校をつくりだした。幼児を200人でも300人でも一堂に集めて授業を行えるように、階段教室（ギャラリー）と大型シート状の教材（チャート）を考案した。また、授業と授業の

ウィルダースピン
（Wilderspin, S.
1791 〜 1866）
1820年代に幼児学校協会を組織して、全英各地の篤志家にはたらきかけて数百の幼児学校を開設させた。

間に適当な休息時間を設け、それが運動遊びの時間となるように、戸外に回転ブランコその他の大型遊具類を設置した。こうして、安上がりだけれども子どもを巧みに扱い効果をあげる施設のモデルができあがった。

幼児学校は、1870年の初歩教育法によって5歳就学の国民教育制度が発足すると、7歳までを対象とする学校としてそこに組み込まれ、公費で設置・運営されるようになった。

(3) マクミランの保育学校

❶保育学校の創設

20世紀の初頭、イギリスでは無償の国民教育制度を実現していた。国民教育制度は、国境内に暮らす人々の帰属意識を高め、最低限の知識と技能を身に付けさせることを目的としたから、それまで学校とは無縁だった最下層の子どもまでもが、幼いうちから学校に集められ3R's中心の教育を施された。3、4歳の学齢未満児の入学も珍しくなく、不動と無言を強要する学校教育は、幼少の子どもに健康問題を引き起こした。人口の急速な都市集中のために、生活基盤と公衆衛生が貧弱で不衛生だったこともあって、都市学童の体位・体力の低下は著しく、疾病罹患率の上昇もはなはだしかった。

そんななか、1914年、ロンドンのスラム街に、「保育学校」(nursery school)が開かれた。広い庭と、戸外に大きく開け放たれた小建物群からなる学齢未満児のための施設である。創設者マクミラン(McMillan, M. 1860～1931)は、北部の工業都市で公立学校行政に携わった経験を持ち、困窮を極める労働者家庭の実情をよく知る女性だった。

保育学校の保育時間は9時間半と長く、保育内容にも際立った特徴があった。それは登園直後の毎日の沐浴、健診、戸外での午睡、日に3回の良質な給食、歯磨き衛生指導、呼吸器官の鍛練など、健康増進と生活習慣形成に関わる内容の充実である。医療機関とも密接な連携を図った。以後、これに倣った施設が、国の内外に広まった。

❷保護者支援のセンターとしての保育学校

保育学校の生活は、薄汚れていた子どもたちの身体を美しく

蘇らせた。皮膚は本来のやわらかな質感を取り戻し、生気のなかった顔には輝くような表情が戻った。マクミランは保育学校が地域住民の共同保育室となるよう、「母の会」を組織してさまざまな文化活動を興した。マクミランは次のように言う。

「子どもの真の芸術は、両親の心に素早く、強力に訴える。それが引き起こす共感は(中略)生活から音楽を消し去り、親密な団欒への渇望を喪失させた、あの鉄の手(工業機械)の重圧をはねのける。…偉大な伝道者や慈善事業家たちが取り戻そうとして叶わなかった人間らしい生活と言葉が、子どもたちによって、呼び戻されるのである」

マクミランは「貧困層の子どもたちは、その不孝や弱さゆえに、方法のよしあしの証となる」とも述べ、もっとも恵まれない子どもを豊かに育む方法こそすべての子どもに最良という信念を語った。親の人間性が豊かでなければ、子どもの幸福はない。厳しい工場労働と生活苦のために人間らしい感情や誇りを失った人々に、それを取り戻させる唯一の方法は、彼ら自身の子どもに対する期待を育むことである。それがマクミランの見出した希望としての子どもであり、地域社会再生の道だった。

イギリスの保育学校はその後国庫補助が開始され、1944年法で2歳から5歳対象の学校となって今日に至っている。

4　子ども研究の進歩と保育内容の刷新 －新教育運動、デューイ、アイザックス、モンテッソーリ、早期教育

(1)　新教育運動

19世紀の終わりにエリート中等学校から始まった教育改革の動きは、20世紀に入ると、国際的なネットワークを形成しながら、初等教育の改善をめざす実践を生み出した。この一連の動きを「新教育運動」という。教育改革は、発達研究の進歩をともないながら進展した。

フレーベル幼稚園の世界的な広がりは、進歩的知識人の間に「成長にともなう内在諸力の開花」といった発達観を広め、「子どもから」という児童中心主義を育んだ。20世紀への転換期

には、アメリカからホール(Hall, G.S. 1844 〜 1924)らの「児童研究運動(Child Study Movement)」が始まり、成育過程の量的・質的データの蓄積が進んだ。

　1914 年に勃発した第一次世界大戦で、西欧文明の蛮行を目の当たりにした人々は、二度と戦争を起こさない人格形成・社会建設を模索し始めた。

　人間精神の深い闇に思いを巡らせた人々は、精神分析への関心を強めた。フロイト(Freud, S. 1856 〜 1939)は、無意識の世界に光を当て、パーソナリティ障害の原因を幼少期の体験にまで遡って解き明かした。子どもの成長・発達の探求は、臨床的・実証的な方法論を確立し、それまで理解しがたかった幼い子どもの知的・情動的世界にまで迫るようになった。

(2)　アメリカの幼稚園改革とデューイ

❶アメリカの幼稚園改革

　フレーベルの幼稚園は、アメリカに深く根付いた。移民国家であるため、学校にはアメリカ市民の形成という重要な役割が課せられた。しかし、幼稚園は小学校と家庭をつなぐ架け橋、準備機関として発展したものの、恩物偏重の保育に陥ってしまう。

　改革の動きは、産業が飛躍的に発展し、移民の流入と多様化が一段と激しくなった 20 世紀への転換期に活発化した。児童研究の成果は恩物偏重に対する批判に実証的な根拠を与え、ヒル(Hill, P.S. 1868 〜 1946)らの指導のもとで進歩主義幼稚園と呼ばれる施設が増えていった。そこでは恩物作業に代えて、リアルな生活経験や探索、ごっこ遊び、創作や伝承遊びが行われ、ヒル考案の大型箱積木など、子どもたちが全身を使い協力し合って遊べる新しい遊具が導入された。

❷デューイの児童中心主義

　教育界に転機をもたらし、改革派の理論的支柱となったのが、デューイ(Dewey, J.　1859 〜 1952)である。デューイは、1899 年に『学校と社会』を出版し、以下のように「児童中心」を宣言した。

　　　「今日わたしたちの教育に到来しつつある変化は、重力

の中心の移動にほかならない。それはコペルニクスによっ
て天体の中心が、地球から太陽に移されたときのそれに匹
敵するほどの変革であり革命である。このたびは子どもが
太陽となり、その周囲を教育のさまざまな装置が回転する
ことになる*7」

　幼稚園についてのデューイの見解は、およそ次のようであっ
た。

　フレーベルの方法は象徴主義的で、今日の心理学に照らせば
誤りが多い。我われが受け継ぐべきは恩物ではなく、フレーベ
ルの遊びを重んじる精神である。幼児にはコミュニケーション
や探求、後世や芸術的表現への興味が備わり、実生活に向けら
れているのだから、幼児のための教材は最も身近な家庭生活や
近隣の事柄がふさわしい。それを、子ども自身が活動をとおし
て経験するように提示するのがいい、と。

(3)　イギリスにおける幼児理解の深化とアイザックス

❶保育内容としての科学

　アイザックス(Isaacs, S. 1885 ～ 1948)は、イギリスで活躍
した女性精神分析家、教育者である。1924 年に小さな学校を
任されると、実験的な教育を試みながら対象児の行動と発話を
記録し、世界初となる幼児集団の長期観察データを積み上げた。
それに基づき「自己中心性」を主張するピアジェ(Jean Piaget,
1896 ～ 1980)に抗して、幼児の思考の合理性・論理性を主張
した。

　アイザックスの実験学校では、幼児が示した知的な好奇心を
可能な限り満たした。子どもが望めば、先入観や先例にとらわ
れることなく大胆に取り組ませた。生き物の内部が見たいとい
う欲求には、飼育動物の死骸を使った本格的な解剖で応え、も
のの化学的な変化に興味を示せば、大学にしか設置例がないブ
ンゼンバーナーを導入して、幼児自身に燃焼実験をさせた。子
どもの興味は家庭生活や身近な自然にとどまらず、科学技術の
世界、商品生産と流通、交通や通信のシステムなど、多方面に
広がった。彼らは予想を立て、調査や実験を行い、結果を討議
した。実験学校を訪問した若きピアジェは、その姿を見て「小
さな科学者」と評した。アイザックス自身も、科学こそ幼児期

にふさわしいと考えていた。

❷教師の役割

アイザックスは教師の役割について、「遊び仲間」「活動モデル」「共同探求者」の3つをあげ、特に子どもに連れ添う「共同探求者」の役割を重要視した。豊富な観察事例が、次のことを物語っていたからである。

> 「身近な世界に対する子どもの興味が、自分の大好きなおとなの目を引かず後押しもされなければ、それは追求されないし、長く保たれることもないだろう。幼い子どもは、おとなの意志やおとなの選ぶ環境に大変左右されやすく、世界を確かめようと伸ばした敏感な触角を、いつでも引っ込める身構えができている[*8]」

さらにアイザックスは、幼児・親・教師の3者関係の精神分析的解釈に基づいて、幼児のための学校が果たせる固有な教育的機能を、以下のように論じた。

幼児にとって、親は激しい愛憎の葛藤を覚える対象なので、親子が向き合って暮らす家庭はどうしても抑圧的な場となる。他方、学校には、「みんなの先生」と同輩の子どもたちがいる。自分1人でおとなと向き合わなくてよい。専門性を養った教師は、幼児期の葛藤渦巻く心のありようを理解したうえで、自分の果たすべき役割を演じるから、子どもの葛藤は和らぐ。だから学校は、どれほど理想的な家庭であってもなしえないかたちで、幼児の知的・社会的発達を援助できるのだ、と。

(4) イタリアの就学準備教育課題とモンテッソーリ

❶モンテッソーリ法の誕生

イタリアは、近代国家としての統一が遅れ、20世紀初頭には、国民を束ねていくための国語の確立と文字の読み書きができない人たちの撲滅が最大の教育課題となっていた。産業化の進展にともなう都市への人口集中、貧困や反社会的行為の増加は、周辺の国々と同様に深刻であった。

1907年、ローマの貧民街に、小さな託児室が開設された。指導を任されたのは、モンテッソーリ（Montessori, M. 1870 ～ 1952）という女医で、知的障害児の教育に実績があった。彼女

は、自分で考案したさまざまな教具を託児室に持ち込み、幼児が自由に選んで満足するまで続けられるようにした。雇い入れた助手には、幼児と教具の出合いを促すことだけを求めた。

「子どもの家(Casa dei Bambini)」と名付けられたこの託児室は、すばらしい成果をあげた。粗野だった貧民街の子どもたちは自発的に学び、わずかな期間で清楚な立ち居振る舞いや読み書きの基礎を身に付けてしまった。その経緯をまとめた本が1912年に英訳出版されると、子どもの家の教育法は「モンテッソーリ法」として世界中に知れわたった。大正期の日本にも紹介されて注目を集め、導入した例もみられた。

❷教師の役割とモンテッソーリ教具

モンテッソーリは、子どもは内面に正しい発育の計画をもっており、それに従って自分をつくり上げていく存在であると考えた。いつ何が必要なのかは、子ども自身が知っており、最適な時期に取り込むべきものに敏感になる。したがって、教師に求められるのは、子どものなかにある仕組みを正常に作動させること、自分づくりを邪魔しないこと、そのために必要なものを備えた環境を構成することである。モンテッソーリは、環境との正しい出合いと活動の自由を保障したのちは、子どもの学ぶ力を信頼して見守るという新しい教師像を提示した。

モンテッソーリ法では、教具が環境構成の中心を占める。教具には、衣服の着脱や家庭生活を支える仕事の基本動作の習熟に向けた「生活訓練」の教具、視覚や触覚など五感を鍛える「感覚訓練」の教具、「文字や算数」の教具があり、いまなお世界各地で使われている。

(5) 早期教育プログラムの展開

❶アメリカの早期能力開発

1950年代の終わりごろまでは、幼い子どもの居場所は家庭であり、母親が面倒をみるのが当たり前とされ、就学前施設の整備はどこの国でも優先順位が低かった。保育の方法・内容についてみても、アメリカのゲゼル(Gesell, A. L. 1880 ～ 1861)が唱えた「レディネス理論」の影響が強く、読み書きをはじめとするあらゆる学習指導は、子どもの成熟を待って行うべきこ

ととされていた。

　1957年、ソビエトが人類初の人工衛星スプートニク号の打ち上げに成功し、その科学技術水準の高さを世界に示した。ソビエトとの対立を深めていたアメリカは危機感をつのらせ、莫大な教育投資を行って、科学教育カリキュラムの高度化と優れた人材養成に乗り出した。1959年には、教育者・科学者を集めて「ウッヅホール会議」を開催し、その成果をブルーナー(Bruner, J.S. 1915 ～ 2016)が『教育の過程』(1960年)にまとめた。その中で示された仮説(どのような知的教科であっても、やり方次第では発達のどの段階のどの子どもにも教えられる)や、「スパイラル(螺旋形)カリキュラム」の重視は、その後の知的早教育ブームを支えた。そのなかでモンテッソーリ法は、最先端の研究に照らしても合理的で高い効果の期待できる早期教育法として、再び脚光を浴びるようになった。

❷補償教育の実施と子ども観・教育観の刷新

　早期能力開発への関心の高まりを背景に、教育機会に恵まれない子どもに対する就学準備教育の整備も進んだ。アメリカでは、1965年に連邦政府資金による3、4歳児対象の「ヘッドスタート計画」が大々的に開始され、今日の0歳に始まる補償教育プログラムとなった。イギリスでは、1967年公刊の「プラウデン報告」に基づいて、「教育優先地域」が指定され保育施設が整備された。知的発達の理論的研究も活発化した。ピアジェや**ヴィゴツキー**が本格的に検討され、その意義が認められるようになる。とりわけヴィゴツキーの「発達の最近接領域」の考え方は、保育者に「教えること」のとらえ直しを迫った。

　国連も影響力を発揮し、「国際婦人年」(1975年)、「国際児童年」(1979年)を設けて、女性と子どもの権利向上に向けた各国の努力を促した。男女共同参画社会がめざされ、欧米諸国の女性は飛躍的な社会進出を果たした。保育の社会化も進み、男性、女性が平等に担う子育てが一般化していった。こうした一連の動きは、1989年の「児童の権利に関する条約」となって実を結び、子どもの最善の利益が謳われた。

　1990年代に入ると、子ども観が一変する。イタリアのレッジョ・エミリア市の幼児教育実践やニュージーランドの保育カリキュラム「テファリキ(Te Whāriki)」(1996年／2017年改訂)

補償教育(compen-satoy education)
　貧しい家庭環境ゆえにこうむる不利益と発達の遅れを補い、学校へのよりよい適応を促すことを通じて社会の落伍者となるのを未然に防ごうという教育。1960年代半ばのアメリカ連邦資金によるヘッド・スタート計画(就学準備教育)、イギリスの「教育優先地域」の設定と教育資源の優先配分などの例がある。

ヴィゴツキー(Vygotsky, L. S. 1896 ～ 1934)
　旧ソビエトの心理学者。すでに到達した水準と、おとなの指導や仲間との協働をとおして実現される水準との間の隔たりに着目し、「発達の最近接領域」の概念を編み出した。幼児の「ひとりごと」を自己中心的発話とみる若き日のピアジェの考えに反し、これを言語発達の途上に起こる「内言(思考の手段としての言語)の表出」ととらえた。

に啓発され、子どもは一個の市民、有能な学習者としてとらえるようになった。その動きは日本にも伝わって、今日、新たな保育のあり方が模索されている。

日本における保育の歴史

■ 1 伝統社会の子育て習俗

大自然の脅威が人間の力に勝った時代、子どもはたくさん生まれ、幼いうちに病気やけが、飢えや寒さなどで簡単に命を落とした。疫病がはやれば、なおさらだった。「間引き」といって、生まれた直後に産婆や身近なおとなの手で命を絶たれる子も、少なからずいた。それは、暮らしを維持するためであった。しかし、育てられることになった命は、大切に守られた。

人々は、幼い命をまだ人間界に根付かないものと考え、「7歳までは神の内」と言い習わした。そのあるがままの姿を慈しみ、社会の一員としての仕込みは、数え歳の7歳から始めた。死亡率の高い乳幼児期をやり過ごし、体力の充実する6、7歳まで育つのを待ったのである。

子育てには多くの者が関わった。母親は、度重なる妊娠・出産で体力を失い、命を奪われることもあった。無事に産褥期を過ごしても、すぐに家業や家事に忙しく、子育てに専念できるはずがなかった。それゆえ、家では、父親も子育てをするのが当たり前だった。幼い子の面倒は、年寄りや兄、姉など手のすいている者がみた。わずかな駄賃で、近所の娘に子守を頼むこともあった。裕福な家では、人を雇い入れて世話をまかせた。

子育ては、地域ぐるみの営みでもあった。人々は、適当な人を頼んで子どもの「トリアゲ(取り上げ)オヤ」「チ(乳)オヤ」「ナ(名)オヤ」などになってもらい、その「オヤ」や家族とは、一生にわたって親戚同様のつきあいをした。また、名付け祝い、宮参り、食い初め、初節句、七五三など、子どもの成長を祝う儀式を、節目節目にとりおこなった。

江戸時代(1603 ～ 1867)には、数多くの子育ての書が著された。なかでも貝原益軒(かいばらえきけん)(1630 ～ 1714)の『和俗童子訓』(1710 年)や香月牛山(かげつぎゅうざん)(1656 ～ 1740)の『小児必用養育草』(1703 年)はよく読まれた。いずれも子どもが自ら学ぶことを大切にしながら、それぞれの年齢にもっともふさわしいやり方で導くことの重要性を説いた。実現はしなかったが、託児施設の構想があったことも知られている。大原左金吾(おおはらさきんご)(1761 ～ 1810)による「養育の館」(1797 年)、農政家の佐藤信淵(のぶひろ)(1769 ～ 1850)が『垂統秘録』(1833 年)で示した「慈育館」(今日の乳児院のようなもの)と「遊児蔵(ゆうじじょう)」(慈育館から移した子どもおよび近隣の子どもの遊び場)、1840 年代の津山藩(岡山県)「育子院」などの例があった。

　明治への転換期に日本を訪れた欧米人の多くが、「子ども天国ニッポン」と記している。鞭打ちをともなう厳しいしつけに慣れ親しんだ彼らの目には、日本人の子育てのありようが新鮮に映ったのである。

2　幼稚園の導入と発展

(1)　東京女子師範学校附属幼稚園の開設

　19 世紀半ば、日本の国の形は、欧米の強国の脅威にさらされながら、封建制から近代君主制へと変貌した。明治政府は、欧米の国々をモデルに、近代国家の建設を急いだ。明治5(1872)年にはフランスに倣った「学制」を公布して、今日の義務教育制度の礎を築いた。その中で、「六歳迄ノモノ小学ニ入ル前ノ端緒ヲ教ル」施設として「幼稚小学」を規定したが、実際には設置されなかった。

　1876(明治9)年、官立(国立)の**東京女子師範学校**に附属幼稚園が開かれた。フレーベルの"Kindergarten"を模してつくられた、日本で2番目の施設である。最初の施設は、明治8(1875)年に京都の柳池小学校に有志の手で付設され、「幼稚遊嬉場」と名付けられたが、1年半ほどで閉鎖されていた。幼稚園の開設は、日本の伝統的な子育て習俗からも、庶民の生活実態からも、遠くかけ離れた早期の集団学習の開始を告げる出来事だった。

東京女子師範学校
　明治8年創立の日本で最初の女子教員養成機関。明治18年「東京師範学校女子部」に、同23年に「女子高等師範学校」となり、同41年には「東京女子高等師範学校」へと改称した。現在のお茶の水女子大学である。

❶開設に尽力した人々

東京女子師範学校附属幼稚園の開設を促したのは、欧米事情の視察や留学を通じて、就学準備教育の重要性と、母親の意識改革の必要性を認識するようになった人々であった。

1873年のウィーン万博視察団の一員、近藤真琴は、会場に設置された保育展示室のようすを『博覧会見聞録別記　子育の巻』(1875年)にまとめ、西欧の保育施設と教育玩具を紹介した。時の文部大輔(長に次ぐ地位)田中不二麿(1845～1909)は、徹底した海外視察を行った後、しぶる上層部を説得して附属幼稚園の開設を実現した。幼稚園の模範を示し、近代的な教育の発展と女子教育の充実に役立てるためだった。東京女子師範学校摂理(校長)の中村正直(1832～1891)も、協力を惜しまなかった。イギリス留学を通じて、自主独立の国民形成の重要性を確信した中村は、幼児期の家庭教育の充実と家庭外での集団生活の意義を熱心に説いた。

❷「東京女子師範学校附属幼稚園規則」

東京女子師範学校附属幼稚園は、開設に先立ち、園に関わるさまざまな事柄を定めた仮の規則を作成していた。それが「東京女子師範学校附属幼稚園規則」である。この文書は、「学制」の小学校の規定が「教育」「教員」を用いているところを、「保育」「保姆」という言葉で表し、改訂を重ねながら幼稚園のあり方を世に示してきた。

明治10(1877)年の「東京女子師範学校附属幼稚園規則」は、開設の主旨、対象年齢、担当職員、費用について、それぞれ以下のように定めている。

東京女子師範学校附属幼稚園規則

第一条　幼稚園開設ノ主旨ハ学齢未満ノ小児ヲシテ天賦ノ知覚ヲ開達シ固有ノ心思ヲ啓発シ身体ノ健全ヲ滋補シ交際ノ情誼ヲ暁知シ善良ノ言行ヲ慣熟セシムルニ在リ。

第二条　小児ハ男女ヲ論セス年齢満三年以上満六年以下トス。

第七条　園中ニ在リテハ保姆小児保育ノ責ニ任ス。故ニ付添人ヲ要セス。

第八条　入園ノ小児ハ保育料トシテ一ケ月金二十五銭ヲ収ムルヘシ。

　定員は 150 人で、これを年齢ごとに分けて 3 組に編成した。保育時間は 1 日 4 時間、長期の休暇の設定があった。毎日の生活は、現代の小学校の時間割によく似た「保育時間表」にそって進行するものとされた。保育時間のおよそ半分が恩物に割り当てられており、その効果への期待の大きさがうかがわれる。「保育科目」は、「物品科」「美麗科」「知識科」の 3 科とし、その中に 25 の子目が収められた。子目の大半は、恩物を用いて机上で行う手作業で、そのほかに、博物理解、計数、唱歌、説話、体操、遊戯があった。明治 14(1881)年の改正では、読み・書き・算術も教えるようになり、10 年ほど続けた。

❸ 最初の保育者と保育者養成

　東京女子師範学校附属幼稚園は、ドイツ人女性の松野クララ (Kulara Titelmann, 1853 〜 1941)を主任保姆に迎え、保育方法の伝授にあたらせた。日本語の不自由なクララの指導下で、園児を実際に保育したのは、2 人の日本人女性だった。同師範学校に勤務していた豊田芙雄(1845 〜 1941)と近藤濱(1839 〜 1912)である。附属幼稚園の初代監事(園長)には、関信三(1843 〜 1879)が就任した。関は、『幼稚園記』(1876 〜 77)、『幼稚園法二十嬉』(1879 年)など関連文献の翻訳や紹介を行い、日本における幼稚園の普及と保育者の育成に大きく貢献した。

　本格的な保姆養成は、明治 12(1879)年の「東京女子師範学校附属幼稚園保姆練習科」に始まる。保姆練習科の養成期間は 1 年で、教育課程は東京女子師範学校に準じて定められ、幼稚園に関する理論や技術だけでなく自然科学、数学など幅広い科目を含んでいた。しかし、この保姆練習科は、1880 年に第一期生を出しただけで廃止された。その後、幼稚園保姆の養成は、保育見習方式が定着していく。これは、直接に幼稚園に入って保姆の仕事を見習いながら学ぶというもので、そのような保姆養成が、各地の公立小学校に付設された幼稚園や師範学校附属幼稚園、私立女学校附属幼稚園などで行われた。

（2）　幼稚園の多様化と法令の整備

❶私立幼稚園の開設

　初期の幼稚園は、官立（国立）・公立が多かった。東京に続いて、鹿児島、仙台、大阪などに1園また1園と開設されていった。私立幼稚園の設立は、明治13（1880）年が最初で、日露戦争のあたりから勢いが増し、明治の終わりには、数の上で公立を上回った。

　明治期の私立幼稚園の普及にあたっては、渡来したキリスト教女性宣教師の果たした役割が大きかった。学校を設立して保育の開拓者を育てただけでなく、直接に保育事業にも携わった。例えば、明治22（1889）年に、神戸に「頌栄幼稚園・保姆伝習所」を開いた**ハウ**（Annie Lyon Howe, 1852～1943）は、明治28（1895）年にフレーベルの『母の歌愛撫の歌』を翻訳出版し、恩物偏重に陥った日本の幼稚園に、フレーベルの根本精神を吹き込んだ。

❷貧民幼稚園と「東京女子師範学校附属幼稚園分室」

　貧しい家庭の子どもを無償で受け入れる貧民幼稚園も誕生した。構想は明治政府にもあったが、明治25（1892）年の東京女子師範学校附属幼稚園「分室」の1例に終わった。民間では、明治28（1895）年に、宣教師トムソン夫人が神戸に開いた「善隣幼稚園」が最初とされる。後に取り上げる「二葉幼稚園」（1900年設立）も、そうした貧民を対象とした幼稚園の1つである。

❸「幼稚園保育及設備規程」

　1890年代に入ると、幼稚園間の差異を憂慮し、準拠すべき法令を求める声が高まった。それに応えたのが、明治32（1899）年の「幼稚園保育及設備規程」（文部省令）である。

　幼稚園保育及設備規程は、幼稚園に関する最初の総合的な規定で、これが定められたことによって、幼稚園は次の要件を満たさなくてはならなくなった。「満三年ヨリ小学校ニ就学スルマテノ幼児ヲ保育スル所」であり、1日の保育時間は5時間以内、保姆1人当たりの幼児数は40人以内、1園の規模は100人以内であること。保育の内容については、「保育ノ**項目**ハ遊嬉、唱歌、談話及手技トシ」（第6条）と述べており、それまで幼稚

園の保育時間の大半を占めていた恩物作業は、手技のなかに入れられ、扱いが大幅に縮小された。保育室や園庭の広さ、設備・備品についても規定された。

❹「幼稚園令」「幼稚園令施行規則」

大正期(1912 ～ 1926)には幼稚園の普及が加速し、園の数はおよそ 1.8 倍の 1066 園に、園児数は 2 倍の 9 万 5000 人弱になった。大正 15(1926)年、政府は、幼稚園の改善と充実を求める運動の盛り上がりを受けて、「幼稚園令」を公布した。

幼稚園令は、第 1 条で、幼稚園の目的を「幼児ヲ保育シテ其心身ヲ健全ニ発達セシメ善良ナル性情ヲ涵養シ家庭教育ヲ補フ」とし、第 9 条で保姆の資格要件を「女子ニシテ保姆免許状ヲ有スルモノ」と定めた。保育項目は、「幼稚園令施行規則」(大正 15 年)において「遊戯、唱歌、観察、談話、手技等」の 5 項目と規定された。従来の 4 項目に「観察」「等」が加わり、各園が保育内容を自由に工夫する余地を示した。

❺幼稚園の特質

日本の幼稚園は、富裕層の保育施設として普及した。高額な保育料が、その大きな要因だった。東京女子師範学校附属幼稚園の入園児は、その大部分が富裕な上流家庭の子女で、開園当初の保育のようすを描いた掛図には、稀少で高価だった洋服姿で外遊びに興じる幼児の姿が描かれている。幼稚園は、土地の名士が子女を送りこむ所、庶民層には敷居の高い施設、という性格を保ったまま、第 2 次大戦後の教育改革を迎える。普及もゆっくりとしていて、5 歳児就園率[注1] が 1%に達したのは明治 34(1901)年、戦前で最も就園率が高かった昭和 16(1941)年でも、10%程度であった。

3 保育所の歴史

(1) 託児所の成立

❶幼稚園とは異なる始まり

日々保護者の委託を受けて乳幼児を保育する施設は、戦前か

注1 · · · · · · · · · · · · · ·
就園率

日本における幼稚園、託児所の普及に関する数値は，浦辺史ら編『保育の歴史』(参考文献 16)参照。

ら存在した。「託児所」として知られた施設群で、いくつかの性格の異なった事業を受け継いで誕生した。

その第1は、「子守学校」である。これは、伸び悩む女子の就学率を向上させるために公立小学校や私塾に付設された教室で、専従の保育者がいなかった。子守たちは、乳幼児を背負ったままで、あるいは別室に集めて交代で面倒をみながら、授業を受けた。渡辺嘉重の『子守教育法』(1884年)は、そうした子守学校の実際をよく伝えている。

第2のものは、貧しい階層の幼児を対象に開かれた幼稚園、すなわち貧民幼稚園である。貧民幼稚園は、幼稚園に関する法律が整備されるにつれて、文部省管轄下の幼稚園として存続することが難しくなっていく。内務省が民間の託児事業に対して助成金を出すようになると、幼稚園の名を別名称に改めて、内務省の管轄下に移る例が出た。

第3は、農民や工場労働者層のための託児事業である。たとえば、明治23(1890)年、鳥取の農村に、筧雄平の指導を受けて「農繁期託児所」が誕生した。農業が忙しい期間だけ開所される託児施設である。少し遅れて、女性労働者の多い紡績工場やマッチ工場の中に、託児施設を備えるものが現れた。

託児所は幼稚園とは異なり、民間の事業が中心であった。公費補助は明治の終盤まで行われず、公立施設は大正8(1919)年まで設立されなかった。

❷新潟静修学校と二葉幼稚園

明治23(1890)年、新潟に私塾「新潟静修学校」が開設された。付設された子守学校では、塾長赤沢鍾美の妻、仲子と助手が、生徒の連れてくる子どもの面倒をみた。これが専従のおとなが保育を担った最初の施設である。やがて赤沢夫妻は、働きに出る母親から直接に乳幼児を預かるようになり、明治41(1908)年にこの施設を「守孤扶独幼稚児保護会」と命名し、今日の赤沢保育園の礎を築いた。

明治33(1900)年、東京に設立された二葉幼稚園は、貧民家庭の支援事業を大規模に充実・発展させた点で際立っていた。二葉幼稚園は、華族女学校附属幼稚園に勤める2人のクリスチャン保姆、野口幽香と森島峰が寄付を募って実現させたものである。森島には、留学先のアメリカで、貧民幼稚園の活動を

学んだ経験があった。

　二葉幼稚園は寄付金で運営され、おやつ代程度の保育料で長時間保育を行い、3歳未満の幼児も預かった。保育の内容・方法は、フレーベル式幼稚園に基づく遊戯、唱歌、談話、手技などのほか、衛生や生活習慣の指導を含み、**徳永恕**ら豊かな力量を養った保姆たちが不断の工夫を重ね、今日の保育所に期待されているような地域連携や子育て支援を進めた。同園は、幼稚園規定を大きく外れる施設となったことなどから、大正5（1916）年、名称を二葉保育園に改め、内務省下の「慈恵救済事業」に組み込まれることになった。

(2)　託児所整備の進展

　政府が託児所に助成金を出し始めたのは、1900年代に入ってからのことである。政府は、日露戦争を境に、各地で行われていた「幼児保育事業」に対して補助金を出すようになり、これを幼稚園とは別種のものとして内務省の管轄下の「慈恵救済事業」に組み込んだ。

　大正時代は、世界的な政治変動と呼応して、日本の社会が激しく動いた時代であった。政治や文化、教育などの分野において、権利の拡大や自由を求める運動が活発化した。数を増した工場労働者は、労働組合を結成して劣悪な待遇の改善を求め、婦人の参政権運動も盛り上がりをみせた。しかし、日々の暮らし向きはよくならず、追い詰められた人々の間に親子心中、捨て子や身売りが増えた。コメ騒動が頻発し、大規模化するなど、社会の不安定さが増した。

　大正8（1919）年、最初の公立施設が大阪市に2か所設置された。以後、都市を中心に開設が相次ぎ、大正15（1926）年までの間にその数は65にのぼった。さらに私営の施設も全国で大正2（1913）年の25か所から228か所に増えた。託児数も、公私合わせて2万を超えた。これらの施設の多くは託児所と称し、午前6時から午後6時にいたる12時間の保育を行った。保育内容は幼稚園に準じたが、栄養や保健衛生的な配慮から行われる固有の内容もあった。職員資格についての明確な規定はなかった。大正15（1926）年に「幼稚園令」が公布されると、関係者の間に「託児所令」の制定を求める声が強まったが、実現

徳永恕（1887～1973）
　二葉保育園2代目園長、社会事業家。クリスチャンで野口幽香との出会いから保育の道に進んだ。小学校正教員の資格を取得後、二葉幼稚園の保姆となる。野口を助け、貧民の多く住む地区に分園をつくり、母子寮を設立するなどして先駆的な母子福祉事業を実施した。

はしなかった。

4 激動の時代の保育（大正－終戦まで）

(1) 保育カリキュラムの刷新

❶大正自由教育と児童文化

　大正期には、土川五郎の律動遊戯やダルクローズ考案のリトミック、山本鼎の自由画運動などが幼児の表現活動に新風を吹き込んだ。芸術家たちによる児童文化の創造も活発な展開をみせた。童話と童謡の月刊雑誌『赤い鳥』が鈴木三重吉によって創刊され、『おとぎの世界』『コドモノクニ』などがこれに続いた。優れた才能が集い、たくさんの作品が世に送り出された。小川未明、浜田広介らの童話、北原白秋、西条八十らの童謡、武井武雄、岡本帰一らの童画などは、保育・教育に豊かな文化財をもたらしただけでなく、純真無垢な子ども、という幼児像を広範に伝える強力な媒体であった。

　東基吉、中村五六、和田實、倉橋惣三ら、東京女子高等師範学校で教鞭をとる教育者たち[注2]は、日本の暮らしの伝統や遊びを取り入れた保育を提唱し始めた。大正 11（1922）年に開始された橋詰良一による園舎を持たない「家なき幼稚園」など、新しい試みも生まれた。

❷倉橋惣三と誘導保育案

　戦前の保育の刷新に大きく貢献したのは、倉橋惣三（1882 ～ 1955）である。欧米の動向を視察して帰国した倉橋は、日本の子どもたちの生活文化に根差した新しい保育のあり方を模索した。その努力は、日本で最初の体系的カリキュラム『系統的保育案の実際』（昭和 10〔1935〕年）として実を結んだ。これは、指導法の観点からみれば、幼児のありのままの生活から出発して、「自己充実―充実指導―誘導―教導」と段階をふんで進むものである。「教導」は主に学校教育で行われるものだが、幼稚園では「ちょっとするだけのこと」とされた。

　系統的保育案に位置づく「誘導保育案」は、教育的価値をもった主題のもとに行う総合的な活動（プロジェクト）案で、幼児の

注2
東京女子高等師範の教育者たち
○ 中村五六（1860 ～ 1946）：明治 23（1890）年からおよそ 20 年にわたって附属幼稚園の主事を務め、日本的な保育内容の導入を促した。「フレーベル会」を結成し、機関誌『婦人と子ども』を発刊して幼稚園教育研究の発展に寄与し、保育界をリードした。
○和田実（1876 ～ 1954）：中村五六と共著で『幼児教育法』（明治 41〈1909〉年）を出版し、基本的生活習慣の涵養と自由な遊びの充実による幼児教育の意義を説いた。大正 4（1915）年に目白幼稚園、昭和 5（1930）年に目白幼稚園保姆養成所（現東京教育専門学校）を設立、持論を実践に移した。

自由な遊びと幼児に伝えたい文化財とを無理なくつなぐもので
あった。誘導保育案は、「導入(動機づけ)—作業過程—完成—
活用」というように展開するものとされ、附属幼稚園保姆たち
が提示した「おもちゃづくり」「市街製作」「汽車」「人形の家」
「動物園」などの豊かな実践例にともなわれて、全国に広まった。
その基本的な考え方は、今日の多くの幼稚園・保育所のカリキュ
ラムに受け継がれている。

(2) 戦争と保育

❶人的資源としての乳幼児

　昭和4(1929)年のニューヨークの株価大暴落に始まった世界
大恐慌は、日本の経済に壊滅的な打撃を与えた。不況の嵐のな
かで、都市は失業者であふれ、農村もまた農産物価格の大暴落
によって、人々の暮らしが成り立たなくなった。追い打ちをか
けるように飢饉が襲い、国全体の食糧事情が悪化した。生活の
危機にひんした労働者や農民は、活発な政治運動を繰り広げて
いく。

　政府は、国内の思想取り締まりを強化する一方で、「救護法」
(昭和5〔1930〕年)を制定して救貧対策を講じるが事態は好転せ
ず、軍事力による海外進出によって活路をひらこうとした。昭
和6(1931)年の満州事変、昭和12(1937)年の対中国全面戦争
の開始、昭和16(1941)年の対米宣戦布告・太平洋戦争へと戦
争は拡大の一途をたどり、昭和20(1945)年の無条件降伏をもっ
て終結した。

　この間、政府は「国家総動員法」(昭和13〔1938〕年)を制定し、
戦争遂行目的のためにすべての「物的人的資源」を統制する体
制を確立し、厚生省のもとで「産めよ殖やせよ」という人口増
加政策をとった。乳幼児の保護は、国民の保健と体力向上を担
う社会事業となった。

❷「社会事業法」と「戦時託児所」

　昭和13(1938)年、政府は「社会事業法」を成立させ、児童
保護事業の拡充に乗り出した。この法律によって「育児院、託
児所其ノ他児童保護ヲ為ス事業」は、国庫補助の対象となり、
設置数は1年で1.7倍に急増した。託児所は幼稚園と全く別系

統の施設として掌握され、困窮者の救済事業として整備が進んだ。戦況の悪化にともない、女性労働力の軍需工場などへの大量動員が始まると、「戦時託児所」と呼ばれる簡便な施設の設置が進んだ。その結果、託児所の数は昭和19(1944)年度には2184か所にのぼり、幼稚園を上回るようになった。

幼稚園は、昭和10年代に園の数の停滞をみるが、入園児の数は順調に伸びて昭和17(1942)年には施設数2085園、就園率10％と、戦前のピークに達した。やがて、全国の都市が空爆の危険にさらされるようになると、保育の継続そのものが困難になり、幼稚園のなかには休・廃園の措置をとったり、戦時託児所へと転換したりするものが増えていった。東京市は「幼稚園閉鎖令」を出す一方で、託児所については受け入れ対象を一般家庭にまで拡大して、人手の確保を図った。

戦時下の保育内容は、次第に軍事色が濃いものとなり、体育・生活・規律の訓練が強化されていった。遊びには戦争ごっこが取り入れられ、歌や話にも戦意高揚を図る内容が増えた。空襲に脅かされるようになると、退避訓練が日常的に行われるようになった。

5 戦後改革と保育制度

(1) 保育の理念

❶基本的人権と保育

昭和20(1945)年夏、戦争終結後の混乱のなかで、新しい日本の建設が開始された。物資の欠乏は著しかったが、戦災で施設・設備を失った学校でさえ、9月の新学期から青空のもとで授業が開始されるなど、次の世代に託す希望は大きかった。

昭和21(1946)年、「日本国憲法」が公布された。そこには、「国民主権」「戦争放棄」とならんで「基本的人権」の保障が明記された。それは「侵すことのできない永久の権利として、現在及び将来の国民に与へられる」ものであり、その中には、法の下の平等(第14条)、最低限度の生活を営む権利(第25条)、教育を受ける権利(第26条)、勤労の権利と義務(第27条)などが含まれた。

昭和22(1947)年の「教育基本法」は、その前文において、日本国憲法の理想の実現は、「根本において教育の力にまつべきものである」と宣言し、教育の目的を明示した。同じ年に公布された「児童福祉法」もまた、すべての子どもの健全育成と生活の保障を、実現すべき理念として掲げた。さらに、昭和26(1951)年には「児童憲章」が制定され、適切な養育や保護、教育は、子どもの権利であるという考え方を、広く人々の間に浸透させる役割を果たした。

学習のふりかえり

1 ルソー、フレーベル、オーベルラン、オーウェン、マクミランら、本章に登場した先人たちが、それぞれにめざした保育のあり方と、それを希求した理由を整理する。

2 先人たちの思索が生み出した子ども観や保育事業は、その後の各国の制度のあり方や人々の子育てにどのような影響をもたらしたのか、考えてみよう。

3 戦後日本における保育の歴史についても調べ、子どもを人権の主体として認め、その「最善の利益」を考慮した保育に向けてこれまでに成されてきたこと、今後の努力にかかっていることをまとめる。

引用文献：
＊1.　ルソー、長尾十三三ら訳『世界教育学選集39　エミール1』明治図書、1967年、17頁。
＊2.　ルソー、長尾十三三ら訳『世界教育学選集39　エミール1』明治図書、1967年、95頁。
＊3.　ルソー、長尾十三三ら訳『世界教育学選集39　エミール1』明治図書、1967年、93頁。
＊4.　荘司雅子『フレーベルの生涯と思想』玉川大学出版部、1975年、102〜103頁。
＊5.　利島知可子「オベルリンの幼児保護施設」『幼児教育双書6　幼児教育の源流』荘司雅子編、明治図書、1977年、106頁。
＊6.　ロバート＝オーエン、斎藤新治訳『世界教育学選集78　性格形成論ー社会についての新見解ー』明治図書、1974年、11頁。
＊7.　J. デューイ、市村尚久訳『学校と社会・子どもとカリキュラム』講談社、

1998 年、96 頁。

　*8.　S. アイザックス、椨瑞希子訳『世界新教育運動選書 23　幼児の知的発達』明治図書、1989 年、163 〜 164 頁。

参考文献：

9. McMillan, M. (1904) *Education Through the Imagination*, London, Swan Sonnenschine.
10. 石附実『異文化接触と日本の教育①　教育博物館と明治の子ども』福村出版、1986 年。
11. 岩崎次男編著『幼児教育双書 13　近代幼児教育史』明治図書、1979 年。
12. 岩崎次男編著『幼児保育制度の発展と保育者養成』玉川大学出版部、1995 年。
13. 岩崎次男『フレーベル教育学の研究』玉川大学出版部、1999 年。
14. 上野千鶴子『家父長制と資本主義－マルクス主義フェミニズムの地平』岩波書店、1990 年。
15. 梅根悟『教育学古典解説叢書 1　ルソー「エミール」入門』明治図書、1972 年。
16. 浦辺史・宍戸健夫・村山祐一編『保育の歴史』青木書店、1983 年。
17. 篠田弘・鈴木正幸ら編、江藤恭二監『新版　子供の教育の歴史－その生活と社会背景を見つめて』名古屋大学出版会、2008 年。
18. 岡田正章ら編『戦後保育史　第 1 巻』フレーベル館、1980 年。
19. フレーベル、小原國芳・荘司雅子監『フレーベル全集　第 4 巻　幼稚園教育学』玉川大学出版部、1881 年。
20. 上笙一郎『日本子育て物語－育児の社会史』筑摩書房、1991 年。
21. 上笙一郎・山崎朋子『日本の幼稚園』筑摩書房、1994 年。
22. 久保いと・田中未来編著『子どもの生活と保育の歴史』川島書店、1984 年。
23. 小林恵子『日本の幼児保育につくした宣教師(上巻)』キリスト教新聞社、2003 年。
24. 小山静子『歴史文化ライブラリー 143　子どもたちの近代－学校教育と家庭教育』吉川弘文館、2002 年。
25. 汐見稔幸・松本園子ら『日本の保育の歴史』萌文書林、2017 年。
26. 宍戸健夫『日本の幼児保育(上)』青木書店、1988 年。
27. 宍戸健夫『保育の森－子育ての歴史を訪ねて』あゆみ出版、1994 年。
28. 中江和恵『江戸の子育て』文藝春秋、2003 年。
29. 日本保育学会『日本幼児保育史』第 1 〜 3 巻、フレーベル館、1968 年(復刻版、日本図書センター、2010 年)。
30. E. バダンテール、鈴木晶訳『筑摩叢書 351　母性という神話』筑摩書房、1998 年。
31. 森田伸子『子どもの時代－「エミール」のパラドックス』新曜社、1986 年。
32. モンテッソーリ、阿部真美子・白川蓉子訳『世界教育学選集 77　モンテッソーリ・メソッド』明治図書、1974 年。
33. 文部省編『幼稚園教育百年史』ひかりのくに、1979 年。
34. 藤井穂高『フランス保育制度史研究－初等教育としての保育の論理構造』東信堂、1997 年。
35. 山田昌弘『近代家族のゆくえ』新曜社、1994 年。
36. 湯川嘉津美『日本幼稚園成立史の研究』風間書房、2001 年。

第7章

保育の現状と課題

学習のポイント

　本章では、世界と日本の保育の現状と課題について学ぶ。グローバル化社会といわれる昨今、国や地域の文化や伝統といった独自性を大切にしつつも、乳幼児の最善の利益を確保する方法を、国境を越えて共に協力して開発していくことが望まれる。2018年11月～12月に開催されたG20ブエノスアイレス・サミット首脳宣言では、保育が重要政策課題として位置づけられた。私たちは、子どもの幸せ、福祉の実現を大前提に、国や地域による「違い」に注目するばかりではなく、保育に大切な「共通性」に目を向けたいものである。共通性の例としては、保護者の社会経済的状況に関わらず、子どもに安全で安心できる環境を用意すること、専門性の高い保育者が必要であることなどがあげられる。

　保育で大切にしなければならないことは何なのか、なぜ大切なのか。保育の重要性に関する根拠とその根拠を説明できることばをもちたいものである。本章の学習を通じてその基礎力を培ってほしい。

諸外国の保育の現状と課題

1 世界の保育の現状

　日本では、就学前の子どもの保育は主に、保育所、幼稚園、認定こども園において実施されている。保育所は、厚生労働省の管轄であり、児童福祉施設である。幼稚園は文部科学省の管轄の学校として、認定こども園は内閣府の管轄で幼稚園と保育所の両方の機能を合わせもつ施設に位置づけられている。

　世界の就学前の子どもの保育は、どのようになっているのであろうか。

(1) 保育の管轄

　保育に関わる施設をどの省庁が管轄しているかは、国によってさまざまである。国連教育科学文化機関(UNESCO)の報告書(Koga, Bennett,& Moss、2010)や経済協力開発機構(OECD)の報告書(2015)を参考に分類してみると1つの省庁が乳幼児の保育に関わるすべての施設を管轄している国[注1]、子どもの年齢によって社会福祉分野の管轄と教育分野の管轄に分かれている国[注2]、同じ年齢の子どもであっても社会福祉分野と教育分野の異なる管轄の施設に通うといった混在型である国[注3]など、多様である。

(2) 対象とする子ども

　就学前の子どもの保育関係の施設が対象とする子どもの年齢は、国により違いがある[注4]。義務教育の開始年齢は、日本をはじめ6歳からの国が多いが、これも世界各国で多様である。

　学童保育については、日本では児童福祉法第6条の3で平成27(2015)年度より対象児童が小学校6年生までとなっている。世界においても、地域の実情によって学童保育の対象は低

注1 ‥‥‥‥‥‥
福祉省：デンマーク、フィンランド
教育省：ジャマイカ、スウェーデン、スロベニア、ニュージーランド、ノルウェー、ブラジル

注2 ‥‥‥‥‥‥
アイルランド、イタリア、オーストリア、オランダ、カナダ、チェコ、ハンガリー、フランス、ベルギー、ポルトガル

注3 ‥‥‥‥‥‥
日本、アメリカ、韓国

注4 ‥‥‥‥‥‥
3歳から義務教育の国の例：フランス、メキシコなど
4歳から義務教育の国の例：北アイルランド、ルクセンブルクなど
5歳から義務教育の国の例：イギリス、スコットランド、ウェールズ、キプロス、マルタなど

学年までであったり、12 歳や 14 歳までであったり、さまざまである。

（3） 保育の設置主体

保育施設の設置主体[注5] が公立か私立かについては、全体的に主に私立の保育施設が多い国、2・3 歳児までの低年齢の子どもは主に私立でそれ以降の年齢の子どもの保育施設は主に公立である国、子どもの年齢に関わらず保育関係施設が主に公立である国など多様である。

世界の保育の状況としては、同じ年齢の子どもが通う施設の管轄は一元化されつつある。教育関連省庁への一元化も進められている。

（4） 保育の発展のための国際協力：グローバル・ガバナンス

保育領域の研究者・行政関係者が国境を越えて連携協力し、研究成果に裏付けられた科学的根拠（**エビデンス**）の元に保育の質の維持と向上を共に図ろうという活動は、**グローバル・ガバナンス**といわれる。評価基準（**ベンチマーク**）を議論し、各国の状況をモニタリングし、互いに支援している。例えば、OECD 教育委員会の保育ネットワーク、ユニセフのイノチェンティ研究所、UNESCO などの活動が活発である。

2 各国の保育の現状と課題

各国の保育の制度には、それぞれの国の伝統、文化が根付いている。家族と社会の関係や、子育てを私的なものとみなすのか、公共性が高いものとみなすのか。集団保育の起こりはどうであったのか。どのような社会文化的な文脈で保育施設ができ、広まってきたのか。保育の歴史や伝統も国や文化によってさまざまである。

現在の保育をめぐる動向も、その国や地域のおかれている状況、抱えている課題（少子化問題や子どもの貧困問題など）によって多種多様である。保育施設の名称も、適当な訳語をあて

注5
○主に私立の国の例：日本、ニュージーランド
○2・3 歳児までは主に私立、それ以降は主に公立の例：アメリカ、イギリス、オーストラリア、オランダ、カナダ
○主に公立の例：イタリア、ギリシャ、スウェーデン、スペイン、スロベニア、デンマーク、ドイツ、ノルウェー、ハンガリー、フィンランド、フランス

エビデンス
証拠、根拠、論拠。ヒューマン・サービスの分野では、実践における各種判断が行われるが、その根拠をいう。わが国では医療の分野で使われはじめた。専門職による実践は、その判断の理由が問われる。保育現場でも、根拠に基づいた実践（Evidence based practice）が求められる。

グローバル・ガバナンス
現実の諸問題に国境を越えて取り組む、新しい枠組み。平和や環境、人権といった問題を各国政府、企業、NGO、市民団体、報道などが議論し、基準やルール、枠組みの構築をめざす。保育界でも、子どもの権利保障の観点から、公費投入状況、設置基準、専門職要件などが議論されている。

ることが困難な場合もある。保育の社会文化的背景、歴史、直面する問題は奥が深く計り知れないために、適切に表現できない部分もあることを断りつつ、以下、各国の保育の現状と課題について紹介しよう。

(1) スウェーデンの保育

❶保育をめぐる動向

1) 子どもの権利保障と保護者の支援

　スウェーデンでは、当初多様に展開していた就学前のさまざまな保育関連施設を社会省・保健福祉庁が管轄していた。1960年代、女性の労働力需要が増大し、保育施設の数を増やす必要性が高まった。スウェーデンの保育制度は、子どもの最善の利益を図ることと、保護者の就労と子育てを支援することの2つを大きな目標とし、発展していった。

2) 教育としての保育へ

　1968年に設置された保育委員会では、福祉と教育が一体化すべきであるという提言がなされ、保育内容の一元化が図られた。社会省による家族福祉政策の一環として、保育所、家庭的保育、幼稚園が、「就学前保育」と総称されるようになった。

　2011年7月には、「学校教育法」の改正がなされ、多様な就学前保育の形態を一元化し、明確に学校教育制度の初期段階として位置づけられることとなった。教員に関する資格要件、継続要件をさらに厳しく設け、その社会的地位の向上がめざされている。

❷保育の制度

1) 制度の概要

　スウェーデンでは、すべての保育関連施設が教育制度のもとで位置づけられており、1歳から12歳の子どもを対象としている。スウェーデンの保育施設など[注6] は、就学前保育と学童保育に大きく分けられる。

2) カリキュラム

　スウェーデンの保育カリキュラム[注7] は簡潔なもので、基本となる価値観が示され、総合的な目標が提示されている。しかし、その目標を達成する具体的な方法については定められてお

ベンチマーク
建築分野において、測定するときに、位置や高さなどの水準点や基準点を示す。コンピュータ用語では、性能を測るときの指標をさす。社会科学の分野では、国際比較などを行うときの評価基準を表す。

注6
就学前保育：就学前保育所（Förskala〈Pre-school〉）、家庭的保育所（Familyedaghem〈Family day-care home〉）、公開型保育（Öppen förrskala〈Open pre-school〉）、就学前保育クラス（Förskaleklass〈Pre-school class〉）。
学童保育：余暇施設（Fritidshem〈Leisure-time centre〉）、家庭型保育所（Familyedaghem〈Family day-care home〉）、公開型余暇施設（Öppen fritidsverksamhet〈Open leisure-time activities〉）。

注7
1. 基準と価値観
2. 成長と学び
3. 子ども自身の影響力
4. 就学前保育と家庭の連携
5. 学校、余暇センターの相互協力

らず、各施設の判断に任されている。各施設は、地域の実情に応じて子どもたちや保護者と共同で、教育の方法についての決定がなされることが推奨されている。

❸保育の特徴

1）生涯学習の一環としての就学前保育

1990年代の改革で示された方向性の1つは、1歳から成人までの一貫した生涯学習を保証する教育制度の確立である。すべての国民がどの地域に住んでいても、全国で等しく質の高い教育を受ける体制の整備が進められた。

2）豊かな公的支出

スウェーデンの生涯学習の制度は、義務教育と義務教育以外からなるが、義務教育以外についての公的負担が大変高い。よって各家庭の教育にかかる負担が低く、利用率が高い。

3）小学校教育への移行教育

1998年に、就学前保育から義務教育へのなだらかな移行を図るために、6歳児を対象とした「就学前保育クラス」が設置された。「就学前保育クラス」は義務教育ではないが、スウェーデンの6歳児のほとんどが通っている。

4）主体的に遊びながら学ぶ子ども

スウェーデンにおいては、伝統的に遊びを中心とした保育の重要性が広く認識されている。

❹保育の課題

すべての子どもに保育を提供する体制が整備されているが、その次の課題として、スウェーデンでは保育の質の向上が図られている。職員については、行政当局に対して高等教育を受けた職員の採用に努めることと研修の提供が指針として挙げられている。

評価については、保育についての**ドキュメンテーション**（記録）をつけること、保護者や社会に公表することとなっている。「子どもの視点（children's perspective）」を大切にし、子どもへのインタビューやヒアリングなどを行い、子どもの見解を聴くことが重視されている。「就学前クラス」の導入により就学後の学校教育のような一斉教育や偏った個別評価の導入に対しての危惧も表されている。

> **ドキュメンテーション**
> あることを実証したり、それに関する情報を伝えコミュニケーションを図ったりするために、文書化して表すことをいう。保育現場では、保護者に伝えることを意図とした保育実践の記録のことをさす。ドキュメンテーションは、保育実践の省察や、保育者間の相互理解の深化、子どもの振り返りなどにも活用されている。

(2)　ドイツの保育

❶保育をめぐる動向

1）統合に向けて

　1990年に東西ドイツが統合され「児童・青少年扶助法」が成立し、1996年には、3〜6歳の子どもを公立の保育所に半日預ける権利が保護者に認められた。しかし、両者が統一されて20年を経た現在でも、両地域における違いは大きい。

2）地域の尊重と中央のリーダーシップ

　ドイツでは、各州の権限が強く、政府は大綱を示すが、具体的な保育の制度や内容、方法は州が主導である。昨今、地域格差是正の観点から、州の主体性を尊重しつつ、政府のリーダーシップのもと、体制整備と質についての融和的な発展が図られており、例えば、政府の指針のもと、各州で3〜8歳(10歳)対象の系統的教育カリキュラムが作成されている。

❷保育の制度

1）制度の概要

　ドイツの保育制度は「児童・青少年扶助法」（1990年)によって規定されており、子どものケア(Betreuung)と教育(Bildung)を担う児童福祉施設として規定されている。0歳から就学前までの児童を対象としている。ドイツの保育関連の施設[注8] は、児童福祉施設、学校、複合施設など多様である。

2）カリキュラム

　ドイツの保育カリキュラム[注9] は政府の指針に基づいて、各州において策定されている。名称は州によって教育プラン、教育要領、教育プログラム、ガイドラインと多様であるが、保育内容の7領域が配慮されている。

❸保育の特徴

1）伝統的な家族観

　家庭において養育がなされ、女性が子育てに携わることが好ましいとする伝統的な家族観が旧西ドイツでは依然強く、それが女性の就労を妨げている傾向もみられる。育児休業制度は充実しているが、保育時間は短く、半日保育が多い。子育て中の女性の就労の形態もフルタイムではない場合が多い。結婚・出

注8
児童福祉施設：
ー保育所(Kinderkrippe)（3歳未満）
ー幼稚園(Kindergarten)（3歳から就学前）
ー学童保育(Kinderhort)
ー家庭的保育(Tagespflege)（1歳まで）
学校：
ー学校幼稚園(Schulkindergarten)
ー特殊学校幼稚園(Sondershulkindergarten)
複合施設：
ー学童保育総合施設(Kindertagesstätte)（幼保学童）
ー家庭センター(Familienzentren)
ー多世代の家(Mehrgenarationenhäuser)
ー家族のための地域同盟(Lokale Bündnisse für Familie)

注9
1. 言語教育(コミュニケーション、書きことば)
2. 運動と健康教育
3. 自然科学と技術教育
4. 数学教育
5. 音楽教育
6. 美術教育
7. 社会文化・道徳・宗教教育

産による退職が多い。子どもを産む数も少なく、少子化が進んでいる。

2）自然との調和

　自然や環境を大切にした保育が浸透している。**森の幼稚園**は、350 以上あり、五感を大切にして四季を自然のなかで体感すること、健康を育むこと、持続可能な社会の実現を意識した自然環境にやさしい市民を育成することなどがめざされている。

❹保育の課題

　ドイツの課題としては、保育関連施設の整備があげられる。特に、保育所と学童保育の施設が不足しており、待機児童の問題が起こっている。保育時間についても開所時間が短く、就学前の保育施設では半日保育を実施しているところが依然多い。休日保育についても充実が必要とされている。

(3) フランスの保育

❶保育をめぐる動向

1）少子社会対策の成功

　フランスでは、2019 年 9 月より 3 歳から義務教育となる。また、3 歳未満の子育てや保育への支援も広く公的になされている。この背景には、行政が家庭を支援することに対する国民的な理解が高いことがあげられる。

2）少子化対策の展開

　2003 年、乳幼児受け入れ手当てが創設された。自由と平等の国といわれるフランスらしく、この手当ては、1 階建ての一律した基礎的な手当てに加えて、2 階建ての自由に選択できる手当てからなっている。

　3 歳未満の子どもの保育施設の拡充も政策テーマとなり、2006 年には政府より「乳幼児プラン」が発表された。農村地域の保育施設、企業内の保育施設など状況に応じた保育施設の拡充も図られている。こういった保育の拡充と経済的支援効果が出て、2006 年に 1.88 であったフランスの**合計特殊出生率**は、2018 年には 2.0 に回復した。

森の幼稚園
　スウェーデンやデンマークで発祥した森の幼稚園 (Skovbørnehave) は、ドイツにおいては 1968 年にウルスラ・スーベ (Ursula Sube) が最初の森の幼稚園 (Waldkindergarten) を開園した。1990 年以降、フレスブルグの公認の森の幼稚園設立などがあり、ドイツ全土に森の幼稚園が広がっていく。2000 年には「森と自然幼稚園連邦協会」が設立されている。

合計特殊出生率
　1 人の女性が一生のうちに産む子ども数をあらわす統計指標。15 ～ 49 歳の女性の年齢別出生率を合計したもの。ある期間の出生状況に着目した「期間合計特殊出生率」とある世代の出生状況に着目した「コーホート合計特殊出生率」とがある。2017 年の日本の期間合計特殊出生率は 1.43 である。

注10・・・・・・・・・・・・・・
乳幼児保育施設：
－集団保育所 (Crèches col-
　lective) (0～3歳)
－幼稚園 (Jardin d'enfant)
　(2、3～6歳) (少数)
－エコール・マテルネル
　(Ecole maternelle) (2、3
　～6歳) (99%)
－事業所内保育所 (Crèche
　d'entreprise)
－親保育所 (Crèches paren-
　talle) (保育者と親自身に
　よる保育)
家庭的保育：
－認定保育ママ (Assistante
　maternelle)
－家庭保育所 (Crèches fa-
　miliale)
－認定を受けていない保育
　ママ (Nourrice)

注11・・・・・・・・・・・・・・
1. 学習する際に必要なこ
　とば
2. 共に生きる
3. 体で表現し行動する
4. 世界の発見
5. 感覚とイマジネーショ
　ンと創造

注12・・・・・・・・・・・・・・
1. ことばとフランス語の
　技法
2. 共に生きる
3. 算数
4. 世界の発見
5. 外国語あるいは地方語
6. 芸術教育
7. 体育

❷保育の制度

1) 制度の概要

　フランスの保育関連の施設[注10]は、その主要なものとして3歳以上の99%が通うエコール・マテルネル（Ecole maternelle：原語は母親学校を意味する保育学校、2019年9月より3歳から義務教育）がある。

2) カリキュラム

　フランスの保育カリキュラム[注11]は、国で統一された基準が示されている。エコール・マテルネルでは、コミュニケーション能力や学びの基礎としてのことばを習得し、集団生活のなかで社会性の基礎を培い、遊びを中心とした表現や身体活動を体験し、空間や時間、環境を学び、感覚を活用し音楽活動や創造的な遊びを体験することがめざされている。保育領域は日本同様、単独で存在するのではなく、相互に関連するものとされている。

　フランスでは、保育と小学校の連携が図られており、エコール・マテルネルと小学校は、共に1つの初等教育課程（Enseignement Primaire）のなかで位置づけられている。この初等教育課程は、次の3つの学習期に分けられる。

第1学習期：エコール・マテルネルの全学年
基礎学習期：エコール・マテルネルの年長～小学校最初の2年間
深化学習期：小学校の中・高学年の3年間

　連続する年長から小学校での最初の2年間にかけての3年間が、同じ学習期のグループ「基礎学習期」として位置づけられており、基礎学習期のカリキュラム[注12]は、7領域からなっている。他の保育施設では「施設計画案」を、家庭保育所もまた「概要計画書」を作成することが求められている。

❸保育の特徴

1) 自由と平等

　自由と平等、人権を大切にする伝統がフランスにはある。すべての国民が等しく教育を受ける権利があるという考えが浸透しており（3歳からは義務教育）、3歳未満児の保育施設の利用

率も高く、認定保育ママを含めると約半数にのぼる。いずれも公的資金が投入されており、保護者の負担は小さい。

2) 保育者

　2007 年のデータによればフランスの保育者の女子の比率は 81.9% であり、OECD 各国の平均(96.8%)と比較しても男性保育者が多い(文部科学省 2010)。エコール・マテルネルの保育者は、4 年制大学で養成を受け、保育専門職としての誇りをもっている。研修が充実しており、評価も課せられている。

❹保育の課題

　エコール・マテルネルの目的は「家庭生活の補完」と「小学校就学の準備教育」であり、その最終年度と小学校の最初の 2 年間が基礎学習期と位置づけられて、幼小連携が進められている。しかし、半面、小学校で学ぶ内容の前倒しや準備教育に重点が置かれてしまう危惧もある。語学教育や算数など、小学校の前倒し教育が広がることへの危惧もある。幼児期の発達に適した体験を中心とした保育が保障されるよう配慮することが課題としてある。

　エコール・マテルネルにおける保育者は、保育と小学校教諭の両方の免許を有しており、かつ、児童発達が児童教育の学士をもつが、エコール・マテルネル以外の保育関係専門職についても、これに準じた養成教育と研修が望まれている。

(4)　アメリカの保育

❶保育をめぐる動向

1) 個人主義と多様性の尊重

　アメリカでは伝統的に、家庭のことは個人の責任とすべきとし、個人を尊重し個別性と多様性を尊重する社会の特徴がある。よって、児童福祉の分野については、社会経済的支援が必要な家庭の保育に対する支援制度はあるが、全国統一した施策は少ない。連邦政府が積極的に政策関与することも少ない。国のトップダウンではなく、各家庭の責任で保育は行うべきであるという考えや、各個人の博愛主義的なボランティアの精神に基づいてなされるべきであるとの考えが浸透しており、福祉分野への公的支出は、他の先進国と比較して大変少ない実態である。

2) 貧困との闘い

　連邦政府による経済的支援や社会的支援を必要とする家庭の子どもを対象とした保育政策としてはヘッドスタートがある。これは、1960年代半ばに「貧困との闘い」政策の一環として開始された、3〜5歳を対象とした補償保育である。そのほかにも、「落ちこぼれをつくらないための初等中等教育法(No Child Left Behind Act)」(2001年)、就学準備教育の発展のための「よいスタートが賢い子どもを育てる(Good Start, Grow Smart)」(2002年)プロジェクト、「0〜5歳計画(Zero to five plan)」などがある。

3) ボトムアップシステムと説明責任

　政府主導の政策が少ない傾向があった一方で、民間の組織によるボトムアップのシステムが広がっており、全米規模の保育専門組織が、公的規制が少ない部分を補完する役割を伝統的に果たしてきた。

　全米乳幼児教育協会(National Association of Education for Young Children)の「保育および幼年教育プログラムの公共政策の向上をはかるための基本見解」[注13](1999年)や、同協会のLeMoineによる「保育職就労デザイン」(2009)による提言がある。また、公開により各州の説明責任(アカウンタビリティー)を促している。保育政策の進展がみられた場合にそれを随時更新することとし、間接的に各州の保育政策の向上を促している。同提言では、保育者資格要件基準があること、就職後のキャリアラダーのイメージが明確であり、機能していること、保育関連データが収集されていること、財政支援がなされていることなどが、大切であるとされている。

❷保育の制度

1) 制度の概要

　アメリカでは、保育関連施設は、社会保障に関しては保健社会福祉省(DHHS)が管轄しており、保育教育制度の大部分は各州が管轄している。アメリカ教育省は各州の政策策定の支援は行うが、判断は各州に委ねられている。アメリカの保育関連の施設[注14]は、連邦政府による補償プログラムと、州による福祉関連部局の施設と教育部局(**教育委員会**管轄)の施設の主に3つに分けられる。

2) カリキュラム

　個性と独自性を大切にする文化的背景や方法論を盛んに議論する土壌があるためか、アメリカの**プログラム・カリキュラム・メソッド・アプローチ**は、独自に多数開発されている。

　政府は、各州において就学準備教育のカリキュラムを策定することや、保育関連施設の職員の研修についての支援を奨励している。カリキュラムには、幼稚園に通うまでに身に付けたい力（知識や技能）が含まれており、これに応じて、各州では学習ガイドラインが策定されている。なお、採択は各地域や各施設にゆだねられている。幼稚園やプレ幼稚園は各州の学校区において、小学校カリキュラムと一体化されている場合が多い。

　全米乳幼児教育協会による『発達にふさわしい実践（Developmentally Appropriate Practice)』[注15]も広く浸透している。

❸保育の特徴

1) 多文化共生

　個人と文化を尊重する伝統があり、自らの文化と個性を尊重する気持ちを育てる教育や偏見を取り除く教育が実践されている（Derman-Sparks & Edwards 2010 など）。

2) 家庭との連携

　アメリカの保育現場では家庭との連携が積極的に図られている。ボランティアやクラブが盛んで、PTA 組織と家庭との連携ガイドラインもある（National PTA 1998、2009 など）。

　家庭との連携に関する研究では、子どもの社会・経済的背景に関わらず連携による肯定的な関係が、子どもの態度や意欲、規範意識、学びなどによい結果をもたらすことが明らかにされている。

3) 保育研究の発展

　アメリカでは、保育関連の研究所をもつ大学も多く、園の実践研究も多い。アメリカ児童ケア局(US Child Care Bureau)も年間 1000 万ドルにも及ぶ保育実践研究予算がある。**縦断研究**も多々なされている。例えば、ペリー・プレスクールの研究（Belfield ら 2005；Schweinhart ら 2005 等）では、保育プログラムの質がその後の学力、勤勉、経済に影響があり、保育への投資によって得られる利益は、1 対 7 としている。そのほか、「す

プログラム・カリキュラム・メソッド・アプローチ

　保育の内容と方法が多様に開発されている。古くは日本にも影響を与えた、コンダクト・カリキュラムが有名。ほかに相互一発達カリキュラム、ハイスコープ・カリキュラム、エマージェント・カリキュラム、プロジェクト・メソッド等がある。

注15・・・・・・・・・・・・・・・

　1986 年 に 採 択。1987 年には対象年齢を拡大し出版。1997 年に第 2 改訂版。2008 年には 0 ～ 3 歳対象部分と、2009 年に全体分の第 3 改訂版を出版。
保育領域：
乳児(infant)＝ 6 項目
3 歳未満児(toddler)＝ 7 項目
3 歳以上児（3 ～ 5 歳、5 ～ 6 歳、6 ～ 8 歳）＝ 4 領域

多文化共生

　国籍や民族、文化などが多様な人々がそれぞれの多様性をお互いに認め、尊重しあい、社会の一員として対等な関係のなかで、共に生きていくこと。国際交流とは、同じ地域の一員として互いに理解し協力しあう点が異なる。各地に多文化共生センターがあり、相互理解プログラムや支援事業を行っている。

べての子どものための成功」プログラム(Borman & Hewes 2002)では、経済的社会的支援の必要な子ども100万人を対象に実施し、乳幼児教育の提供と家庭との連携の推進により、小学校における落第が少なく、成績がよく、卒業が早まるといった効果が明らかにされている。これらの保育関連の研究成果が、政策立案の根拠となっている。

❹保育の課題

アメリカでは、経済格差の問題が深刻である。低年齢児の保育施設には、質についての認証を受けていないところが多い。一方で、小学校以降の年齢の子どもに対しては、スタンダード(教育基準)や評価が浸透しており、説明責任を果たすシステム(アカウンタビリティシステム)が広く普及している。保育の現場においては、保育記録(ドキュメンテーション)や園だよりなどが中心であることが望ましいが、**就学レディネステスト**などが導入されており、小学校のテストや評価方法がさらに広がることが危惧される。

アメリカでは2000年ごろから、保育の質の評価とシステム(Quality Rating and Improvement Systems)が各州で導入され、各州が工夫しECERSなどの環境評価スケールや、CLASSなど保育実践における相互作用評価、研修状況評価を導入している。その評価については情報が開示されており、説明責任も果たされている。

(5) イギリスの保育

❶保育をめぐる動向

1) 仕事と家庭生活の調和

1997年以降のブレア政権では、仕事と家庭生活の調和が大きなテーマとなり、保育の充実と女性の就労を促進する政策が進められた。結果、保育関連の制度が充実された。

2) 幼保一元化と補償保育の広がり

1998年には保育の管轄は教育雇用局に一元化され、既存の保育関連の施設の再編成や質の向上を効果的に図ることが可能となった。1998年にスタートした「シュア・スタート」は、早期介入の補償保育プログラムとしてスタートし、当初は社会

経済的支援を必要とする地域を中心に、現在では、あらゆる地域における保育の拠点づくりがなされ、各地で多くの「子どもセンター(Sure start Children's Centre)」が設置された。

　質の確保については、公的援助の前提として、保育のみならずあらゆる次世代育成関連施設について、その提供機関の種類および設置形態に関係なく、教育水準局(Office for Standards in Education, Children's Services and Skills)により認証される。なお、「2006 年子育て法(Childcare Act 2006)」からは、教育水準局の主任勅任監査官(Her Majesty's Chief Inspector for Education, Children's Services and Skills, HMCI)が、4 つの機能を果たすようになっている。それは、就学前教育関係施設についての①認証、②認証された施設の監査、③認証されていないが法的に監査の必要があるとされた施設の監査、④施設の改善に向けた指導、である。

❷保育の制度

1) 制度の概要

　イギリスの保育制度は、子どもの保育に関して、教育省が総合的に管轄している。イギリスの保育関連施設[注16] は、多様であるが、監査によりその質の確保が図られている。

2) カリキュラム

　イギリスでは 0 ～ 15 歳までのカリキュラムがステージの区分[注17] 毎に示されている。イギリスの義務教育は 5 歳からはじまる。0 ～ 5 歳を対象とした早期基礎ステージ[注18](Early Years Fundation Stage)は保育領域によるが、義務教育就学以降のカリキュラムは教科からなっている。よって 5、6 歳の幼児が英語、数学、理科、技術、情報、歴史、地理、美術、音楽、体育という科目を学んでいる。2012 年 3 月には「基礎ステージ指導枠組[注19](Statutory Framework for the Early Years Foundation Stage, SFEYFS)」において「基礎 3 領域」と「特定 4 領域」が示された。

❸保育の特徴

1) 家庭保育の伝統と新しい潮流

　イギリスでは、幼い子どもの養育は、家庭において行うことが一般的であり、保育関連施設は、教育と福祉分野で 2 元化し

注16 ・・・・・・・・・・・・・
就学前保育
　―ディナーサリー(生後 3 か月～ 5 歳)
　―プレイグループ(3 ～ 5 歳)(親等の非営利組織)
　―ナーサリースクール(2 ～ 5 歳)
　―レセプションクラス(4 ～ 5 歳)(就学前準備)
　―インファントスクール(5 ～ 7 歳)
家庭的保育
　―認可保育ママ(生後数か月～ 8 歳)
学童保育
　―放課後クラブ(15 時半～ 18 時位)
　―ホリデークラブ(学校休業中：8 時～ 18 時位)
　―朝食クラブ(8 時～学校開始まで)
複合施設
　―子どもセンター(ケアと教育、子育て支援を総合的に実施)(1 日 10 時間以上の保育、保健事業、家庭支援、特別支援保育、保護者の就業支援)

注17 ・・・・・・・・・・・・・・・
早期基礎ステージ：就学前(0 ～ 5 歳)

注18 ・・・・・・・・・・・・・・・
1.　個人的・社会的・情緒的発達
2.　コミュニケーション・言語・読み書き能力
3.　問題解決・言語・読み書き
4.　身近な世界と関わる知識と理解
5.　身体的発達
6.　創造的発達

注19 ・・・・・・・・・・・・・・・
【基礎 3 領域】
　1.　コミュニケーションと言語
　2.　身体の発達
　3.　人権・社会性・身体の発達
【特定 4 領域】
　1.　リテラシー
　2.　数字
　3.　周りの世界
　4.　美的表現

ていたが、1997年以降は、教育省の管轄が一元化し、保育関連施設の充実が図られた。

2) 少子化対策ではなく権利保障と市民教育としての保育

イギリスの保育政策は少子化対策ではなく、一人ひとりの子どもの権利保障であり、**市民教育(Citizenship Education)**の重要性が認識されており、市民性を育成する保育の政策として展開している。ひとり親家庭に対する保障の必要性も高く認識されている。

3) アソシエーション・カルチャー

イギリスとアメリカはアソシエーション(協会組織)が多様にあるという特徴がある。保育の分野に関しても、**オータナティブ保育**、すなわちさまざまな価値に基づき提供される多様な保育形態が存在する。

❹保育の課題

義務教育前の保育に関する施設数の少なさ、経済や地域による格差が問題であったが拡大が図られている。すべての保育関連施設に監査が要求されている。保育者の研修については、学士をもっている保育者の数が民間は公立の1/10である実態を改善するために奨学金(Graduate Leader Fund)が設けられている。

(6) ニュージーランドの保育

❶保育をめぐる動向

1) 教育省への統合

ニュージーランドでは、保護者自身が保育施設の運営に関わり、自らも参画する伝統があり、保護者と民間が主体となった施設として発展してきた。保育関係行政は1986年に教育省に統合され、1989年に保育所関連法が教育法のなかに規定された。

2) テ・ファリキ

1996年に保育カリキュラム「テ・ファリキ(Te Whāriki)」が作成された(2017年改訂)。ここでは保育の原理と目標の方向性が大きな枠で提示されており、具体的な保育の方法や内容は個々の園にゆだねるかたちになっている。2006年には、「学

びの評価(Kei Tua o te Pae：Assessment for Learning)」が導入された。「学びの評価」は概要1冊と20冊の領域別事例集からなる。

　2008年には、教育省より統一の基準(Education〔Early Childhood Services〕Regulations 2008〔SR 2008/204〕)が策定され、「テ・ファリキ」がカリキュラムの基準となり、集団の保育施設、**マオリ**の多文化保育施設、家庭的保育施設、院内保育施設、プレイグループそれぞれの施設認定基準や標準カリキュラムが整備された。

❷保育の制度

1）制度の概要

　ニュージーランドの保育は家庭的保育も含め、教育省の管轄である。原則5歳の誕生日から小学校に入学し、義務教育は6歳からである。ニュージーランドの保育関連施設[20]は多様である。

　プレイセンター(Playcentre)は、1940年代に保護者たちにより設立された縦割りの共同保育施設である。子どもも保護者も共に育つ地域に根ざした子育て支援施設として、ニュージーランド各地に設置されている。その他、幼稚園(Kindergarten)(3〜5歳)に加えて、マオリの子どもたちを対象としたテ・コハンガ・レオ(Te Kohanga Reo)や、太平洋諸島保育センター(Pacific Islands early childhood centres)、通信学校(Correspondence School)等もある。

2）カリキュラム

　ニュージーランドの保育ナショナルカリキュラム「テ・ファリキ」は、**社会・文化的アプローチ**に基づいてつくられ、ケアと教育を統合したカリキュラムである。ニュージーランド政府は、このカリキュラムに基づく保育と保育の評価を実施することを補助金の条件としている。カー(Carr, Margaret)などが開発した「学びの物語(Learning Stories)」はその評価の一方法として広く浸透している。「学びの物語」は、5つの目標に対して子どもの学びの過程を記述し、省察して評価し、次の展開を構想する評価方式である。

マオリ
ニュージーランドの先住民。ポリネシア人の一派。ニュージーランドの約15%がマオリ人である。マオリ語は、ニュージーランドの公用語の1つで、ニュージーランドの別名「アオテアロア」とはマオリ語で「白く長い雲がたなびく地」という意味であり、「ニュージーランド」と共に公式国名となっている。

注20・・・・・・・・・・
ープレイセンター(Playcentre)(0歳から就学前)縦割保育
ー幼稚園(3〜5歳)
ーテ・コハンガ・レオ(マオリ語)
ー太平洋諸島言語グループ
ー太平洋諸島保育センター(認可保育施設)となっているものもある。
ー保育センター
ーインファントセンター
ー託児所
ー就学前施設
ー地域プレイグループ(非営利組織)
ー家庭的保育
ー通信学校

社会・文化的アプローチ
ヴィゴツキーやバフチンの理論の影響のもと、ウェルチなどが提唱した理論で、行動と媒体手段け還元不可能な緊張関係にあり、何かを説明するときに社会的状況や文脈を考慮せずにはできないという考え方。保育においては、社会や文化の影響を受けながら、人との出会いや相互作用によって子どもが学び育つとする考え方。

❸保育の特徴

1）子どもと保護者の学習支援

ニュージーランドでは家族を大切にする伝統があり、プレイセンターでは子育て中の親子を子育て経験のある保育者が世代を超えて支援している。古く 1948 年に「ニュージーランドプレイセンター連盟」が組織され、以降、保護者が保育施設を運営し、地域で子育て支援を実施している。

2）文化の尊重

テ・ファリキはマオリ語と英語の 2 か国語で書かれているが、両者はそれぞれの文化に合わせた表現で書かれており、単なる翻訳ではないとされる。太平洋諸島言語グループや太平洋諸島保育センターなどでは、それぞれの文化を尊重し、ことばを大切にした保育が実施されている。

❹保育の課題

保育カリキュラム、保育評価、保育者の資格要件などの整備が進められているが、一方で学生の保育職への就職離れや保育者不足の課題が問題となっている。就職希望者が少ない職の一つとして認定され、保育者をめざす学生に対する奨学金や補助金が整備されつつある。また、国外で取得した単位や資格についても認定する制度が導入された。ニュージーランドの全体では 95% の子どもが就学前に保育施設に通っているが、マオリは 91%、太平洋諸島では 85% であり、その改善が積極的に図られている。

（7） 韓国の保育

❶保育をめぐる動向

1）保育の国際化

韓国は、1996 年 OECD の教育委員会の保育ネットワークに参加し、以降の韓国の保育界の発展は著しい。1997 年に幼稚園に関する法的規定がなされ、1998 年に幼稚園の教育課程が告示され、2007 年には保育施設の保育課程が制定された。昨今では、評価認証制といういわゆる**第三者評価**も本格的に実施されている。

2) めまぐるしい保育の発展

保育予算の増加は著しく 2009 年は 2004 年の約 4 倍となった。2009 年度からは、所得下位 50％以下の世帯に対して、保育料が全額支援されることとなった。また、保育者の処遇改善のため、手当てや代替保育者などの制度を充実させた。2005 年には国立保育研究所(Korea Institute of Child Care and Education)が設立され、研究成果に基づいた保育政策が進展している。

❷保育の制度

1) 制度の概要

韓国の保育関連施設[注21]の主なものは、教育科学技術部の管轄による幼稚園と保健福祉家庭部管轄の子どもの家(保育所「オリニジップ」)である。幼稚園教諭資格は大統領が定め、教育科学技術部長官による資格証制度(国家資格)で、階層化されている(園長、副園長、幼稚園教諭 1 級、幼稚園教諭 2 級、准幼稚園教諭)。

子どもの家の保育者「保育教師」の資格は国家資格で(認定制度)(園長、保育教師 1 級、保育教師 2 級)ある。

幼児対象の塾(ハグォン)の利用率は高く 3 割近い。

2) カリキュラム

幼稚園のカリキュラムについては、1998 年に告示された「幼稚園教育課程」が、2007 年に改訂された。2012 年には、幼稚園と子どもの家(保育所「オリニジップ」)の共通カリキュラム(「ヌリ課程[注22]」)が導入された。

❸保育の特徴

1) コーナー保育

1933 年イギリスで出された幼児学校(Infant School)に関する「ハドウ報告書」や 1967 年「プラウデン報告書」で明らかにされた児童中心主義の教育方法である**オープン・エデュケーション**は世界中に広がったが、韓国もその影響を大きく受けている。

2) 科学保育

韓国の保育領域では、幼児の「探求」活動が大切にされている。幼児期は探求心や好奇心が旺盛で、遊びのなかで多くの科

注21 ‥‥‥‥‥‥‥
幼稚園(3〜5 歳)
ー子どもの家(保育所)(オリニジップ)
ー遊びの部屋(ノリバン)(家庭的保育)
ー放課後保育(12 歳まで、保育所内学童保育室で実施)
ー放課後学校(小学校低学年対象で、小学校内で実施)
ー地域児童センター(18 歳まで)

注22 ‥‥‥‥‥‥‥
保育領域は、「身体運動」「意思疎通」「社会関係」「芸術経験」「自然探求」となっている。

オープン・エデュケーション

20 世紀前半イギリスで展開した教育の自由化運動。1967 年「プラウデン報告書」を通じて広く世界に伝わり、アメリカのオープン・スクール運動などに影響を与えた。保育分野では 1980 年代、複数のコーナーからなるオープンなスペースを活用した、一斉保育とは異なる実践として広がった。

学にふれ、探究し、考える存在であるが、韓国では、特に科学教育を重視している。

❹保育の課題

韓国の合計特殊出生率は低く、2005年には1.08にまで落ち込み、2016年は1.17である。保育施設が不足しており、待機児の問題もある。保育時間が短いことも課題としてあげられている。昨今、多文化家庭の支援なども課題となっている。

日本の保育の現状と課題

1 子どもの貧困問題

日本の子どもの貧困は非常に深刻な問題である。厚生労働省の平成25(2013)年「国民生活基礎調査」によると、子どもの**相対的貧困率**は16.3%で大変高い数値となっている。平成27(2015)年には13.9%と減少した。なお、ひとり親家庭に関しては貧困率が特に高く、その改善が課題である。

子どもの貧困は子ども自身の選択によるものではなく、自分の努力によって解決することが困難なことでもあり、不条理な問題である。貧困により医療を受ける機会や教育を受ける機会が制限され、それが健康格差、教育格差、さらなる経済格差の連鎖へとつながっていく場合が多いからである。公的な保健や医療、教育が、子どもの家庭の経済状況に関わらず提供される必要がある。

（1） 保健医療分野の発展

UNICEF(2008)の子どものケアの評価の項目には「ほぼすべての子どもを対象とした基本的保健サービスを提供していること」とあるが、これについて日本は充実している。

> **相対的貧困率**
> 「相対的貧困率」とは、OECDの定義によると、等価可処分所得（世帯の年間所得から税や社会保険料を引いた可処分所得を世帯人員の平方根で割った数）の貧困線（中央値の半分）に満たない世帯員の割合をさす。資産の多寡は反映されない。

(2) 教育格差問題

文部科学省の**全国学力・学習状況調査**を活用し、学力に影響を与える要因を分析した研究（お茶の水女子大学、平成26〔2014〕年3月）によると、世帯年収により子どもの学力に差があり、おおむね世帯収入が高いほど子どもの学力が高い傾向がある。

OECD（2006）では、乳幼児期の保育の有無、年数、内容の格差が、後の人生に影響を与えることを明らかにする研究が多数紹介されている。例えば、小学校での落第や成績低下、青少年犯罪の増加などである。そのようななかで、日本の家庭の保育料の負担率はとても高く、家庭による保育格差が危惧される。

全国児童相談所長会の調査（2009）によると、虐待につながると思われる家族や家庭の状況は、多い順に「経済的な困難」（33%）、「虐待者の心身の状態」（31%）、「ひとり親家庭」（26%）であった。

(3) 地域格差問題

子どもがどの地域に住むかによって受けられる保育に差がある。一方で、待機児の多い地域があり、また施設を選択する余地のない地域もある。

2 少子社会における次世代育成

(1) 少子社会

平成元（1989）年の人口動態統計では、日本の合計特殊出生率が1.57となった。これは「1.57ショック」といわれ、少子高齢化による労働力や社会保障制度の機能の低下が危惧された。日本は平成9（1997）年に少子社会となり、高齢者の数が子どもの数を上回った。平成17（2005）年には、総人口が戦後はじめて自然減少した。

少子化の背景としては、晩婚化、晩産化、ライフスタイルの変化、社会で働く女性の増加などがあげられる。総務省の労働

全国学力・学習状況調査
文部科学省によって平成19（2007）年より開始された全国学力テストのこと。義務教育の機会均等と水準維持向上を図るために小学6年生と中学3年生を対象に実施されている。教科（国語、算数・数学、理科）と生活習慣や学習環境などに関する調査からなる。教科では、問題Aで「知識」を、問題Bで「活用」について問うている。

少子社会
『少子化社会白書平成16（2004）年』において「少子社会」とは、『合計特殊出生率が人口置き換え水準をはるかに下回り、かつ、子どもの数が高齢者人口（65歳以上人口）よりも少なくなった社会』と定義されている。人口置き換え水準は、それ以下になると人口が減少することとなる水準で、日本では2.08前後とされる。

力調査によれば、平成30(2018)年の日本の女性の労働力人口は、3014万人となり、前年に比べ77万人増加した。共働き家庭も増加し、現在では、男性雇用者と無業の妻からなる世帯よりも多い。子育てと仕事とのバランスについては、出産後の継続勤務を希望している女性は、内閣府の「**男女共同参画社会に関する世論調査**」によれば、平成19(2007)年は45.5%であったが、平成28(2016)年には55.3%と増加している。

　共働き家庭が増え、出産後の継続勤務を希望している女性が増加しているにも関わらず、実際の日本の女性の労働力率は、年齢階級別にみると30歳代が低くなっており、**M字型カーブ**を描いてきた。平成26(2014)年10月の総務省の「労働力調査」によると、M字から台形に近づいてきている。女性が希望に反して、結婚、出産、子育ての時期に就業を中断することの改善がめざされている。

　制度に目を向けると、育児休業を取得している女性は増えているものの、実際に出産前後に継続して働いている女性が育児休業を取得している割合は増えていない。一方で、男性の育児休業取得率は1.23%と低く、6歳未満児のいる夫の家事・育児関連時間は1日当たり1時間程度と国際的にみても大変低い。

(2) 少子社会の対策

　内閣府の調査(平成22〔2010〕年)によると、少子社会の対策として、子育て中の保護者が期待している政策としては、「仕事と家庭の両立支援と働き方の見直しの促進」「子育てにおける経済負担の軽減」「妊娠・出産の支援」「子育てのための安心・安全な環境整備」などが5割を超える(複数回答)(表7-6)。

　このようななか、日本の少子社会の対策はどのように展開してきたのであろうか。日本の最初の少子社会の対策としての政策は、平成6(1994)年の「今後の子育て支援のための施策の基本的方向について」(エンゼルプラン)であるといわれる。これは、少子高齢社会の進行により、これまでの社会保障制度や労働力が機能しなくなるという重大な政策課題に対して、省庁を超えて策定された(文部、厚生、労働、建設の4大臣合意)。継続して、平成11(1999)年少子化対策推進関係閣僚会議による「少子化対策推進基本方針」に基づき、「重点的に推進すべき少

子化対策の具体的実施計画について」（新エンゼルプラン）が策定された（大蔵、文部、厚生、労働、建設、自治の6大臣の合意）。エンゼルプランと新エンゼルプランに基づき、多様な保育ニーズに応えるために低年齢児（0〜2歳児）保育、延長保育、病児保育、一時保育などの事業が進められ、**地域子育て支援センター**の整備などもなされた。

　少子社会の進行は止まらず、平成14（2002）年に厚生労働省はさらに「少子化対策プラスワン」を発表し、社会全体で「男性を含めた働き方の見直し」「地域における次世代支援」「社会保障における次世代支援」「子どもの社会性の向上や自立の促進」を推進することとした。平成15（2003）年の「次世代育成支援対策推進法」により、地方公共団体や企業はそれぞれが次世代育成支援のための行動計画を立てて目標達成をめざし、少子社会の対策を実施していくこととなった。平成15（2003）年には「少子化社会対策基本法」が議員立法として成立し、平成16（2004）年には「少子化社会対策大綱」が閣議決定され、その具体的な目的と内容が「子ども・子育て応援プラン」において示された。

　しかし、それでもなお日本の少子化は止まらない。合計特殊出生率は平成17（2005）年過去最低の1.26を記録した。明治32（1899）年に人口に関わる統計をとりはじめた日本は、平成17（2005）年に、出生数より死亡数が上回る人口減少社会に入った。これを受けて、根本的な少子社会への対策が必要とされ、平成18（2006）年6月に少子化社会対策会議において「新しい少子化対策について」が決定された。「新しい少子化対策について」においては、より広く家族や地域のつながりを高めること、社会全体に子育てや家族に対する関心を高めることがめざされた。妊娠・出産から高校・大学までの長い視野で継続的な子育て支援を実施することがめざされた。新たに「家族の日」や「家族の週間」（平成19年度から11月第3日曜日を「家族の日」、その前後各1週間を「家族の週間」と定め、この期間を中心として理解促進を図っている）が設定された。

　平成19（2007）年12月には同じく少子化社会対策会議において「子どもと家族を応援する日本」重点戦略が決定された。この特徴は、「働き方の見直しによる仕事と生活の調和（**ワーク・ライフ・バランス**）の実現」をめざし、「親の就労と子どもの育

地域子育て支援センター
　身近な育児相談、保育情報の提供、地域子育てサークルの支援を行う地域の子育ての拠点で、平成5（1993）年に地域子育て支援センター事業が整備された。平成19（2007）年には地域子育て支援拠点事業内に再編された。市町村（特別区）が実施主体で、児童福祉施設、医療施設、公共施設などで実施されている。

ワーク・ライフ・バランス
　「仕事と生活の調和（ワーク・ライフ・バランス）憲章」（平成19〔2007〕年）では、「国民一人ひとりがやりがいや充実感を感じながら働き、仕事上の責任を果たすとともに、家庭や地域生活などにおいても、子育て期、中高年期といった人生の各段階に応じて多様な生き方が選択・実現できる社会」が、ワーク・ライフ・バランスが実現した社会としている。

成の両立」と「家庭における子育て」の2つを同時に支援する点にある。この実現のために「仕事と生活の調和(ワーク・ライフ・バランス)憲章」と「仕事と生活の調和推進のための行動指針」が決定された。保護者の就労と子どもの保育の両立を図るためには、待機児童の問題は早急に解決しなければならない問題である。政府は平成20(2008)年に「新待機児童ゼロ作戦」を発表し、保育施策の質および量的充実と強化を推進することとした。同年12月には、少子化社会対策会議において、「新しい少子化社会対策大綱の案の作成方針について」が決定された。

日本の合計特殊出生率は、平成18(2006)年に1.32、平成19(2007)年に1.34、平成20(2008)年と平成21(2009)年は1.37と若干だが上昇している。しかし、一般的に人口の自然増と自然減の境界数は、2.08とされており、さらなる上昇がめざされている。

平成21(2009)年には、内閣府の「ゼロから考える少子化対策プロジェクトチーム」より提言「"みんなの"少子化対策」が示された。ここでは、子育てセーフティネットの再構築を目標に、国民みんなで総合的な少子社会の対策をめざし、みんなで負担を分かち合うことが提言されている。平成22(2010)年には、「子ども・子育てビジョン」が閣議決定されている。

なお、平成21(2009)年には、改正**育児・介護休業法**が制定された。新たな点としては、父親の仕事と育児の両立を支援する内容が加わっていることがあげられる。例えば、男性労働者の育児休業取得を促進するため、父母ともに育児休業を取得する場合に、育児休業取得可能期間を延長する「パパ・ママ育休プラス」が導入された。また、かつての配偶者が専業主婦や育児休業中である場合などに育児休業を取得不可とすることができる制度が廃止された。

平成25(2013)年には「待機児童解消加速化プラン」が策定された。これは平成27(2015)年4月施行の「子ども・子育て支援新制度」を待たずに、待機児童対策に意欲的に取り組む地方自治体を支援するものである。

（3） 子育て観の転換：私事性から公的・社会的な支援によるものへ

　平成22(2010)年1月に閣議決定された「子ども・子育てビジョン」は、家族や親が中心となって担っていた子育てを社会全体で支えていくシステムへと転換を図ろうとするものである。「子どもが主人公(チルドレン・ファースト)」「少子化対策」から「子ども・子育て支援へ」「生活と仕事と子育ての調和」と主張し、「社会全体で子どもを支える」ことと、「子どもとおとなの希望がかなえられる」ことを基本的な考え方とする。その基本姿勢は「生命(いのち)と育ちを大切にする」「困っている声に応える」「生活(くらし)を支える」ことである。

　保育について詳しくみると、誰もが希望する幼児教育と保育サービスを受けられるように、「潜在的な保育ニーズの充足も視野に入れた保育所待機児童の解消(**余裕教室**の活用など)」「新たな次世代育成支援のための包括的・一元的な制度の構築に向けた検討」「幼児教育と保育の総合的な提供(幼保一体化)」「放課後子どもプランの推進、放課後児童クラブの充実」があげられている。

　子育ては私事的なものであろうか、公的なものであろうか。「子ども・子育てビジョン」は、子育てを私事的なもの、つまり、家庭において家族の責任で行うものという考え方から、それだけではなく、より社会的で公的なものとし、社会全体が子育てを支えるべきとする考え方に転換したといえるであろう。

　子どもの貧困問題を考えた場合、すべての子どもの子育てと、保育を支えることが公的な課題であり、また社会の豊かさにつながることは明らかであろう。子どもの保育への公的支援は消費ではなく投資である。子育ての第一義的責任はもちろん保護者にあり、そして、同時に、それを支援する責任が社会全体にある。保護者の責任を支える社会の責任を自覚し、子育てを、私事的なものから公的支援によるものへと転換を図ること、すべての子どもの最善の利益を考慮した今後の政策展開が期待される。

> **余裕教室**
>
> 　余裕教室とは、子どもの数の減少などにより学級数が減少し、将来とも恒久的に余裕と見込まれる教室のこと。文部科学省の平成29(2017)年度の調査では、余裕教室数79216のうち約98.5％が活用されている。活用用途は、95.7%が学校施設として、4.3%が社会教育施設、放課後子ども教室、保育所などに活用されている。

3　保育機能のパラダイム転換

(1)　すべての子どもに質の高い保育を

　昨今の脳科学の研究、社会経済学的研究から、保育はあらゆる子どもに提供されるべき重要なものであるという認識が広まっている。保育を提供する体制の整備は、社会保障の基盤づくりである。

　日本では、現在、就学前の子どもを対象とする主な保育の施設としては、厚生労働省の管轄の児童福祉施設である保育所と、文部科学省管轄の学校である幼稚園がある。加えて幼保一体型施設である認定こども園がある。かつて昭和 48(1973)年の保育所の園児数は 142 万 5637 人であり、幼稚園は 212 万 9471 人であった。しかし平成 10(1998)年以降は保育所の園児数が幼稚園を上回り、その後保育所の園児数が伸び続けている。平成 22(2010)年のデータによれば小学校第 1 学年児童数に対する幼稚園修了者の比率は 56.2% で、前年度より 0.2 ポイント低下している。

　1990 年代半ばより共働き世帯数が専業主婦(夫)世帯を上回り、近年さらに増加傾向にある。一方都市部では、保育所待機児童の問題が深刻化している。他方で、幼稚園の充足率は低下する傾向にある。この背景から、規定では幼稚園の保育時間は 4 時間を標準とするが、多くの幼稚園が預かり保育を実施し、保育時間が長くなっている。2 歳児対象の**未就園児クラス**を設けている園も増えている。

　平成 21(2009)年のデータによれば 4 歳児以上の子どもの 97% 以上が保育所か幼稚園に通っており、施設保育を受ける体制が整備されている。しかし、低年齢の子どもについては、待機児童の問題もある。希望に応え機会の均等を図る今後の政策の発展が望まれる。

(2)　養護・教育・子育て支援の機能を総合的に担う保育士

　現在、保育士には、養護と教育、そして子育て支援の機能を

未就園児クラス
地域子育て支援事業や幼稚園に入園する準備として開設している未就園児のためのクラスのこと。なお、一方で平成 12(2000) 年から満 3 歳児も就園奨励金の対象となった。平成 14(2002) 年からは構造改革特区で幼稚園での 2 歳児保育が実施されているところもある。独自に 2 歳児クラスや親子対象クラスをとしている園もある。

担うことが期待されている。これらの機能は、広義ではある意味、そもそも未分化であるといえる。実際の保育現場では、子どもの安全や安心を無視した教育はあり得ないし、家庭との連携を図らずして子どもの最善の利益の確保はできない。子どもの福祉を語る場合に、教育がその範疇（はんちゅう）に入ることは、開発援助において教育が一要素と含まれていることからも明らかである。

　日本の保育所と幼稚園に目を向けた場合、保育所と幼稚園いずれもが、「保育」を目的とする機関であることがわかる。保育所は学校ではないが、子どもは遊びと生活の体験を通じて多くを学んでいる。就学後の教育と就学前の幼児教育はその方法と内容が大きく違う。よって保育所と幼稚園の教育の内容や方法の差よりも、これらと小学校の教育の内容や方法の差のほうが大きい。実際、保育所保育指針(以下、保育指針)と幼稚園教育要領(以下、教育要領)の教育に関する内容は整合性が図られている。

　平成20(2008)年改定(平成21〔2009〕年施行)の保育指針では、保育所の全体的計画が「保育課程」として位置づけられた。

　保育所では養護と教育を一体的に行うことが目的とされているが、幼稚園においても、例えば教育要領「第1章　総則」「1　幼稚園教育の基本」では「教師は、幼児との信頼関係を十分に築く」ことの重要性があげられている。ほかにも「安定した情緒」「心身の調和のとれた発達」といったことばがみられる。保育所においても幼稚園においても、家庭との連携が大切な課題としてあげられており、実際にいずれの施設においても子育て支援が実施されている。

　平成29(2017)年の保育指針の改定は、教育要領や幼保連携型認定こども園教育・保育要領の改訂と同時になされた。ここでは、3歳以上の子どもについては、親の就労形態などにより子どもの通う施設が異なっても、その教育の部分については、統一が図られた。保育所におけるこれまでになされてきた教育が、制度的にも教育として位置づけられたと評価することができる。

　また、同改定では、「養護」が総則に位置づけられ、3歳未満児のみならず、保育全体で大切にされるべき基盤として確認されることとなった。加えて、保育の質の維持・向上を図るた

めに、保育計画を立てること、実践後に振り返り評価すること
などが推奨され、これまで自助努力の位置づけであった、保育
者の研修など質向上を図る仕組みが、制度として位置づけられ
ることとなった。同時に改訂された「小学校学習指導要領」で
は、次世代育成の根幹にあたる、園における乳幼児期の教育を
しっかりとふまえて、つまり園での子どもの育ちや学びの姿を
ふまえた小学校教育を構想することが明記された。園における
遊びや生活のなかでの、豊かな経験により育まれた子どもの姿
を小学校にわかりやすく伝える視点として、保育指針において
「幼児期の終わりまでに育ってほしい姿」が 10 項目明示され
た(122 頁、第 4 章の図 4-11)。これらの「姿」は、できた／
まだできない、覚えた／まだ覚えていない、といった知識や技
術の習得についての到達度を問うものではない。子どもの育ち
や学びの姿を、小学校や社会によりわかりやすく伝えるうえで、
説明しやすい項目として示されたものである。

　園での主体的な遊びや生活のなかで子どもたちは豊かな経験
をしている。しかし、そのようすがなかなか小学校に伝わって
いない実態が指摘されている。1 年生の不安、自尊感情が低く
なることなど、課題があげられている。園生活における子ども
たちの多様な育ちや学びを小学校に伝え、子どもたちの自尊感
情が損なわれることなく、小学校教育が乳幼児期の経験と連続
性のあるものとして構想されることが、今後ますます期待され
る。実際には、保育 5 領域に基づく説明が、小学校以降の教育
現場にはわかりにくいといったことが指摘されてきた。平成
22(2010)年 11 月 11 日にあらわされた「幼児期の教育と小学
校教育の円滑な接続の在り方について(報告)」では、「児童期
については小学校学習指導要領において育つべき具体的な姿が
示されているのに対し、幼児期については幼稚園教育要領や保
育所保育指針において具体的な姿が見えにくいという指摘があ
る」とある。そこで、同報告書では、乳幼児期の遊びや生活の
なかでの子どもの育ちを、小学校以降の教育でもよく使われる
言葉を使って伝えることが提案された。これが、「幼児期の終
わりまでに育ってほしい姿」の背景となっている。

　子どもの主体性を尊重し、遊びや生活を中心とする環境を通
じた教育による子どもの育ちや学びをふまえた、小学校以降の
教育が今後ますます発展していくことが期待される。

（3） 個々の園の多様性と行政管轄の一体化

　集団的な乳幼児の保育現場では、養護・教育・子育て支援の機能を果たすことが期待されている。それぞれの現場においてそのバランスが異なることが予測されるが、それらは、目の前の子どもたちのニーズを最前線でより的確に把握できる各園の判断にこそゆだねるべきであろう。一方で、各現場の判断が適切に行われるように支援し、また、質の確保を指導する立場である行政の管轄は、地域や家庭の多様性に関わらず一元的になされるべきと思われる。家庭の社会経済的状況や地域、保護者の就労形態によらず、保育の質の基準は等しく高くなければいけない。提供する個別のサービスの項目が仮に多様であっても、確保しなければならない子どもの最善の利益は、行政により支援し指導されるべきであろう。世界では、保育に関わる管轄を一元化することがめざされている。

　行政当局の一元的管轄は、理念に加えて、実際の運営においても、二重行政による無駄を省き、重複部を解消することによって、より多くの財源を子どもへあてることが可能となる。実際、管轄の一元化により会計処理の簡素化や、補助金の窓口・申請・執行手続きの一本化など、手続きの簡素化が可能となる。補助金の規定などの基準は、低いほうが採用されないようにすること、会計処理や申請手続きの煩雑さを解消することが課題である。

　多様な現場において保育の質が確保できるように、行政当局が、**クラスサイズや保育者対子ども数**など、保育の質を確保するための基準を明示し、指導・監督を強化すべきであろう。保育施設が多様である国においても、管轄する省庁が統一され、設置の基準や保育内容の基準が設けられ、従事する保育者の力量を認定資格や養成要件によって確保することで、あらゆる子どもに質の高い保育を提供できる体制の整備が図られている。規制緩和が基準の低下をもたらしてしまうような幼保一元化ではなく、保育への公的投資がさらに拡大され、保育研究の成果を根拠とした設置基準、保育カリキュラム、保育者の養成と研修につながる幼保一元化が進められることが期待される。

クラスサイズや保育者対子ども数
国際的には、年長児についてクラスサイズ20人程度、保育者対子ども数1対15以下が一般的である。各国の保育者対子ども数は、スウェーデン（2006）1対5.1、ニュージーランド（規定）2歳未満児が1対5で、2歳以上について子ども7〜20人に保育者2人、子ども21人以上は10人増ごとに保育者1人増である。

4　保育領域の専門性の確立

(1)　専門職としての保育士

保育士は**名称独占資格**であり、専門職である。平成11(1999)年、かつて保育所において「保母」とされていた職名が、「保育士」という福祉専門職の職名に改められた。平成13(2001)年には保育士の国家資格化が進められた。

一般に、専門職を他の職業から区別する指標として、次の条件が整備されていることがあげられている。

①独自の養成教育があること

②現職教育・研修の制度が整備されていること

③倫理規定があること

④厳しい資格要件(試験、審査、認証など)があること

⑤社会的威信が高いこと

⑥報酬が高いこと

⑦職歴のパターンがありキャリアを積んでいけること

⑧市場を独占していること

⑨自立性があること

保育士の①養成、④資格要件については、保育士資格を得るためには、指定保育士養成施設で決められた課程で単位を修得するか、保育士試験に合格する必要があり、整備されている。今後の養成およびキャリア開発に関しては、養成機関の延長や蓄積型資格の導入、すべてに国家試験を課すなど、現在議論が進められている。国際的動向に目をむけると、学士課程での養成あるいは、現職が、研修や再教育を積み重ねることによって、資格を蓄積していく、キャリアラダーの整備が進められている。

②現職養育・研修については、保育指針において、「自己評価」「保育所内外の研修」などが努力義務とされている。なお、年何回以上といった規定や研修に対する代替保育士の派遣などの支援についての制度整備が今後求められる。実際の保育現場では、保育関連組織による各種研修が実施されており、また園による違いはあるが、園内研修が積極的に実施されている。

③倫理規定については、保育指針では、人権への配慮や守秘義務などが規定されている。平成15(2003)年には「全国保育

> **名称独占資格**
> 有資格者以外によるその資格の呼称利用が法令で禁止されている国家資格・公的資格のこと。保育士は登録による名称独占資格であり、特別教育による国家資格の1つである。なお業務独占資格とは、有資格者以外が特定業務を行うことが禁止されている資格であり、保育士は業務独占資格ではない。

士会倫理綱領」が採択されている。

　⑤社会的威信については、少子社会における公的期待とその貢献は大きく、保育士への保護者の相談なども多くなされており、信頼と依存が高いといえる。

　⑥報酬と⑦職歴パターンについては、課題がある。実際、公立保育所の保育士の報酬は一般の福祉行政職と同じ給与体系である。私立の場合は独自の規定である。なお、保育士の**離職率**は高く、平均勤続年数が低いこともあり、保育士の平均給与は低い。職歴パターンは単純で園長、主任、保育士であり、キャリアラダーの見通しがつけにくい。参考までに紹介すると、公立幼稚園の場合、給与などは公立小学校教諭と同じである。待遇については、現状では公私で違いがあり、この点について、人件費の公的負担などの整備による改善を図る必要があるだろう。

　保育現場では、保育士は多くの責任を担っている。子どもの安全・健康を守り、保育の各場面で、各種判断をゆだねられている。いま現在の子どもの命を守り幸せをもたらすこと、そして、それは未来の社会の豊かさにもつながることを、あらためて保育現場が認識し、それを広く社会に伝えなければならないと考える。

　保育現場では保育士の力量こそが保育の質の鍵となっている。すでに紹介したアメリカの保育所保育指針にあたる、全米乳幼児教育協会の「発達にふさわしい実践」では、保育者こそが保育の実践の鍵を握ることが指摘されている。OECD（2005）の報告書においても教師の重要性が指摘されており、離職率の低下の必要性と課題が指摘されている。

（2）　保育職の専門職化の鍵：保育士の力量向上

❶保育士の資質

　人と接するヒューマン・サービスの分野の専門職にはいずれの職であってもその人間性が大切な資質とされる。人と接する専門職は、一人ひとりの人格を大切にし、その人間性を尊重し、真摯に接する必要がある。「全国保育士会倫理綱領」においても保育士は「一人ひとりの子どもを心から尊重」し、「子どもの最善の利益を第一に考える」職であることが謳われている。

> **離職率**
> 雇用労働者のうち離職した人の割合を示す指標のこと。ある期間内の離職による減少労働者数を、在籍労働者数で割ったもので、厚生労働省などが定期的に算出している。医療福祉分野の離職率は高く、保育士の平均年齢も低い。経験を必要とする保育職の離職率の低下は大きな課題である。

保育士の資質としては、子どもに寄り添い、子どもを尊重し、包容力と受容性に満ちた優れた人間性が必要である。保育現場にはひとりとして同じ子どもがいない。個別性の高い子どもに接するからこそ、平均的な子どもについての知識を学び、事例をたくさん蓄積すること、そして、それらを基盤として、子どもに応答的に対応し、かつ常に謙虚さと学習の継続への意欲をもつことも必要とされる。

❷保育者の専門性

　このような人間性という資質に加えて、保育士には専門的な知識と技術、さらにはそれらを活用する能力が必要である。保育士に望まれる専門的な知識と技術をまとめたものが、図7-1である。

❸保育専門職の基礎力

　子どもと接する専門職には、きわめて基礎的な一般論としての、発達の過程についての知識(発達知)、子どもの育つ家庭・地域・社会の環境についての知識(生活環境知)、子どもをめぐる親子やきょうだい、友達との人間関係についての知識(人間関係知)が必要である。これらの一般的な基礎力に加えて、保育課程や保育内容の領域など、保育に関わる専門的な基礎知識が保育士には必要である。これらの基礎はあらかじめ準備することができる知識ともいえよう。

❹保育専門職の実践力：知識と技術の活用力

　これらの基礎力をふまえて、保育士には子どもたちを理解する力が必要である。子ども理解力は、子どもに関わる基礎的な知識を活用する力であるともいえる。子どもの理解に基づいて、さらには、実践をつくる力すなわち実践構成力が保育士には望まれる。さらには、まさにライブで展開する保育実践においては、即座に個々の子どもを洞察し判断することが望まれる。実践知は意識化された経験の蓄積により培われる部分もある。その意味で、保育士の離職率の低下は社会的な課題であるともいえる。

　ひとりとして同じ子どもはいない。一度として同じ保育の場面はない。だからこそ、保育には発見とさらなる発展可能性が

常にある。保育士には実践を常に省察し、考え、新たに学び判断する力が必要とされる。保育士の力量の向上こそが、質の高い保育の鍵を握っているのである。

(3)　保育領域の専門性の確立をめざして

❶内省的経験の積み重ねと学習の継続

　保育者はライブで展開する保育現場で、子どもとの相互作用のなか、自分のもっている知識と技術を大いに活用しながら、保育を実践している。保育士の仕事は子どもの安全確保といざこざの対処にとどまらない。乳幼児期は好奇心や探求心が人生のうちで最も旺盛な時期でもある。保育士には、いままさにこの時期を豊かに生きる乳幼児の傍らで、広い知識と高い技術、深い経験、優れた倫理性を発揮して援助を行う、きわめて高い専門性が必要とされる。

　かけがえのない一人ひとりの子どもの育ちは、生活と遊び場面における保育士の援助によって促される。保育現場での援助における各種判断は保育士にゆだねられている。その意味で保育士は、保育に関わる最新の研究の成果と、自らの実践の省察の結果を融合し、日々創意工夫し、根拠に基づく判断を下しながら、保育を実施することが期待される。そのために現在保育士には、**PDCA サイクル**による計画と、実践、省察と学びの繰り返しによる保育実践による、専門性の向上が課せられている。保育の経験を振り返り、課題や次の工夫を施し、常に学習を継続させること、つまり、内省的経験の積み重ねと学習の継続を繰り返すことにより、保育実践の質の向上が図られる。保育職は理論的な知識と実践知・経験知・臨床の知の積み重ねによる、熟練を必要とする専門職である。

　平成 29（2017）年の保育指針「第 5 章　職員の資質向上」では、「保育所においては、当該保育所における保育の課題や各職員のキャリアパス等も見据えて、初任者から管理職員までの職位や職務内容等を踏まえた体系的な研修計画を作成しなければならない」とされている。また、子ども・子育て支援法（平成 24〔2012〕年法律第 65 号）に基づく特定教育・保育などに要する費用の額の算定において、平成 29（2017）年度より、技能・経験を積んだ職員に対する処遇改善のための加算が創設された。

これらをふまえ、保育現場におけるリーダー的職員などに対する研修内容や研修の実施方法などについて、「保育士等キャリアアップ研修ガイドライン」(2017)が定められた。さらには、全国保育士会により「保育士・保育教諭が誇りとやりがいを持って働き続けられる、新たなキャリアアップの道筋について」「キャリアアップ特別委員会報告書」(2017)があらわされた。各地で、保育士の研修が体系化され、保育の質の維持・向上が図られることが期待される。

　保育士の研修とは、そもそも、保育の質の維持・向上を図るうえで不可欠なものであり、誰かに与えられた時間と内容の研修を、与えられた手順で実施し、それで達成(おわり)と位置づけるものではない。しかし、一方でその時間が保障され、その成果が処遇につながるシステムづくりは不可欠でもある。

　ガイドラインでは、次の6つの研修分野が明示された。

① 　乳児保育
② 　幼児保育
③ 　障害児保育
④ 　食育・アレルギー対応
⑤ 　保健衛生・安全対策
⑥ 　保護者支援・子育て支援

　これらのうち、①と②は保育専門分野研修であり、③〜⑥は保育関連分野研修と位置づけられるであろう。①と②は保育者に独自な保育専門分野であり、③〜⑥は他のより特化した専門職の分野と関連するものであり、連携がより必要となる分野であるからである。

　今後各地で、研修が定着し保育士も定着し、処遇も改善し、保育者の離職率が低下し、そして何よりも保育実践の質の維持と向上がますます図られることが期待される。

❷組織性を高める

　保育現場では、保育士および職員間の連携や協働性が大きく影響する。子どもが安心できる居心地のよい環境は、職員間の人間関係、組織的な安全・衛生管理、地域とのつながりに大きく左右される。先にあげたが、保育の実践力の向上は、単純な経験の積み重ねではなく、熟練専門職のモデル、視点の指摘をともなう内省的な経験によりもたらされる。その意味で、保育

士集団の組織性は保育の質の向上の鍵を握る。

❸保育職への社会的認知の拡大

保育士の専門性とその重要性について、脳科学、社会経済学、心理学、教育学の研究が多くの知見をもたらしている。保育は子守りではなく、いざこざの回避を行うだけの仕事ではない。保育者の力量が子どもの育ちに多大な影響を与える。乳幼児期の保育格差が子どもの現在の幸せに格差をもたらし、さらに先の人生にも格差を与える。子どもの最善の利益を確保すること、そして、子どもの福祉を守ること、その実現のためには、専門職としての保育職の認識や保育の充実の必要性について広く社会に伝播していくことが必要である。また、人は人に育てられ、人と共に育つ。保育実践の鍵を握る保育士の重要性について、社会的な認識を高めていく必要がある。このことこそが、いまを生きる子どもたちの幸せ、そして未来の社会の豊かさにつながっていくと考える。

学習のふりかえり

1 各国それぞれの社会文化的背景、歴史、直面する問題があるが、互いを尊重しつつ国境を越えて児童のウエルビーイングをともに図ることが目指されている。

2 保育に関連する社会問題として、子どもの貧困問題や教育格差問題、少子化問題などがあり、その改善に質の高い保育の保障が寄与することが期待される。

3 保育の質の維持・向上には、専門職としての保育者の役割が重要な鍵を握る。養成の高度化や研修保障の具現化が、今後ますます必要である。

参考文献：
1. Belfield, C., M. Nores, W.S. Barnett and L. Schweinhart(2005),

Updating the Benefit-cost Analysis of the High/Scope Perry Pre-school Programme through Age 40, Educational Evaluation and Policy Analysis, Vol. 27 (3).

2. Borman, G.D. and G. Hewes (2002) *"The Long-term Effects and Cost-effectiveness of Success for All", Educational Evaluation and Policy Analysis,* Vol. 24.

3. 第 6 回「子どもと家族を応援する日本」重点戦略検討会議「基本戦略分科会」（平成 19 年 10 月 15 日）資料 2『諸外国の家族政策の動向について』。

4. Copple, C. & Bredekamp, S. (eds) (2009) *Developmentally Appropriate Practice in Early Childhood Programs : Serving Children from Birth through Age 8* NAEYC

5. Derman-Sparks, Louise & Edwards, Julie Olsen (2010) *Anti-Bias Education for Young Children and Ourselves,* NAECY.

6. Kaga, Yoshie, Bennett, John, & Moss, Peter (2010) *Caring and Learning Together : A cross-national study on the integration of early childhood care and education within education,* Paris, UNESCO.

7. LeMoine, S. (2009) *Workforce Designs : A Policy Blueprint for State Early Childhood Professional Development System,* NAECY.

8. Ministry of Education (2004) *An introduction to Kei Tua o te Pae* (*Book 1*). *Kei Tua o te Pae Assessment for Learning : Early Childhood Exemplars* Learning Media Lit.

9. National PTA (1998) *National Standards for Parent/Family Involvement Programs* National PTA.

10. National PTA (2009) *PTA National Standards for Family-School Partnerships : An Implementation Guide* National PTA.

11. NGA Center for Best Practice (2010) *Building an Early Childhood Professional Development System* NGA Center for Best Practice.

12. OECD (2006) *Starting Strong 2* OECD.

13. Schweinhart, L.J., J. Montie, Z. Xiang, W.S. Barnett, C.R. Belfield and M. Nores (2005), *Lifetime Effects : The High/Scope Perry Pre-school Study through Age 40,* Michigan, High/Scope Educational Research Foundation.

14. 北野幸子「ケア・教育・子育て支援を担う保育士養成の実態と課題」『社会福祉学』第 50 巻第 1 号、一般社団法人日本社会福祉学会 2009 年。

15. 内閣府「男女共同参画社会に関する世論調査」2010 年。

16. OECD (2006) *Starting Strong 2* OECD.

17. OECD (2008) *Growing Unequal? Income Distribution and Poverty in OECD Countries,* OECD.

18. 総務省「平成 21 年　労働力調査年報」2010 年。

19. 全国児童相談所長会「全国児童相談所における家庭支援への取り組み状況調査」2009 年。

保育所保育指針

保育所保育指針（平成29年3月31日厚生労働省告示第117号）

第1章　総則

　この指針は、児童福祉施設の設備及び運営に関する基準（昭和23年厚生省令第63号。以下「設備運営基準」という。）第35条の規定に基づき、保育所における保育の内容に関する事項及びこれに関連する運営に関する事項を定めるものである。各保育所は、この指針において規定される保育の内容に係る基本原則に関する事項等を踏まえ、各保育所の実情に応じて創意工夫を図り、保育所の機能及び質の向上に努めなければならない。

1　保育所保育に関する基本原則

(1)　保育所の役割

ア　保育所は、児童福祉法（昭和22年法律第164号）第39条の規定に基づき、保育を必要とする子どもの保育を行い、その健全な心身の発達を図ることを目的とする児童福祉施設であり、入所する子どもの最善の利益を考慮し、その福祉を積極的に増進することに最もふさわしい生活の場でなければならない。

イ　保育所は、その目的を達成するために、保育に関する専門性を有する職員が、家庭との緊密な連携の下に、子どもの状況や発達過程を踏まえ、保育所における環境を通して、養護及び教育を一体的に行うことを特性としている。

ウ　保育所は、入所する子どもを保育するとともに、家庭や地域の様々な社会資源との連携を図りながら、入所する子どもの保護者に対する支援及び地域の子育て家庭に対する支援等を行う役割を担うものである。

エ　保育所における保育士は、児童福祉法第18条の4の規定を踏まえ、保育所の役割及び機能が適切に発揮されるように、倫理観に裏付けられた専門的知識、技術及び判断をもって、子どもを保育するとともに、子どもの保護者に対する保育に関する指導を行うものであり、その職責を遂行するための専門性の向上に絶えず努めなければならない。

(2)　保育の目標

ア　保育所は、子どもが生涯にわたる人間形成にとって極めて重要な時期に、その生活時間の大半を過ごす場である。このため、保育所の保育は、子どもが現在を最も良く生き、望ましい未来をつくり出す力の基礎を培うために、次の目標を目指して行わなければならない。

　（ア）　十分に養護の行き届いた環境の下に、くつろいだ雰囲気の中で子どもの様々な欲求を満たし、生命の保持及び情緒の安定を図ること。

　（イ）　健康、安全など生活に必要な基本的な習慣や態度を養い、心身の健康の基礎を培うこと。

　（ウ）　人との関わりの中で、人に対する愛情と信頼感、そして人権を大切にする心を育てるとともに、自主、自立及び協調の態度を養い、道徳性の芽生えを培うこと。

　（エ）　生命、自然及び社会の事象についての興味や関心を育て、それらに対する豊かな心情や思考力の芽生えを培うこと。

　（オ）　生活の中で、言葉への興味や関心を育て、話したり、聞いたり、相手の話を理解しようとするなど、言葉の豊かさを養うこと。

　（カ）　様々な体験を通して、豊かな感性や表現力を育み、創造性の芽生えを培うこと。

イ　保育所は、入所する子どもの保護者に対し、その意向を受け止め、子どもと保護

者の安定した関係に配慮し、保育所の特性や保育士等の専門性を生かして、その援助に当たらなければならない。

(3) **保育の方法**

保育の目標を達成するために、保育士等は、次の事項に留意して保育しなければならない。

ア　一人一人の子どもの状況や家庭及び地域社会での生活の実態を把握するとともに、子どもが安心感と信頼感をもって活動できるよう、子どもの主体としての思いや願いを受け止めること。

イ　子どもの生活のリズムを大切にし、健康、安全で情緒の安定した生活ができる環境や、自己を十分に発揮できる環境を整えること。

ウ　子どもの発達について理解し、一人一人の発達過程に応じて保育すること。その際、子どもの個人差に十分配慮すること。

エ　子ども相互の関係づくりや互いに尊重する心を大切にし、集団における活動を効果あるものにするよう援助すること。

オ　子どもが自発的・意欲的に関われるような環境を構成し、子どもの主体的な活動や子ども相互の関わりを大切にすること。特に、乳幼児期にふさわしい体験が得られるように、生活や遊びを通して総合的に保育すること。

カ　一人一人の保護者の状況やその意向を理解、受容し、それぞれの親子関係や家庭生活等に配慮しながら、様々な機会をとらえ、適切に援助すること。

(4) **保育の環境**

保育の環境には、保育士等や子どもなどの人的環境、施設や遊具などの物的環境、更には自然や社会の事象などがある。保育所は、こうした人、物、場などの環境が相互に関連し合い、子どもの生活が豊かなものとなるよう、次の事項に留意しつつ、計画的に環境を構成し、工夫して保育しなければならない。

ア　子ども自らが環境に関わり、自発的に活動し、様々な経験を積んでいくことができるよう配慮すること。

イ　子どもの活動が豊かに展開されるよう、保育所の設備や環境を整え、保育所の保健的環境や安全の確保などに努めること。

ウ　保育室は、温かな親しみとくつろぎの場となるとともに、生き生きと活動できる場となるように配慮すること。

エ　子どもが人と関わる力を育てていくため、子ども自らが周囲の子どもや大人と関わっていくことができる環境を整えること。

(5) **保育所の社会的責任**

ア　保育所は、子どもの人権に十分配慮するとともに、子ども一人一人の人格を尊重して保育を行わなければならない。

イ　保育所は、地域社会との交流や連携を図り、保護者や地域社会に、当該保育所が行う保育の内容を適切に説明するよう努めなければならない。

ウ　保育所は、入所する子ども等の個人情報を適切に取り扱うとともに、保護者の苦情などに対し、その解決を図るよう努めなければならない。

2　養護に関する基本的事項

(1) **養護の理念**

保育における養護とは、子どもの生命の保持及び情緒の安定を図るために保育士等が行う援助や関わりであり、保育所における保育は、養護及び教育を一体的に行うことをその特性とするものである。保育所における保育全体を通じて、養護に関するねらい及び内容を踏まえた保育が展開されなければならない。

(2) **養護に関わるねらい及び内容**

ア　生命の保持

（ア）　ねらい

①　一人一人の子どもが、快適に生活できるようにする。

②　一人一人の子どもが、健康で安全に過ごせるようにする。

③　一人一人の子どもの生理的欲求が、十分に満たされるようにする。

④ 一人一人の子どもの健康増進が、積極的に図られるようにする。

（イ） 内容

① 一人一人の子どもの平常の健康状態や発育及び発達状態を的確に把握し、異常を感じる場合は、速やかに適切に対応する。

② 家庭との連携を密にし、嘱託医等との連携を図りながら、子どもの疾病や事故防止に関する認識を深め、保健的で安全な保育環境の維持及び向上に努める。

③ 清潔で安全な環境を整え、適切な援助や応答的な関わりを通して子どもの生理的欲求を満たしていく。また、家庭と協力しながら、子どもの発達過程等に応じた適切な生活のリズムがつくられていくようにする。

④ 子どもの発達過程等に応じて、適度な運動と休息を取ることができるようにする。また、食事、排泄、衣類の着脱、身の回りを清潔にすることなどについて、子どもが意欲的に生活できるよう適切に援助する。

イ 情緒の安定

（ア） ねらい

① 一人一人の子どもが、安定感をもって過ごせるようにする。

② 一人一人の子どもが、自分の気持ちを安心して表すことができるようにする。

③ 一人一人の子どもが、周囲から主体として受け止められ、主体として育ち、自分を肯定する気持ちが育まれていくようにする。

④ 一人一人の子どもがくつろいで共に過ごし、心身の疲れが癒されるようにする。

（イ） 内容

① 一人一人の子どもの置かれている状態や発達過程などを的確に把握し、子どもの欲求を適切に満たしながら、応答的な触れ合いや言葉がけを行う。

② 一人一人の子どもの気持ちを受容し、共感しながら、子どもとの継続的な信頼関係を築いていく。

③ 保育士等との信頼関係を基盤に、一人一人の子どもが主体的に活動し、自発性や探索意欲などを高めるとともに、自分への自信をもつことができるよう成長の過程を見守り、適切に働きかける。

④ 一人一人の子どもの生活のリズム、発達過程、保育時間などに応じて、活動内容のバランスや調和を図りながら、適切な食事や休息が取れるようにする。

3 保育の計画及び評価

(1) 全体的な計画の作成

ア 保育所は、1の(2)に示した保育の目標を達成するために、各保育所の保育の方針や目標に基づき、子どもの発達過程を踏まえて、保育の内容が組織的・計画的に構成され、保育所の生活の全体を通して、総合的に展開されるよう、全体的な計画を作成しなければならない。

イ 全体的な計画は、子どもや家庭の状況、地域の実態、保育時間などを考慮し、子どもの育ちに関する長期的見通しをもって適切に作成されなければならない。

ウ 全体的な計画は、保育所保育の全体像を包括的に示すものとし、これに基づく指導計画、保健計画、食育計画等を通じて、各保育所が創意工夫して保育できるよう、作成されなければならない。

(2) 指導計画の作成

ア 保育所は、全体的な計画に基づき、具体的な保育が適切に展開されるよう、子どもの生活や発達を見通した長期的な指導計画と、それに関連しながら、より具体的な子どもの日々の生活に即した短期的な指導計画を作成しなければならない。

イ 指導計画の作成に当たっては、第2章及びその他の関連する章に示された事項のほか、子ども一人一人の発達過程や状況を十分に踏まえるとともに、次の事項に留

意しなければならない。

（ア）3歳未満児については、一人一人の子どもの生育歴、心身の発達、活動の実態等に即して、個別的な計画を作成すること。

（イ）3歳以上児については、個の成長と、子ども相互の関係や協同的な活動が促されるよう配慮すること。

（ウ）異年齢で構成される組やグループでの保育においては、一人一人の子どもの生活や経験、発達過程などを把握し、適切な援助や環境構成ができるよう配慮すること。

ウ 指導計画においては、保育所の生活における子どもの発達過程を見通し、生活の連続性、季節の変化などを考慮し、子どもの実態に即した具体的なねらい及び内容を設定すること。また、具体的なねらいが達成されるよう、子どもの生活する姿や発想を大切にして適切な環境を構成し、子どもが主体的に活動できるようにすること。

エ 一日の生活のリズムや在園時間が異なる子どもが共に過ごすことを踏まえ、活動と休息、緊張感と解放感等の調和を図るよう配慮すること。

オ 午睡は生活のリズムを構成する重要な要素であり、安心して眠ることのできる安全な睡眠環境を確保するとともに、在園時間が異なることや、睡眠時間は子どもの発達の状況や個人によって差があることから、一律とならないよう配慮すること。

カ 長時間にわたる保育については、子どもの発達過程、生活のリズム及び心身の状態に十分配慮して、保育の内容や方法、職員の協力体制、家庭との連携などを指導計画に位置付けること。

キ 障害のある子どもの保育については、一人一人の子どもの発達過程や障害の状態を把握し、適切な環境の下で、障害のある子どもが他の子どもとの生活を通して共に成長できるよう、指導計画の中に位置付けること。また、子どもの状況に応じた保育を実施する観点から、家庭や関係機関と連携した支援のための計画を個別に作成する

など適切な対応を図ること。

(3) **指導計画の展開**

指導計画に基づく保育の実施に当たっては、次の事項に留意しなければならない。

ア 施設長、保育士など、全職員による適切な役割分担と協力体制を整えること。

イ 子どもが行う具体的な活動は、生活の中で様々に変化することに留意して、子どもが望ましい方向に向かって自ら活動を展開できるよう必要な援助を行うこと。

ウ 子どもの主体的な活動を促すためには、保育士等が多様な関わりをもつことが重要であることを踏まえ、子どもの情緒の安定や発達に必要な豊かな体験が得られるよう援助すること。

エ 保育士等は、子どもの実態や子どもを取り巻く状況の変化などに即して保育の過程を記録するとともに、これらを踏まえ、指導計画に基づく保育の内容の見直しを行い、改善を図ること。

(4) **保育内容等の評価**

ア 保育士等の自己評価

（ア） 保育士等は、保育の計画や保育の記録を通して、自らの保育実践を振り返り、自己評価することを通して、その専門性の向上や保育実践の改善に努めなければならない。

（イ） 保育士等による自己評価に当たっては、子どもの活動内容やその結果だけでなく、子どもの心の育ちや意欲、取り組む過程などにも十分配慮するよう留意すること。

（ウ） 保育士等は、自己評価における自らの保育実践の振り返りや職員相互の話し合い等を通じて、専門性の向上及び保育の質の向上のための課題を明確にするとともに、保育所全体の保育の内容に関する認識を深めること。

イ 保育所の自己評価

（ア） 保育所は、保育の質の向上を図るため、保育の計画の展開や保育士等の自己評価を踏まえ、当該保育所の保育の内容等について、自ら評価を行い、その結果を公表するよう努めなければならな

資
料

保育所保育指針

283

い。

（イ）　保育所が自己評価を行うに当たっては、地域の実情や保育所の実態に即して、適切に評価の観点や項目等を設定し、全職員による共通理解をもって取り組むよう留意すること。

（ウ）　設備運営基準第36条の趣旨を踏まえ、保育の内容等の評価に関し、保護者及び地域住民等の意見を聴くことが望ましいこと。

⑸　評価を踏まえた計画の改善

ア　保育所は、評価の結果を踏まえ、当該保育所の保育の内容等の改善を図ること。

イ　保育の計画に基づく保育、保育の内容の評価及びこれに基づく改善という一連の取組により、保育の質の向上が図られるよう、全職員が共通理解をもって取り組むことに留意すること。

4　幼児教育を行う施設として共有すべき事項

⑴　育みたい資質・能力

ア　保育所においては、生涯にわたる生きる力の基礎を培うため、1 の⑵に示す保育の目標を踏まえ、次に掲げる資質・能力を一体的に育むよう努めるものとする。

（ア）　豊かな体験を通じて、感じたり、気付いたり、分かったり、できるようになったりする「知識及び技能の基礎」

（イ）　気付いたことや、できるようになったことなどを使い、考えたり、試したり、工夫したり、表現したりする「思考力、判断力、表現力等の基礎」

（ウ）　心情、意欲、態度が育つ中で、よりよい生活を営もうとする「学びに向かう力、人間性等」

イ　アに示す資質・能力は、第2章に示すねらい及び内容に基づく保育活動全体によって育むものである。

⑵　幼児期の終わりまでに育ってほしい姿

次に示す「幼児期の終わりまでに育ってほしい姿」は、第2章に示すねらい及び内容に基づく保育活動全体を通して資質・能力が育まれている子どもの小学校就学時の具体的な姿であり、保育士等が指導を行う際に考慮するものである。

ア　健康な心と体

保育所の生活の中で、充実感をもって自分のやりたいことに向かって心と体を十分に働かせ、見通しをもって行動し、自ら健康で安全な生活をつくり出すようになる。

イ　自立心

身近な環境に主体的に関わり様々な活動を楽しむ中で、しなければならないことを自覚し、自分の力で行うために考えたり、工夫したりしながら、諦めずにやり遂げることで達成感を味わい、自信をもって行動するようになる。

ウ　協同性

友達と関わる中で、互いの思いや考えなどを共有し、共通の目的の実現に向けて、考えたり、工夫したり、協力したりし、充実感をもってやり遂げるようになる。

エ　道徳性・規範意識の芽生え

友達と様々な体験を重ねる中で、してよいことや悪いことが分かり、自分の行動を振り返ったり、友達の気持ちに共感したりし、相手の立場に立って行動するようになる。また、きまりを守る必要性が分かり、自分の気持ちを調整し、友達と折り合いを付けながら、きまりをつくったり、守ったりするようになる。

オ　社会生活との関わり

家族を大切にしようとする気持ちをもつとともに、地域の身近な人と触れ合う中で、人との様々な関わり方に気付き、相手の気持ちを考えて関わり、自分が役に立つ喜びを感じ、地域に親しみをもつようになる。また、保育所内外の様々な環境に関わる中で、遊びや生活に必要な情報を取り入れ、情報に基づき判断したり、情報を伝え合ったり、活用したりするなど、情報を役立てながら活動するようになるとともに、公共の施設を大切に利用するなどして、社会とのつながりなどを意識するようになる。

カ　思考力の芽生え

身近な事象に積極的に関わる中で、物の

性質や仕組みなどを感じ取ったり、気付いたりし、考えたり、予想したり、工夫したりするなど、多様な関わりを楽しむようになる。また、友達の様々な考えに触れる中で、自分と異なる考えがあることに気付き、自ら判断したり、考え直したりするなど、新しい考えを生み出す喜びを味わいながら、自分の考えをよりよいものにするようになる。

キ　自然との関わり・生命尊重

　自然に触れて感動する体験を通して、自然の変化などを感じ取り、好奇心や探究心をもって考え言葉などで表現しながら、身近な事象への関心が高まるとともに、自然への愛情や畏敬の念をもつようになる。また、身近な動植物に心を動かされる中で、生命の不思議さや尊さに気付き、身近な動植物への接し方を考え、命あるものとしていたわり、大切にする気持ちをもって関わるようになる。

ク　数量や図形、標識や文字などへの関心・感覚

　遊びや生活の中で、数量や図形、標識や文字などに親しむ体験を重ねたり、標識や文字の役割に気付いたりし、自らの必要感に基づきこれらを活用し、興味や関心、感覚をもつようになる。

ケ　言葉による伝え合い

　保育士等や友達と心を通わせる中で、絵本や物語などに親しみながら、豊かな言葉や表現を身に付け、経験したことや考えたことなどを言葉で伝えたり、相手の話を注意して聞いたりし、言葉による伝え合いを楽しむようになる。

コ　豊かな感性と表現

　心を動かす出来事などに触れ感性を働かせる中で、様々な素材の特徴や表現の仕方などに気付き、感じたことや考えたことを自分で表現したり、友達同士で表現する過程を楽しんだりし、表現する喜びを味わい、意欲をもつようになる。

第2章　保育の内容

　この章に示す「ねらい」は、第1章の1の(2)に示された保育の目標をより具体化したものであり、子どもが保育所において、安定した生活を送り、充実した活動ができるように、保育を通じて育みたい資質・能力を、子どもの生活する姿から捉えたものである。また、「内容」は、「ねらい」を達成するために、子どもの生活やその状況に応じて保育士等が適切に行う事項と、保育士等が援助して子どもが環境に関わって経験する事項を示したものである。

　保育における「養護」とは、子どもの生命の保持及び情緒の安定を図るために保育士等が行う援助や関わりであり、「教育」とは、子どもが健やかに成長し、その活動がより豊かに展開されるための発達の援助である。本章では、保育士等が、「ねらい」及び「内容」を具体的に把握するため、主に教育に関わる側面からの視点を示しているが、実際の保育においては、養護と教育が一体となって展開されることに留意する必要がある。

1　乳児保育に関わるねらい及び内容

(1)　基本的事項

ア　乳児期の発達については、視覚、聴覚などの感覚や、座る、はう、歩くなどの運動機能が著しく発達し、特定の大人との応答的な関わりを通じて、情緒的な絆が形成されるといった特徴がある。これらの発達の特徴を踏まえて、乳児保育は、愛情豊かに、応答的に行われることが特に必要である。

イ　本項においては、この時期の発達の特徴を踏まえ、乳児保育の「ねらい」及び「内容」については、身体的発達に関する視点「健やかに伸び伸びと育つ」、社会的発達に関する視点「身近な人と気持ちが通じ合う」及び精神的発達に関する視点「身近なものと関わり感性が育つ」としてまとめ、示し

ている。

ウ 本項の各視点において示す保育の内容は、第1章の2に示された養護における「生命の保持」及び「情緒の安定」に関わる保育の内容と、一体となって展開されるものであることに留意が必要である。

(2) ねらい及び内容

ア 健やかに伸び伸びと育つ

　健康な心と体を育て、自ら健康で安全な生活をつくり出す力の基盤を培う。

　（ア）　ねらい

　　①　身体感覚が育ち、快適な環境に心地よさを感じる。

　　②　伸び伸びと体を動かし、はう、歩くなどの運動をしようとする。

　　③　食事、睡眠等の生活のリズムの感覚が芽生える。

　（イ）　内容

　　①　保育士等の愛情豊かな受容の下で、生理的・心理的欲求を満たし、心地よく生活をする。

　　②　一人一人の発育に応じて、はう、立つ、歩くなど、十分に体を動かす。

　　③　個人差に応じて授乳を行い、離乳を進めていく中で、様々な食品に少しずつ慣れ、食べることを楽しむ。

　　④　一人一人の生活のリズムに応じて、安全な環境の下で十分に午睡をする。

　　⑤　おむつ交換や衣服の着脱などを通じて、清潔になることの心地よさを感じる。

　（ウ）　内容の取扱い

　　　上記の取扱いに当たっては、次の事項に留意する必要がある。

　　①　心と体の健康は、相互に密接な関連があるものであることを踏まえ、温かい触れ合いの中で、心と体の発達を促すこと。特に、寝返り、お座り、はいはい、つかまり立ち、伝い歩きなど、発育に応じて、遊びの中で体を動かす機会を十分に確保し、自ら体を動かそうとする意欲が育つようにすること。

　　②　健康な心と体を育てるためには望ましい食習慣の形成が重要であることを踏まえ、離乳食が完了期へと徐々に移行する中で、様々な食品に慣れるようにするとともに、和やかな雰囲気の中で食べる喜びや楽しさを味わい、進んで食べようとする気持ちが育つようにすること。なお、食物アレルギーのある子どもへの対応については、嘱託医等の指示や協力の下に適切に対応すること。

イ 身近な人と気持ちが通じ合う

　受容的・応答的な関わりの下で、何かを伝えようとする意欲や身近な大人との信頼関係を育て、人と関わる力の基盤を培う。

　（ア）　ねらい

　　①　安心できる関係の下で、身近な人と共に過ごす喜びを感じる。

　　②　体の動きや表情、発声等により、保育士等と気持ちを通わせようとする。

　　③　身近な人と親しみ、関わりを深め、愛情や信頼感が芽生える。

　（イ）　内容

　　①　子どもからの働きかけを踏まえた、応答的な触れ合いや言葉がけによって、欲求が満たされ、安定感をもって過ごす。

　　②　体の動きや表情、発声、喃語等を優しく受け止めてもらい、保育士等とのやり取りを楽しむ。

　　③　生活や遊びの中で、自分の身近な人の存在に気付き、親しみの気持ちを表す。

　　④　保育士等による語りかけや歌いかけ、発声や喃語等への応答を通じて、言葉の理解や発語の意欲が育つ。

　　⑤　温かく、受容的な関わりを通じて、自分を肯定する気持ちが芽生える。

　（ウ）　内容の取扱い

　　　上記の取扱いに当たっては、次の事項に留意する必要がある。

　　①　保育士等との信頼関係に支えられて生活を確立していくことが人と関わる基盤となることを考慮して、子ども

の多様な感情を受け止め、温かく受容的・応答的に関わり、一人一人に応じた適切な援助を行うようにすること。

② 身近な人に親しみをもって接し、自分の感情などを表し、それに相手が応答する言葉を聞くことを通して、次第に言葉が獲得されていくことを考慮して、楽しい雰囲気の中での保育士等との関わり合いを大切にし、ゆっくりと優しく話しかけるなど、積極的に言葉のやり取りを楽しむことができるようにすること。

ウ　身近なものと関わり感性が育つ

身近な環境に興味や好奇心をもって関わり、感じたことや考えたことを表現する力の基盤を培う。

（ア）　ねらい

① 身の回りのものに親しみ、様々なものに興味や関心をもつ。

② 見る、触れる、探索するなど、身近な環境に自分から関わろうとする。

③ 身体の諸感覚による認識が豊かになり、表情や手足、体の動き等で表現する。

（イ）　内容

① 身近な生活用具、玩具や絵本などが用意された中で、身の回りのものに対する興味や好奇心をもつ。

② 生活や遊びの中で様々なものに触れ、音、形、色、手触りなどに気付き、感覚の働きを豊かにする。

③ 保育士等と一緒に様々な色彩や形のものや絵本などを見る。

④ 玩具や身の回りのものを、つまむ、つかむ、たたく、引っ張るなど、手や指を使って遊ぶ。

⑤ 保育士等のあやし遊びに機嫌よく応じたり、歌やリズムに合わせて手足や体を動かして楽しんだりする。

（ウ）　内容の取扱い

上記の取扱いに当たっては、次の事項に留意する必要がある。

① 玩具などは、音質、形、色、大きさなど子どもの発達状態に応じて適切

なものを選び、その時々の子どもの興味や関心を踏まえるなど、遊びを通して感覚の発達が促されるものとなるように工夫すること。なお、安全な環境の下で、子どもが探索意欲を満たして自由に遊べるよう、身の回りのものについては、常に十分な点検を行うこと。

② 乳児期においては、表情、発声、体の動きなどで、感情を表現することが多いことから、これらの表現しようとする意欲を積極的に受け止めて、子どもが様々な活動を楽しむことを通して表現が豊かになるようにすること。

（3）　保育の実施に関わる配慮事項

ア　乳児は疾病への抵抗力が弱く、心身の機能の未熟さに伴う疾病の発生が多いことから、一人一人の発育及び発達状態や健康状態についての適切な判断に基づく保健的な対応を行うこと。

イ　一人一人の子どもの生育歴の違いに留意しつつ、欲求を適切に満たし、特定の保育士が応答的に関わるように努めること。

ウ　乳児保育に関わる職員間の連携や嘱託医との連携を図り、第3章に示す事項を踏まえ、適切に対応すること。栄養士及び看護師等が配置されている場合は、その専門性を生かした対応を図ること。

エ　保護者との信頼関係を築きながら保育を進めるとともに、保護者からの相談に応じ、保護者への支援に努めていくこと。

オ　担当の保育士が替わる場合には、子どものそれまでの生育歴や発達過程に留意し、職員間で協力して対応すること。

2　1歳以上3歳未満児の保育に関わるねらい及び内容

（1）　基本的事項

ア　この時期においては、歩き始めから、歩く、走る、跳ぶなどへと、基本的な運動機能が次第に発達し、排泄の自立のための身体的機能も整うようになる。つまむ、めくるなどの指先の機能も発達し、食事、衣類の着脱なども、保育士等の援助の下で自

分で行うようになる。発声も明瞭になり、語彙も増加し、自分の意思や欲求を言葉で表出できるようになる。このように自分でできることが増えてくる時期であることから、保育士等は、子どもの生活の安定を図りながら、自分でしようとする気持ちを尊重し、温かく見守るとともに、愛情豊かに、応答的に関わることが必要である。

イ 本項においては、この時期の発達の特徴を踏まえ、保育の「ねらい」及び「内容」について、心身の健康に関する領域「健康」、人との関わりに関する領域「人間関係」、身近な環境との関わりに関する領域「環境」、言葉の獲得に関する領域「言葉」及び感性と表現に関する領域「表現」としてまとめ、示している。

ウ 本項の各領域において示す保育の内容は、第1章の2に示された養護における「生命の保持」及び「情緒の安定」に関わる保育の内容と、一体となって展開されるものであることに留意が必要である。

(2) ねらい及び内容

ア 健康

健康な心と体を育て、自ら健康で安全な生活をつくり出す力を養う。

（ア）ねらい

① 明るく伸び伸びと生活し、自分から体を動かすことを楽しむ。

② 自分の体を十分に動かし、様々な動きをしようとする。

③ 健康、安全な生活に必要な習慣に気付き、自分でしてみようとする気持ちが育つ。

（イ）内容

① 保育士等の愛情豊かな受容の下で、安定感をもって生活をする。

② 食事や午睡、遊びと休息など、保育所における生活のリズムが形成される。

③ 走る、跳ぶ、登る、押す、引っ張るなど全身を使う遊びを楽しむ。

④ 様々な食品や調理形態に慣れ、ゆったりとした雰囲気の中で食事や間食を楽しむ。

⑤ 身の回りを清潔に保つ心地よさを感じ、その習慣が少しずつ身に付く。

⑥ 保育士等の助けを借りながら、衣類の着脱を自分でしようとする。

⑦ 便器での排泄に慣れ、自分で排泄ができるようになる。

（ウ）内容の取扱い

上記の取扱いに当たっては、次の事項に留意する必要がある。

① 心と体の健康は、相互に密接な関連があるものであることを踏まえ、子どもの気持ちに配慮した温かい触れ合いの中で、心と体の発達を促すこと。特に、一人一人の発育に応じて、体を動かす機会を十分に確保し、自ら体を動かそうとする意欲が育つようにすること。

② 健康な心と体を育てるためには望ましい食習慣の形成が重要であることを踏まえ、ゆったりとした雰囲気の中で食べる喜びや楽しさを味わい、進んで食べようとする気持ちが育つようにすること。なお、食物アレルギーのある子どもへの対応については、嘱託医等の指示や協力の下に適切に対応すること。

③ 排泄の習慣については、一人一人の排尿間隔等を踏まえ、おむつが汚れていないときに便器に座らせるなどにより、少しずつ慣れさせるようにすること。

④ 食事、排泄、睡眠、衣類の着脱、身の回りを清潔にすることなど、生活に必要な基本的な習慣については、一人一人の状態に応じ、落ち着いた雰囲気の中で行うようにし、子どもが自分でしようとする気持ちを尊重すること。また、基本的な生活習慣の形成に当たっては、家庭での生活経験に配慮し、家庭との適切な連携の下で行うようにすること。

イ 人間関係

他の人々と親しみ、支え合って生活するために、自立心を育て、人と関わる力を養

う。

（ア）　ねらい

①　保育所での生活を楽しみ、身近な人と関わる心地よさを感じる。

②　周囲の子ども等への興味や関心が高まり、関わりをもとうとする。

③　保育所の生活の仕方に慣れ、きまりの大切さに気付く。

（イ）　内容

①　保育士等や周囲の子ども等との安定した関係の中で、共に過ごす心地よさを感じる。

②　保育士等の受容的・応答的な関わりの中で、欲求を適切に満たし、安定感をもって過ごす。

③　身の回りに様々な人がいることに気付き、徐々に他の子どもと関わりをもって遊ぶ。

④　保育士等の仲立ちにより、他の子どもとの関わり方を少しずつ身につける。

⑤　保育所の生活の仕方に慣れ、きまりがあることや、その大切さに気付く。

⑥　生活や遊びの中で、年長児や保育士等の真似をしたり、ごっこ遊びを楽しんだりする。

（ウ）　内容の取扱い

上記の取扱いに当たっては、次の事項に留意する必要がある。

①　保育士等との信頼関係に支えられて生活を確立するとともに、自分で何かをしようとする気持ちが旺盛になる時期であることに鑑み、そのような子どもの気持ちを尊重し、温かく見守るとともに、愛情豊かに、応答的に関わり、適切な援助を行うようにすること。

②　思い通りにいかない場合等の子どもの不安定な感情の表出については、保育士等が受容的に受け止めるとともに、そうした気持ちから立ち直る経験や感情をコントロールすることへの気付き等につなげていけるように援助すること。

③　この時期は自己と他者との違いの認識がまだ十分ではないことから、子どもの自我の育ちを見守るとともに、保育士等が仲立ちとなって、自分の気持ちを相手に伝えることや相手の気持ちに気付くことの大切さなど、友達の気持ちや友達との関わり方を丁寧に伝えていくこと。

ウ　環境

周囲の様々な環境に好奇心や探究心をもって関わり、それらを生活に取り入れていこうとする力を養う。

（ア）　ねらい

①　身近な環境に親しみ、触れ合う中で、様々なものに興味や関心をもつ。

②　様々なものに関わる中で、発見を楽しんだり、考えたりしようとする。

③　見る、聞く、触るなどの経験を通して、感覚の働きを豊かにする。

（イ）　内容

①　安全で活動しやすい環境での探索活動等を通して、見る、聞く、触れる、嗅ぐ、味わうなどの感覚の働きを豊かにする。

②　玩具、絵本、遊具などに興味をもち、それらを使った遊びを楽しむ。

③　身の回りの物に触れる中で、形、色、大きさ、量などの物の性質や仕組みに気付く。

④　自分の物と人の物の区別や、場所的感覚など、環境を捉える感覚が育つ。

⑤　身近な生き物に気付き、親しみをもつ。

⑥　近隣の生活や季節の行事などに興味や関心をもつ。

（ウ）　内容の取扱い

上記の取扱いに当たっては、次の事項に留意する必要がある。

①　玩具などは、音質、形、色、大きさなど子どもの発達状態に応じて適切なものを選び、遊びを通して感覚の発達が促されるように工夫すること。

②　身近な生き物との関わりについては、子どもが命を感じ、生命の尊さに気付く経験へとつながるものであるこ

とから、そうした気付きを促すような
関わりとなるようにすること。
③　地域の生活や季節の行事などに触
れる際には、社会とのつながりや地域
社会の文化への気付きにつながるもの
となることが望ましいこと。その際、
保育所内外の行事や地域の人々との触
れ合いなどを通して行うこと等も考慮
すること。

エ　言葉

経験したことや考えたことなどを自分な
りの言葉で表現し、相手の話す言葉を聞こ
うとする意欲や態度を育て、言葉に対する
感覚や言葉で表現する力を養う。

（ア）　ねらい

①　言葉遊びや言葉で表現する楽しさ
を感じる。

②　人の言葉や話などを聞き、自分で
も思ったことを伝えようとする。

③　絵本や物語等に親しむとともに、
言葉のやり取りを通じて身近な人と気
持ちを通わせる。

（イ）　内容

①　保育士等の応答的な関わりや話し
かけにより、自ら言葉を使おうとする。

②　生活に必要な簡単な言葉に気付
き、聞き分ける。

③　親しみをもって日常の挨拶に応じ
る。

④　絵本や紙芝居を楽しみ、簡単な言
葉を繰り返したり、模倣をしたりして
遊ぶ。

⑤　保育士等とごっこ遊びをする中
で、言葉のやり取りを楽しむ。

⑥　保育士等を仲立ちとして、生活や
遊びの中で友達との言葉のやり取りを
楽しむ。

⑦　保育士等や友達の言葉や話に興味
や関心をもって、聞いたり、話したり
する。

（ウ）　内容の取扱い

上記の取扱いに当たっては、次の事
項に留意する必要がある。

①　身近な人に親しみをもって接し、

自分の感情などを伝え、それに相手が
応答し、その言葉を聞くことを通して、
次第に言葉が獲得されていくものであ
ることを考慮して、楽しい雰囲気の中
で保育士等との言葉のやり取りができ
るようにすること。

②　子どもが自分の思いを言葉で伝え
るとともに、他の子どもの話などを聞
くことを通して、次第に話を理解し、
言葉による伝え合いができるようにな
るよう、気持ちや経験等の言語化を行
うことを援助するなど、子ども同士の
関わりの仲立ちを行うようにするこ
と。

③　この時期は、片言から、二語文、
ごっこ遊びでのやり取りができる程度
へと、大きく言葉の習得が進む時期で
あることから、それぞれの子どもの発
達の状況に応じて、遊びや関わりの工
夫など、保育の内容を適切に展開する
ことが必要であること。

オ　表現

感じたことや考えたことを自分なりに表
現することを通して、豊かな感性や表現
する力を養い、創造性を豊かにする。

（ア）　ねらい

①　身体の諸感覚の経験を豊かにし、
様々な感覚を味わう。

②　感じたことや考えたことなどを自
分なりに表現しようとする。

③　生活や遊びの様々な体験を通し
て、イメージや感性が豊かになる。

（イ）　内容

①　水、砂、土、紙、粘土など様々な
素材に触れて楽しむ。

②　音楽、リズムやそれに合わせた体
の動きを楽しむ。

③　生活の中で様々な音、形、色、手
触り、動き、味、香りなどに気付いた
り、感じたりして楽しむ。

④　歌を歌ったり、簡単な手遊びや全
身を使う遊びを楽しんだりする。

⑤　保育士等からの話や、生活や遊び
の中での出来事を通して、イメージを

豊かにする。

⑥　生活や遊びの中で、興味のあることや経験したことなどを自分なりに表現する。

（ウ）　内容の取扱い

上記の取扱いに当たっては、次の事項に留意する必要がある。

①　子どもの表現は、遊びや生活の様々な場面で表出されているものであることから、それらを積極的に受け止め、様々な表現の仕方や感性を豊かにする経験となるようにすること。

②　子どもが試行錯誤しながら様々な表現を楽しむことや、自分の力でやり遂げる充実感などに気付くよう、温かく見守るとともに、適切に援助を行うようにすること。

③　様々な感情の表現等を通じて、子どもが自分の感情や気持ちに気付くようになる時期であることに鑑み、受容的な関わりの中で自信をもって表現をすることや、諦めずに続けた後の達成感等を感じられるような経験が蓄積されるようにすること。

④　身近な自然や身の回りの事物に関わる中で、発見や心が動く経験が得られるよう、諸感覚を働かせることを楽しむ遊びや素材を用意するなど保育の環境を整えること。

⑶　**保育の実施に関わる配慮事項**

ア　特に感染症にかかりやすい時期であるので、体の状態、機嫌、食欲などの日常の状態の観察を十分に行うとともに、適切な判断に基づく保健的な対応を心がけること。

イ　探索活動が十分できるように、事故防止に努めながら活動しやすい環境を整え、全身を使う遊びなど様々な遊びを取り入れること。

ウ　自我が形成され、子どもが自分の感情や気持ちに気付くようになる重要な時期であることに鑑み、情緒の安定を図りながら、子どもの自発的な活動を尊重するとともに促していくこと。

エ　担当の保育士が替わる場合には、子どものそれまでの経験や発達過程に留意し、職員間で協力して対応すること。

3　3歳以上児の保育に関するねらい及び内容

⑴　**基本的事項**

ア　この時期においては、運動機能の発達により、基本的な動作が一通りできるようになるとともに、基本的な生活習慣もほぼ自立できるようになる。理解する語彙数が急激に増加し、知的興味や関心も高まってくる。仲間と遊び、仲間の中の一人という自覚が生じ、集団的な遊びや協同的な活動も見られるようになる。これらの発達の特徴を踏まえて、この時期の保育においては、個の成長と集団としての活動の充実が図られるようにしなければならない。

イ　本項においては、この時期の発達の特徴を踏まえ、保育の「ねらい」及び「内容」について、心身の健康に関する領域「健康」、人との関わりに関する領域「人間関係」、身近な環境との関わりに関する領域「環境」、言葉の獲得に関する領域「言葉」及び感性と表現に関する領域「表現」としてまとめ、示している。

ウ　本項の各領域において示す保育の内容は、第1章の2に示された養護における「生命の保持」及び「情緒の安定」に関わる保育の内容と、一体となって展開されるものであることに留意が必要である。

⑵　**ねらい及び内容**

ア　健康

健康な心と体を育て、自ら健康で安全な生活をつくり出す力を養う。

（ア）　ねらい

①　明るく伸び伸びと行動し、充実感を味わう。

②　自分の体を十分に動かし、進んで運動しようとする。

③　健康、安全な生活に必要な習慣や態度を身に付け、見通しをもって行動する。

（イ）内容

① 保育士等や友達と触れ合い、安定感をもって行動する。

② いろいろな遊びの中で十分に体を動かす。

③ 進んで戸外で遊ぶ。

④ 様々な活動に親しみ、楽しんで取り組む。

⑤ 保育士等や友達と食べることを楽しみ、食べ物への興味や関心をもつ。

⑥ 健康な生活のリズムを身に付ける。

⑦ 身の回りを清潔にし、衣服の着脱、食事、排泄などの生活に必要な活動を自分でする。

⑧ 保育所における生活の仕方を知り、自分たちで生活の場を整えながら見通しをもって行動する。

⑨ 自分の健康に関心をもち、病気の予防などに必要な活動を進んで行う。

⑩ 危険な場所、危険な遊び方、災害時などの行動の仕方が分かり、安全に気を付けて行動する。

（ウ）内容の取扱い

上記の取扱いに当たっては、次の事項に留意する必要がある。

① 心と体の健康は、相互に密接な関連があるものであることを踏まえ、子どもが保育士等や他の子どもとの温かい触れ合いの中で自己の存在感や充実感を味わうことなどを基盤として、しなやかな心と体の発達を促すこと。特に、十分に体を動かす気持ちよさを体験し、自ら体を動かそうとする意欲が育つようにすること。

② 様々な遊びの中で、子どもが興味や関心、能力に応じて全身を使って活動することにより、体を動かす楽しさを味わい、自分の体を大切にしようとする気持ちが育つようにすること。その際、多様な動きを経験する中で、体の動きを調整するようにすること。

③ 自然の中で伸び伸びと体を動かして遊ぶことにより、体の諸機能の発達が促されることに留意し、子どもの興味や関心が戸外にも向くようにすること。その際、子どもの動線に配慮した園庭や遊具の配置などを工夫すること。

④ 健康な心と体を育てるためには食育を通じた望ましい食習慣の形成が大切であることを踏まえ、子どもの食生活の実情に配慮し、和やかな雰囲気の中で保育士等や他の子どもと食べる喜びや楽しさを味わったり、様々な食べ物への興味や関心をもったりするなどし、食の大切さに気付き、進んで食べようとする気持ちが育つようにすること。

⑤ 基本的な生活習慣の形成に当たっては、家庭での生活経験に配慮し、子どもの自立心を育て、子どもが他の子どもと関わりながら主体的な活動を展開する中で、生活に必要な習慣を身に付け、次第に見通しをもって行動できるようにすること。

⑥ 安全に関する指導に当たっては、情緒の安定を図り、遊びを通して安全についての構えを身に付け、危険な場所や事物などが分かり、安全についての理解を深めるようにすること。また、交通安全の習慣を身に付けるようにするとともに、避難訓練などを通して、災害などの緊急時に適切な行動がとれるようにすること。

イ　人間関係

他の人々と親しみ、支え合って生活するために、自立心を育て、人と関わる力を養う。

（ア）ねらい

① 保育所の生活を楽しみ、自分の力で行動することの充実感を味わう。

② 身近な人と親しみ、関わりを深め、工夫したり、協力したりして一緒に活動する楽しさを味わい、愛情や信頼感をもつ。

③ 社会生活における望ましい習慣や態度を身に付ける。

（イ）内容

① 保育士等や友達と共に過ごすことの喜びを味わう。

② 自分で考え、自分で行動する。

③ 自分でできることは自分でする。

④ いろいろな遊びを楽しみながら物事をやり遂げようとする気持ちをもつ。

⑤ 友達と積極的に関わりながら喜びや悲しみを共感し合う。

⑥ 自分の思ったことを相手に伝え、相手の思っていることに気付く。

⑦ 友達のよさに気付き、一緒に活動する楽しさを味わう。

⑧ 友達と楽しく活動する中で、共通の目的を見いだし、工夫したり、協力したりなどする。

⑨ よいことや悪いことがあることに気付き、考えながら行動する。

⑩ 友達との関わりを深め、思いやりをもつ。

⑪ 友達と楽しく生活する中できまりの大切さに気付き、守ろうとする。

⑫ 共同の遊具や用具を大切にし、皆で使う。

⑬ 高齢者をはじめ地域の人々などの自分の生活に関係の深いいろいろな人に親しみをもつ。

（ウ）内容の取扱い

上記の取扱いに当たっては、次の事項に留意する必要がある。

① 保育士等との信頼関係に支えられて自分自身の生活を確立していくことが人と関わる基盤となることを考慮し、子どもが自ら周囲に働き掛けることにより多様な感情を体験し、試行錯誤しながら諦めずにやり遂げることの達成感や、前向きな見通しをもって自分の力で行うことの充実感を味わうことができるよう、子どもの行動を見守りながら適切な援助を行うようにすること。

② 一人一人を生かした集団を形成しながら人と関わる力を育てていくよう

にすること。その際、集団の生活の中で、子どもが自己を発揮し、保育士等や他の子どもに認められる体験をし、自分のよさや特徴に気付き、自信をもって行動できるようにすること。

③ 子どもが互いに関わりを深め、協同して遊ぶようになるため、自ら行動する力を育てるとともに、他の子どもと試行錯誤しながら活動を展開する楽しさや共通の目的が実現する喜びを味わうことができるようにすること。

④ 道徳性の芽生えを培うに当たっては、基本的な生活習慣の形成を図るとともに、子どもが他の子どもとの関わりの中で他人の存在に気付き、相手を尊重する気持ちをもって行動できるようにし、また、自然や身近な動植物に親しむことなどを通して豊かな心情が育つようにすること。特に、人に対する信頼感や思いやりの気持ちは、葛藤やつまずきをも体験し、それらを乗り越えることにより次第に芽生えてくることに配慮すること。

⑤ 集団の生活を通して、子どもが人との関わりを深め、規範意識の芽生えが培われることを考慮し、子どもが保育士等との信頼関係に支えられて自己を発揮する中で、互いに思いを主張し、折り合いを付ける体験をし、きまりの必要性などに気付き、自分の気持ちを調整する力が育つようにすること。

⑥ 高齢者をはじめ地域の人々などの自分の生活に関係の深いいろいろな人と触れ合い、自分の感情や意志を表現しながら共に楽しみ、共感し合う体験を通して、これらの人々などに親しみをもち、人と関わることの楽しさや人の役に立つ喜びを味わうことができるようにすること。また、生活を通して親や祖父母などの家族の愛情に気付き、家族を大切にしようとする気持ちが育つようにすること。

ウ　環境

周囲の様々な環境に好奇心や探究心を

もって関わり、それらを生活に取り入れて
いこうとする力を養う。

（ア）　ねらい

①　身近な環境に親しみ、自然と触れ
合う中で様々な事象に興味や関心をも
つ。

②　身近な環境に自分から関わり、発
見を楽しんだり、考えたりし、それを
生活に取り入れようとする。

③　身近な事象を見たり、考えたり、
扱ったりする中で、物の性質や数量、
文字などに対する感覚を豊かにする。

（イ）　内容

①　自然に触れて生活し、その大きさ、
美しさ、不思議さなどに気付く。

②　生活の中で、様々な物に触れ、そ
の性質や仕組みに興味や関心をもつ。

③　季節により自然や人間の生活に変
化のあることに気付く。

④　自然などの身近な事象に関心をも
ち、取り入れて遊ぶ。

⑤　身近な動植物に親しみをもって接
し、生命の尊さに気付き、いたわった
り、大切にしたりする。

⑥　日常生活の中で、我が国や地域社
会における様々な文化や伝統に親し
む。

⑦　身近な物を大切にする。

⑧　身近な物や遊具に興味をもって関
わり、自分なりに比べたり、関連付け
たりしながら考えたり、試したりして
工夫して遊ぶ。

⑨　日常生活の中で数量や図形などに
関心をもつ。

⑩　日常生活の中で簡単な標識や文字
などに関心をもつ。

⑪　生活に関係の深い情報や施設など
に興味や関心をもつ。

⑫　保育所内外の行事において国旗に
親しむ。

（ウ）　内容の取扱い

上記の取扱いに当たっては、次の事
項に留意する必要がある。

①　子どもが、遊びの中で周囲の環境

と関わり、次第に周囲の世界に好奇心
を抱き、その意味や操作の仕方に関心
をもち、物事の法則性に気付き、自分
なりに考えることができるようになる
過程を大切にすること。また、他の子
どもの考えなどに触れて新しい考えを
生み出す喜びや楽しさを味わい、自分
の考えをよりよいものにしようとする
気持ちが育つようにすること。

②　幼児期において自然のもつ意味は
大きく、自然の大きさ、美しさ、不思
議さなどに直接触れる体験を通して、
子どもの心が安らぎ、豊かな感情、好
奇心、思考力、表現力の基礎が培われ
ることを踏まえ、子どもが自然との関
わりを深めることができるよう工夫す
ること。

③　身近な事象や動植物に対する感動
を伝え合い、共感し合うことなどを通
して自分から関わろうとする意欲を育
てるとともに、様々な関わり方を通し
てそれらに対する親しみや畏敬の念、
生命を大切にする気持ち、公共心、探
究心などが養われるようにすること。

④　文化や伝統に親しむ際には、正月
や節句など我が国の伝統的な行事、国
歌、唱歌、わらべうたや我が国の伝統
的な遊びに親しんだり、異なる文化に
触れる活動に親しんだりすることを通
じて、社会とのつながりの意識や国際
理解の意識の芽生えなどが養われるよ
うにすること。

⑤　数量や文字などに関しては、日常
生活の中で子ども自身の必要感に基づ
く体験を大切にし、数量や文字などに
関する興味や関心、感覚が養われるよ
うにすること。

エ　言葉

経験したことや考えたことなどを自分な
りの言葉で表現し、相手の話す言葉を聞こ
うとする意欲や態度を育て、言葉に対する
感覚や言葉で表現する力を養う。

（ア）　ねらい

①　自分の気持ちを言葉で表現する楽

しさを味わう。

② 人の言葉や話などをよく聞き、自分の経験したことや考えたことを話し、伝え合う喜びを味わう。

③ 日常生活に必要な言葉が分かるようになるとともに、絵本や物語などに親しみ、言葉に対する感覚を豊かにし、保育士等や友達と心を通わせる。

（イ）内容

① 保育士等や友達の言葉や話に興味や関心をもち、親しみをもって聞いたり、話したりする。

② したり、見たり、聞いたり、感じたり、考えたりなどしたことを自分なりに言葉で表現する。

③ したいこと、してほしいことを言葉で表現したり、分からないことを尋ねたりする。

④ 人の話を注意して聞き、相手に分かるように話す。

⑤ 生活の中で必要な言葉が分かり、使う。

⑥ 親しみをもって日常の挨拶をする。

⑦ 生活の中で言葉の楽しさや美しさに気付く。

⑧ いろいろな体験を通じてイメージや言葉を豊かにする。

⑨ 絵本や物語などに親しみ、興味をもって聞き、想像をする楽しさを味わう。

⑩ 日常生活の中で、文字などで伝える楽しさを味わう。

（ウ）内容の取扱い

上記の取扱いに当たっては、次の事項に留意する必要がある。

① 言葉は、身近な人に親しみをもって接し、自分の感情や意志などを伝え、それに相手が応答し、その言葉を聞くことを通して次第に獲得されていくものであることを考慮して、子どもが保育士等や他の子どもと関わることにより心を動かされるような体験をし、言葉を交わす喜びを味わえるようにする

こと。

② 子どもが自分の思いを言葉で伝えるとともに、保育士等や他の子どもなどの話を興味をもって注意して聞くことを通して次第に話を理解するようになっていき、言葉による伝え合いができるようにすること。

③ 絵本や物語などで、その内容と自分の経験とを結び付けたり、想像を巡らせたりするなど、楽しみを十分に味わうことによって、次第に豊かなイメージをもち、言葉に対する感覚が養われるようにすること。

④ 子どもが生活の中で、言葉の響きやリズム、新しい言葉や表現などに触れ、これらを使う楽しさを味わえるようにすること。その際、絵本や物語に親しんだり、言葉遊びなどをしたりすることを通して、言葉が豊かになるようにすること。

⑤ 子どもが日常生活の中で、文字などを使いながら思ったことや考えたことを伝える喜びや楽しさを味わい、文字に対する興味や関心をもつようにすること。

オ　表現

感じたことや考えたことを自分なりに表現することを通して、豊かな感性や表現する力を養い、創造性を豊かにする。

（ア）ねらい

① いろいろなものの美しさなどに対する豊かな感性をもつ。

② 感じたことや考えたことを自分なりに表現して楽しむ。

③ 生活の中でイメージを豊かにし、様々な表現を楽しむ。

（イ）内容

① 生活の中で様々な音、形、色、手触り、動きなどに気付いたり、感じたりするなどして楽しむ。

② 生活の中で美しいものや心を動かす出来事に触れ、イメージを豊かにする。

③ 様々な出来事の中で、感動したこ

とを伝え合う楽しさを味わう。

④ 感じたこと、考えたことなどを音や動きなどで表現したり、自由にかいたり、つくったりなどする。

⑤ いろいろな素材に親しみ、工夫して遊ぶ。

⑥ 音楽に親しみ、歌を歌ったり、簡単なリズム楽器を使ったりなどする楽しさを味わう。

⑦ かいたり、つくったりすることを楽しみ、遊びに使ったり、飾ったりなどする。

⑧ 自分のイメージを動きや言葉などで表現したり、演じて遊んだりするなどの楽しさを味わう。

（ウ）内容の取扱い

上記の取扱いに当たっては、次の事項に留意する必要がある。

① 豊かな感性は、身近な環境と十分に関わる中で美しいもの、優れたもの、心を動かす出来事などに出会い、そこから得た感動を他の子どもや保育士等と共有し、様々に表現することなどを通して養われるようにすること。その際、風の音や雨の音、身近にある草や花の形や色など自然の中にある音、形、色などに気付くようにすること。

② 子どもの自己表現は素朴な形で行われることが多いので、保育士等はそのような表現を受容し、子ども自身の表現しようとする意欲を受け止めて、子どもが生活の中で子どもらしい様々な表現を楽しむことができるようにすること。

③ 生活経験や発達に応じ、自ら様々な表現を楽しみ、表現する意欲を十分に発揮させることができるように、遊具や用具などを整えたり、様々な素材や表現の仕方に親しんだり、他の子どもの表現に触れられるよう配慮したりし、表現する過程を大切にして自己表現を楽しめるように工夫すること。

(3) 保育の実施に関わる配慮事項

ア 第1章の4の(2)に示す「幼児期の終わりまでに育ってほしい姿」が、ねらい及び内容に基づく活動全体を通して資質・能力が育まれている子どもの小学校就学時の具体的な姿であることを踏まえ、指導を行う際には適宜考慮すること。

イ 子どもの発達や成長の援助をねらいとした活動の時間については、意識的に保育の計画等において位置付けて、実施することが重要であること。なお、そのような活動の時間については、保護者の就労状況等に応じて子どもが保育所で過ごす時間がそれぞれ異なることに留意して設定すること。

ウ 特に必要な場合には、各領域に示すねらいの趣旨に基づいて、具体的な内容を工夫し、それを加えても差し支えないが、その場合には、それが第1章の1に示す保育所保育に関する基本原則を逸脱しないよう慎重に配慮する必要があること。

4 保育の実施に関して留意すべき事項

(1) 保育全般に関わる配慮事項

ア 子どもの心身の発達及び活動の実態などの個人差を踏まえるとともに、一人一人の子どもの気持ちを受け止め、援助すること。

イ 子どもの健康は、生理的・身体的な育ちとともに、自主性や社会性、豊かな感性の育ちとがあいまってもたらされることに留意すること。

ウ 子どもが自ら周囲に働きかけ、試行錯誤しつつ自分の力で行う活動を見守りながら、適切に援助すること。

エ 子どもの入所時の保育に当たっては、できるだけ個別的に対応し、子どもが安定感を得て、次第に保育所の生活になじんでいくようにするとともに、既に入所している子どもに不安や動揺を与えないようにすること。

オ 子どもの国籍や文化の違いを認め、互いに尊重する心を育てるようにすること。

カ 子どもの性差や個人差にも留意しつつ、性別などによる固定的な意識を植え付

けることがないようにすること。

(2) 小学校との連携

ア 保育所においては、保育所保育が、小学校以降の生活や学習の基盤の育成につながることに配慮し、幼児期にふさわしい生活を通じて、創造的な思考や主体的な生活態度などの基礎を培うようにすること。

イ 保育所保育において育まれた資質・能力を踏まえ、小学校教育が円滑に行われるよう、小学校教師との意見交換や合同の研究の機会などを設け、第1章の4の(2)に示す「幼児期の終わりまでに育って欲しい姿」を共有するなど連携を図り、保育所保育と小学校教育との円滑な接続を図るよう努めること。

ウ 子どもに関する情報共有に関して、保育所に入所している子どもの就学に際し、市町村の支援の下に、子どもの育ちを支えるための資料が保育所から小学校へ送付されるようにすること。

(3) 家庭及び地域社会との連携

子どもの生活の連続性を踏まえ、家庭及び地域社会と連携して保育が展開されるよう配慮すること。その際、家庭や地域の機関及び団体の協力を得て、地域の自然、高齢者や異年齢の子ども等を含む人材、行事、施設等の地域の資源を積極的に活用し、豊かな生活体験をはじめ保育内容の充実が図られるよう配慮すること。

第3章　健康及び安全

保育所保育において、子どもの健康及び安全の確保は、子どもの生命の保持と健やかな生活の基本であり、一人一人の子どもの健康の保持及び増進並びに安全の確保とともに、保育所全体における健康及び安全の確保に努めることが重要となる。

また、子どもが、自らの体や健康に関心をもち、心身の機能を高めていくことが大切である。

このため、第1章及び第2章等の関連する事項に留意し、次に示す事項を踏まえ、保育を行うこととする。

1　子どもの健康支援

(1) 子どもの健康状態並びに発育及び発達状態の把握

ア 子どもの心身の状態に応じて保育するために、子どもの健康状態並びに発育及び発達状態について、定期的・継続的に、また、必要に応じて随時、把握すること。

イ 保護者からの情報とともに、登所時及び保育中を通じて子どもの状態を観察し、何らかの疾病が疑われる状態や傷害が認められた場合には、保護者に連絡するとともに、嘱託医と相談するなど適切な対応を図ること。看護師等が配置されている場合には、その専門性を生かした対応を図ること。

ウ 子どもの心身の状態等を観察し、不適切な養育の兆候が見られる場合には、市町村や関係機関と連携し、児童福祉法第25条に基づき、適切な対応を図ること。また、虐待が疑われる場合には、速やかに市町村又は児童相談所に通告し、適切な対応を図ること。

(2) 健康増進

ア 子どもの健康に関する保健計画を全体的な計画に基づいて作成し、全職員がそのねらいや内容を踏まえ、一人一人の子どもの健康の保持及び増進に努めていくこと。

イ 子どもの心身の健康状態や疾病等の把握のために、嘱託医等により定期的に健康診断を行い、その結果を記録し、保育に活用するとともに、保護者が子どもの状態を理解し、日常生活に活用できるようにすること。

(3) 疾病等への対応

ア 保育中に体調不良や傷害が発生した場合には、その子どもの状態等に応じて、保護者に連絡するとともに、適宜、嘱託医や子どものかかりつけ医等と相談し、適切な処置を行うこと。看護師等が配置されている場合には、その専門性を生かした対応を図ること。

イ 感染症やその他の疾病の発生予防に努め、その発生や疑いがある場合には、必要に応じて嘱託医、市町村、保健所等に連絡

し、その指示に従うとともに、保護者や全職員に連絡し、予防等について協力を求めること。また、感染症に関する保育所の対応方法等について、あらかじめ関係機関の協力を得ておくこと。看護師等が配置されている場合には、その専門性を生かした対応を図ること。

ウ　アレルギー疾患を有する子どもの保育については、保護者と連携し、医師の診断及び指示に基づき、適切な対応を行うこと。また、食物アレルギーに関して、関係機関と連携して、当該保育所の体制構築など、安全な環境の整備を行うこと。看護師や栄養士等が配置されている場合には、その専門性を生かした対応を図ること。

エ　子どもの疾病等の事態に備え、医務室等の環境を整え、救急用の薬品、材料等を適切な管理の下に常備し、全職員が対応できるようにしておくこと。

2　食育の推進

(1)　保育所の特性を生かした食育

ア　保育所における食育は、健康な生活の基本としての「食を営む力」の育成に向け、その基礎を培うことを目標とすること。

イ　子どもが生活と遊びの中で、意欲をもって食に関わる体験を積み重ね、食べることを楽しみ、食事を楽しみ合う子どもに成長していくことを期待するものであること。

ウ　乳幼児期にふさわしい食生活が展開され、適切な援助が行われるよう、食事の提供を含む食育計画を全体的な計画に基づいて作成し、その評価及び改善に努めること。栄養士が配置されている場合は、専門性を生かした対応を図ること。

(2)　食育の環境の整備等

ア　子どもが自らの感覚や体験を通して、自然の恵みとしての食材や食の循環・環境への意識、調理する人への感謝の気持ちが育つように、子どもと調理員等との関わりや、調理室など食に関わる保育環境に配慮すること。

イ　保護者や地域の多様な関係者との連携及び協働の下で、食に関する取組が進められること。また、市町村の支援の下に、地域の関係機関等との日常的な連携を図り、必要な協力が得られるよう努めること。

ウ　体調不良、食物アレルギー、障害のある子どもなど、一人一人の子どもの心身の状態等に応じ、嘱託医、かかりつけ医等の指示や協力の下に適切に対応すること。栄養士が配置されている場合は、専門性を生かした対応を図ること。

3　環境及び衛生管理並びに安全管理

(1)　環境及び衛生管理

ア　施設の温度、湿度、換気、採光、音などの環境を常に適切な状態に保持するとともに、施設内外の設備及び用具等の衛生管理に努めること。

イ　施設内外の適切な環境の維持に努めるとともに、子ども及び全職員が清潔を保つようにすること。また、職員は衛生知識の向上に努めること。

(2)　事故防止及び安全対策

ア　保育中の事故防止のために、子どもの心身の状態等を踏まえつつ、施設内外の安全点検に努め、安全対策のために全職員の共通理解や体制づくりを図るとともに、家庭や地域の関係機関の協力の下に安全指導を行うこと。

イ　事故防止の取組を行う際には、特に、睡眠中、プール活動・水遊び中、食事中等の場面では重大事故が発生しやすいことを踏まえ、子どもの主体的な活動を大切にしつつ、施設内外の環境の配慮や指導の工夫を行うなど、必要な対策を講じること。

ウ　保育中の事故の発生に備え、施設内外の危険箇所の点検や訓練を実施するとともに、外部からの不審者等の侵入防止のための措置や訓練など不測の事態に備えて必要な対応を行うこと。また、子どもの精神保健面における対応に留意すること。

4 災害への備え

⑴ 施設・設備等の安全確保
ア 防火設備、避難経路等の安全性が確保されるよう、定期的にこれらの安全点検を行うこと。

イ 備品、遊具等の配置、保管を適切に行い、日頃から、安全環境の整備に努めること。

⑵ 災害発生時の対応体制及び避難への備え
ア 火災や地震などの災害の発生に備え、緊急時の対応の具体的内容及び手順、職員の役割分担、避難訓練計画等に関するマニュアルを作成すること。

イ 定期的に避難訓練を実施するなど、必要な対応を図ること。

ウ 災害の発生時に、保護者等への連絡及び子どもの引渡しを円滑に行うため、日頃から保護者との密接な連携に努め、連絡体制や引渡し方法等について確認をしておくこと。

⑶ 地域の関係機関等との連携
ア 市町村の支援の下に、地域の関係機関との日常的な連携を図り、必要な協力が得られるよう努めること。

イ 避難訓練については、地域の関係機関や保護者との連携の下に行うなど工夫すること。

第4章　子育て支援

　保育所における保護者に対する子育て支援は、全ての子どもの健やかな育ちを実現することができるよう、第1章及び第2章等の関連する事項を踏まえ、子どもの育ちを家庭と連携して支援していくとともに、保護者及び地域が有する子育てを自ら実践する力の向上に資するよう、次の事項に留意するものとする。

1 保育所における子育て支援に関する基本的事項

⑴ 保育所の特性を生かした子育て支援
ア 保護者に対する子育て支援を行う際には、各地域や家庭の実態等を踏まえるとともに、保護者の気持ちを受け止め、相互の信頼関係を基本に、保護者の自己決定を尊重すること。

イ 保育及び子育てに関する知識や技術など、保育士等の専門性や、子どもが常に存在する環境など、保育所の特性を生かし、保護者が子どもの成長に気付き子育ての喜びを感じられるように努めること。

⑵ 子育て支援に関して留意すべき事項
ア 保護者に対する子育て支援における地域の関係機関等との連携及び協働を図り、保育所全体の体制構築に努めること。

イ 子どもの利益に反しない限りにおいて、保護者や子どものプライバシーを保護し、知り得た事柄の秘密を保持すること。

2 保育所を利用している保護者に対する子育て支援

⑴ 保護者との相互理解
ア 日常の保育に関連した様々な機会を活用し子どもの日々の様子の伝達や収集、保育所保育の意図の説明などを通じて、保護者との相互理解を図るよう努めること。

イ 保育の活動に対する保護者の積極的な参加は、保護者の子育てを自ら実践する力の向上に寄与することから、これを促すこと。

⑵ 保護者の状況に配慮した個別の支援
ア 保護者の就労と子育ての両立等を支援するため、保護者の多様化した保育の需要に応じ、病児保育事業など多様な事業を実施する場合には、保護者の状況に配慮するとともに、子どもの福祉が尊重されるよう努め、子どもの生活の連続性を考慮すること。

イ 子どもに障害や発達上の課題が見られる場合には、市町村や関係機関と連携及び

協力を図りつつ、保護者に対する個別の支援を行うよう努めること。

ウ　外国籍家庭など、特別な配慮を必要とする家庭の場合には、状況等に応じて個別の支援を行うよう努めること。

(3)　不適切な養育等が疑われる家庭への支援

ア　保護者に育児不安等が見られる場合には、保護者の希望に応じて個別の支援を行うよう努めること。

イ　保護者に不適切な養育等が疑われる場合には、市町村や関係機関と連携し、要保護児童対策地域協議会で検討するなど適切な対応を図ること。また、虐待が疑われる場合には、速やかに市町村又は児童相談所に通告し、適切な対応を図ること。

3　地域の保護者等に対する子育て支援

(1)　地域に開かれた子育て支援

ア　保育所は、児童福祉法第 48 条の 4 の規定に基づき、その行う保育に支障がない限りにおいて、地域の実情や当該保育所の体制等を踏まえ、地域の保護者等に対して、保育所保育の専門性を生かした子育て支援を積極的に行うよう努めること。

イ　地域の子どもに対する一時預かり事業などの活動を行う際には、一人一人の子どもの心身の状態などを考慮するとともに、日常の保育との関連に配慮するなど、柔軟に活動を展開できるようにすること。

(2)　地域の関係機関等との連携

ア　市町村の支援を得て、地域の関係機関等との積極的な連携及び協働を図るとともに、子育て支援に関する地域の人材と積極的に連携を図るよう努めること。

イ　地域の要保護児童への対応など、地域の子どもを巡る諸課題に対し、要保護児童対策地域協議会など関係機関等と連携及び協力して取り組むよう努めること。

第 5 章　職員の資質向上

　第 1 章から前章までに示された事項を踏まえ、保育所は、質の高い保育を展開するため、絶えず、一人一人の職員についての資質向上及び職員全体の専門性の向上を図るよう努めなければならない。

1　職員の資質向上に関する基本的事項

(1)　保育所職員に求められる専門性

　子どもの最善の利益を考慮し、人権に配慮した保育を行うためには、職員一人一人の倫理観、人間性並びに保育所職員としての職務及び責任の理解と自覚が基盤となる。

　各職員は、自己評価に基づく課題等を踏まえ、保育所内外の研修等を通じて、保育士・看護師・調理員・栄養士等、それぞれの職務内容に応じた専門性を高めるため、必要な知識及び技術の修得、維持及び向上に努めなければならない。

(2)　保育の質の向上に向けた組織的な取組

　保育所においては、保育の内容等に関する自己評価等を通じて把握した、保育の質の向上に向けた課題に組織的に対応するため、保育内容の改善や保育士等の役割分担の見直し等に取り組むとともに、それぞれの職位や職務内容等に応じて、各職員が必要な知識及び技能を身につけられるよう努めなければならない。

2　施設長の責務

(1)　施設長の責務と専門性の向上

　施設長は、保育所の役割や社会的責任を遂行するために、法令等を遵守し、保育所を取り巻く社会情勢等を踏まえ、施設長としての専門性等の向上に努め、当該保育所における保育の質及び職員の専門性向上のために必要な環境の確保に努めなければならない。

(2)　職員の研修機会の確保等

　施設長は、保育所の全体的な計画や、各職員の研修の必要性等を踏まえて、体系的・計画的な研修機会を確保するとともに、職員の勤務体制の工夫等により、職員が計画

的に研修等に参加し、その専門性の向上が図られるよう努めなければならない。

3 職員の研修等

(1) 職場における研修
　職員が日々の保育実践を通じて、必要な知識及び技術の修得、維持及び向上を図るとともに、保育の課題等への共通理解や協働性を高め、保育所全体としての保育の質の向上を図っていくためには、日常的に職員同士が主体的に学び合う姿勢と環境が重要であり、職場内での研修の充実が図られなければならない。

(2) 外部研修の活用
　各保育所における保育の課題への的確な対応や、保育士等の専門性の向上を図るためには、職場内での研修に加え、関係機関等による研修の活用が有効であることから、必要に応じて、こうした外部研修への参加機会が確保されるよう努めなければならない。

4 研修の実施体制等

(1) 体系的な研修計画の作成
　保育所においては、当該保育所における保育の課題や各職員のキャリアパス等も見据えて、初任者から管理職員までの職位や職務内容等を踏まえた体系的な研修計画を作成しなければならない。

(2) 組織内での研修成果の活用
　外部研修に参加する職員は、自らの専門性の向上を図るとともに、保育所における保育の課題を理解し、その解決を実践できる力を身に付けることが重要である。また、研修で得た知識及び技能を他の職員と共有することにより、保育所全体としての保育実践の質及び専門性の向上につなげていくことが求められる。

(3) 研修の実施に関する留意事項
　施設長等は保育所全体としての保育実践の質及び専門性の向上のために、研修の受講は特定の職員に偏ることなく行われるよう、配慮する必要がある。また、研修を修了した職員については、その職務内容等において、当該研修の成果等が適切に勘案されることが望ましい。

項　目　索　引

（あいうえお順）

あ

アイザックス　228

愛着　4, 65

愛着関係　101

赤い鳥　240

赤沢鍾美　238

アソシエーション・カルチャー　258

編み物学校　222

安全基地　17

い

家なき幼稚園　240

育児休業　66

生きようとする力　10, 13

一語文　102

一時預かり事業　207

一過性　14

1歳以上3歳未満児の保育　30, 66,
　105

1歳3か月ごろの発達　102

1.57ショック　263

5つの領域　16, 17

う

ウィルダースピン　224

ウィーン万博　222, 234

運動機能　164, 165

ヴィゴツキー　231

え

エミール　217, 218

M字型カーブ　264

援助　22

エンゼルプラン　264

エントレインメント　97

園の独自性　26

お

応答する他者　20

応答の連鎖　20

オーウェン　223

オープン・エデュケーション　261

オーベルラン　222

か

貝原益軒　233

外界認知の手段　97

科学的根拠（エビデンス）　247

学習指導要領　130

筧雄平　238

片言　102

葛藤　93

学校関係者評価　147

学校教育法　197, 248

学校と社会　227

家庭的保育　208

家庭との緊密な連携　58

家庭との連携　255

カリキュラムマネジメント　89

環境構成　102

環境による保育　20

環境を通して行う保育　58, 127

関係の網の目　11, 32

き

期間（期別）指導計画　140

気づき　21

機能集団　112

基本的人権　242

義務教育　246

気持ちの揺れ動き　93

救護法　241

吸啜反射　10

教育格差　262

教育機能の共通性　69

教育基本法　44, 69, 243

共感的に応答　93, 101

共感的に理解　13

共振　91

共生社会　181

共同性　12

興味・関心　17

共鳴動作　10, 97

居宅訪問型保育　209

記録　28, 33, 142

近代社会　214

く

苦情の解決　202

具体的な子どもの活動の姿　28

クラス　111

倉橋惣三　240

け

計画の層　24

経済協力開発機構（OECD）　246

系統的保育案の実際　240

ゲゼル　230

月間指導計画　140

原罪　215

原始反射　97

こ

語彙　165

公定価格　201

高等哺乳類　12

項目　236

国際人権規約　38

国連教育科学文化機関（UNESCO）
　246

ここの今　14

心の理論　111

心の広さ　92

子育て支援事業　184

子育て世代包括支援センター　187

国家資格化　203

個と集団　171

個と集団の育ち　150, 151, 154,
　157, 164

子ども家庭福祉　43, 178, 183,
　190

子ども観　10

子どもの家　230

子どものウエルビーイング　43

コドモノクニ　240

子どもの最善の利益　32, 54, 147,
　189

子どもの発達過程　58

子ども・子育て応援プラン　265

子ども・子育て会議　194, 195

子ども・子育て関連3法　182, 184,
　194

子ども・子育て関連3法案　192

子ども・子育て支援施策　191

子ども・子育て支援新制度　74, 75

子ども・子育て支援制度　2

子ども・子育て支援法　55, 181,
　194

子ども・子育てビジョン　266, 267

子守学校　238

5領域　30, 86, 198

近藤濱　235

さ

佐藤信淵　233

3R's　217, 225

3歳以上児の保育　30, 68

3歳児神話　67

参照枠　14

し

自我の芽生え 107

事業所内保育 209

慈恵救済事業 239

思考力、判断力、表現力などの基礎 17

自己肯定感 155

自己中心性 106

仕事と生活の調和（ワーク・ライフ・バランス） 265

自己評価 146, 202

資質・能力 121, 124, 129, 171, 172, 175

次世代育成支援対策支援法 181

次世代育成支援対策推進法 182

施設型給付 185, 194, 195, 201

自尊心 155

実感 92

実践の層 24

指導監査 202

指導計画 27, 137

児童虐待 4, 195

児童虐待の防止等に関する法律 182, 203

児童研究運動 227

児童憲章 38

児童中心 227

児童の権利に関する条約 39, 56, 187, 231

児童福祉施設の設備及び運営に関する基準 62, 75, 78, 179, 204

児童福祉法 39, 179, 180, 201, 203, 243

児童文化 240

自動歩行 10

市民教育 258

社会事業法 241

社会情動的スキル 153, 158

社会的発達に関する視点 97

社会的微笑 100

社会的養護 184

社会的養護自立支援事業 185

社会福祉法 202

社会保障・税一体改革 196

社会連帯 181, 190

社会・文化的アプローチ 259

週案 141

集団 24

集団の欲求 24

守孤扶独幼稚児保護会 238

主体性を尊重した保育 20

主体的存在 11

主体的な経験 16

主体としての内実 12

主体の固有性・個別性 12

出産休暇 64

受容 94

シュラーダー・ブライマン夫人 221

シュルツ夫人 221

障害者基本法 183

障害者の権利に関する条約 183

小学校との接続 70

小規模保育 208

消極教育 219

省察 132, 145

少子化社会対策大綱 265

少子化対策プラスワン 265

少子高齢化 191

象徴機能 165

情緒的な絆の形成 101

情動 99

食育計画 27

職業倫理 204

所与の集団 112

ジョン・デューイ 47

私立幼稚園 236

自立 19, 103, 151

新エンゼルプラン　264

新教育運動　226

新社会観　223

身体的発達に関する視点　97

進歩主義幼稚園　227

信頼関係　17

人格（人間）形成　16

す

垂統秘録　233

せ

性格形成学院　224

生活と遊び　31

生活の場　13, 31

生活や発達の見通し　25

精神発達に関する視点　97

生理的リズム　98

世界人権宣言　38

関信三　235

全国保育士会倫理綱領　48, 273

全体的な計画　25, 89, 133

全体的な計画作成の手順　136

専門性を有する職員　57

そ

相対的貧困率　262

存在の基盤　22

た

待機児童　64, 74, 195, 206

待機児童解消加速化プラン　266

大正自由教育　240

代弁　189

第三者評価　146

託児所　238, 239

多層的な理解　14

多層眠　100

田中不二麿　234

多文化共生　255

短期的な指導計画　27, 141

探究　174

探求する　173

探究する　173

探索活動　101

探索行動　105

男女共同参画社会　264

ち

地域型施設給付　185

地域型保育給付　194, 201

地域型保育事業　75, 185, 208

地域子ども・子育て支援事業　186, 195

地域の子育て家庭に対する支援　61

知識や技能の基礎　16

長期的な指導計画　27, 136

直接的な体験　20

直立歩行　102

て

デューイ　227

と

ドイツの幼稚園　221

東京女子師範学校　233

東京女子師範学校附属幼稚園　233

東京女子師範学校附属幼稚園分室　236

到達目標　19, 71

道徳性・規範意識の芽生え　17, 19, 91

ドキュメンテーション　249

特定教育・保育施設　196

徳永恕　239

届出制　211

ドナルド・ショーン　47

トラブル　96

豊田芙雄　235

な

内外の世界　20

内面の揺れ動き　13

内容　119

内容の取扱い　30, 119

仲間　112

中村正直　234

7歳までは神の内　232

に

新潟静修学校　238

日本国憲法　242

乳児期後半の発達　100

乳児期前半の発達　97

乳児保育　29, 62, 96

入所する子どもの保護者に対する支援　61

乳幼児期の発達特性　14

認可外保育所　186, 210

認可保育所　206

人間交流の原点　65

人間の教育　220

認定こども園　195

認定こども園法　198

認識　102

ね

ねらい　119

年間指導計画　140

の

農繁期託児所　238

野口幽香　238

望ましい経験　96

ノン・コンタクトタイム　144

は

ハウ　236

育みたい資質・能力　16, 29

橋詰良一　240

発達過程をふまえた理解　14

発達可能態　10

発達経験　13

発達の網目　102

発達の個人差　20

発達の最近接領域　231

発語のはじまり　105

母親学校　223

ひ

ピアジェ　228

日案　141

PDCAサイクル　47, 144, 275

PDCAサイクルモデル　144

東基吉　240

微笑反射　10, 97

人・もの・こと　98, 151, 152

人と一緒にいることの快さ　99

非認知的能力　153, 158

評価基準(ベンチマーク)　247

評価の層　24

病児保育　207, 208

表象機能　106

貧民幼稚園　238

ふ

ファミリー・サポート・センター　211

不快な状態　99

二葉幼稚園　238

プラウデン報告　231

振り返り・評価　33

ブルーナー　231

フレーベル　219

プロジェクト　240

へ

ヘッドスタート計画　231

ベビーシッター　211

ほ

保育学校（nursery school）　225

保育士　203, 204

保育室の空間　102

保育士等キャリアアップ研修　206

保育士等キャリアアップ研修ガイドライン　3, 205, 276

保育者集団　33

保育者と遊ぶ　102

保育所児童保育要録　71

保育所保育指針　13, 21, 28, 54, 57, 60, 70, 72, 82, 84, 96, 105, 110, 117, 128, 148, 155, 156, 157, 158, 160, 162, 164, 167, 168, 183, 199

保育所保育指針解説　22, 23, 116, 136, 154

保育所保育の基本原則　29

保育内容の共通化　69

保育日誌　28

保育の課題　33

保育の過程　131

保育の環境　88, 127, 128

保育の内容　119

保育の内容の構造　30

保育の必要性の事由　55

保育の評価　33, 145

保育の目標　86, 116

保育を必要とする子ども　55

方向目標　19, 71

保健計画　27

保健所保育指針　16

歩行のはじまり　105

保護者との連携　33

母子密室化　61

補償教育　231

母性剥奪（マターナル・デプライベーション）　65

保姆養成　235

保姆練習科　235

ま

マクミラン　225

学びに向かう力　20

松野クララ　235

間引き　232

み

自ら形成する集団　112

3つの視点　16, 17, 30, 97

未分化性　97

め

名称独占資格　203, 272

も

最もふさわしい生活の場　57

モンテッソーリ　229

ゆ

誘導保育案　240

指先の機能　164, 165

よ

養護　22, 23, 45, 57, 88, 148, 164, 198

養護と教育　190

養護と教育の一体性　58

幼児期の終わりまでに育ってほしい姿　29, 71, 91, 122, 172, 174, 270

幼児期の教育　69

幼児教育　121

「幼児教育」という概念　68

幼稚園　197，221

幼稚園教育要領　28，82，199

幼稚園保育及設備規程　236

幼稚園令　237

幼保一体型施設　198

要保護児童対策地域協議会　203

幼保連携型認定こども園　209

幼保連携型認定こども園園児指導要録
　71

幼保連携型認定こども園教育・保育要
　領　72，82，105，110，199

要録　172

り

リトミック　240

両義性　12

利用者負担額　201

倫理観の裏付け　62

る

ルソー　217

ルールの理解と運用　112

れ

歴年齢　24

ろ

ロンゲ夫妻　221

わ

和俗童子訓　233

渡辺嘉重　238

和田實　240

執筆代表者

阿部　和子　大妻女子大学名誉教授、大阪総合保育大学大学院特任教授

北野　幸子　神戸大学大学院准教授

■

執筆者（執筆順）

北野　幸子　神戸大学大学院准教授 ……………… 序章／第2章／第7章

阿部　和子　大妻女子大学名誉教授、大阪総合保育大学大学院特任教授

　　　　　　……………………………………… 第1章／第4章 第2節1・2

前原　　寛　社会福祉法人至宝福祉会理事長

　　　　　　……………………………… 第3章 第1節／第4章 第2節3・4

天野　珠路　鶴見大学短期大学部教授

　　　　　　…………………… 第3章 第2節／第4章 第1節／第5章

那須　信樹　中村学園大学教授 ……………………………… 第4章 第3節

大方　美香　大阪総合保育大学大学院教授 ……………… 第4章 第4節

榊　瑞希子　聖徳大学大学院教授 ………………………………… 第6章

2019年7月現在

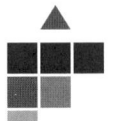

最新　保育士養成講座　第1巻
保育原理—保育原理／乳児保育

発　　行	2019年9月9日　初版第1刷発行
編　　集	『最新　保育士養成講座』総括編纂委員会
発 行 者	笹尾　勝
発 行 所	社会福祉法人　全国社会福祉協議会
	〒100-8980　東京都千代田区霞が関3-3-2　新霞が関ビル
	TEL：03-3581-9511　　郵便振替：00160-5-38440
定　　価	本体 1,900 円（税別）
印 刷 所	加藤文明社

禁複製

ISBN978-4-7935-1304-6　C3336　　￥1900E